ミネルヴァ日本評伝選

日にそへてのかれんとのみ思ふ身に

懐良親王

森 茂暁著

ミネルヴァ書房

刊行の趣意

「学問は歴史に極まり候ことに候」とは、先哲荻生徂徠のことばである。

歴史のなかにこそ人間の智恵は宿されている。人間の愚かさもそこにはあらわだ。この歴史を探り、歴史に学んでこそ、人間はようやくみずからの正体を知り、いくらかは賢くなることができる。新しい勇気を得て未来に向かうことができる。徂徠はそう言いたかったのだろう。

「ミネルヴァ日本評伝選」は、私たちの直接の先人について、この人間知を学びなおそうという試みである。日本列島の過去に生きた人々の言行を、深く、くわしく探って、そこに現代への批判を聴きとろうとする試みである。日本人ばかりではない。列島の歴史にかかわった多くの異国の人々の声にも耳を傾けよう。

先人たちの書き残した文章をそのひだにまで立ち入って読み、彼らの旅した跡をたどりなおし、彼らのなしとげた事業を広い文脈のなかで注意深く観察しなおす——そのとき、はじめて先人たちはいまの私たちのかたわらによみがえってくる。彼らのなまの声で歴史の智恵を、また人間であることのよろこびと苦しみを、私たちに伝えてくれもするだろう。

この「評伝選」のつらなりのなかから、列島の歴史はおのずからその複雑さと奥ゆきの深さをもって浮かび上がってくるはずだ。これを読むとき、私たちのなかに新たな自信と勇気が湧いてきて、その矜持と勇気をもって「グローバリゼーション」の世紀に立ち向かってゆくことができる——そのような「ミネルヴァ日本評伝選」にしたいと、私たちは願っている。

平成十五年（二〇〇三）九月

上横手雅敬
芳賀　徹

懐良親王（八代宮蔵）

懐良親王墓域内にある母霊照院禅定尼追善供養宝篋印塔
（中央の鳥居下方にみえる石塔）（本文307頁参照）（八代市妙見町）

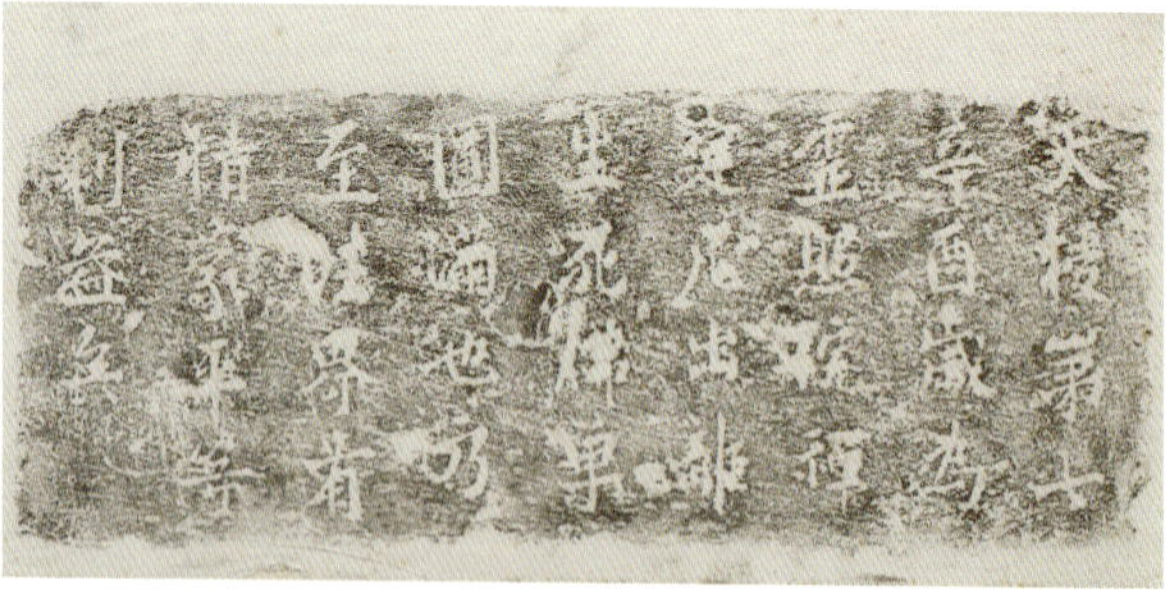

宝篋印塔台石正面に刻まれた文字

宝篋印塔台石背面に刻まれた文字

懐良親王——日にそへてのかれんとのみ思ふ身に　目次

序　章　懐良親王と九州の南北朝時代……1
1　九州の歴史的特性……1
九州の風土と歴史　九州南北朝史を貫くもの
2　新しい研究への扉……6
九州南北朝史研究の現状と課題　『南北朝遺文九州編』の刊行
九州南北朝史研究と懐良親王令旨　懐良親王と九州
3　呼称と名前のよみ……16
懐良親王の呼称　「懐良」のよみ
第一章　懐良親王の九州下向……25
1　後醍醐天皇の全国制覇構想……25
後醍醐天皇の起死回生　後醍醐天皇の「四道将軍」構想
2　延元三年九月一八日付の後醍醐天皇綸旨……31
後醍醐天皇綸旨にみる九州の情勢　行賞権と賞罰権の委任　直奏の禁止
3　懐良親王の九州出発……40
出発は延元三年九月　懐良親王出発時の九州　随従者の筆頭は五條頼元

目　次

頼みの綱は阿蘇惟時

第二章　伊予国忽那島時代・薩摩国谷山時代……49

1　伊予国忽那島時代……49
忽那島時代の懐良親王令旨
忽那氏と南北朝動乱　懐良親王の忽那島滞在　「忽那一族軍忠次第」

2　薩摩国谷山時代……59
谷山時代の懐良親王令旨
懐良親王の薩摩上陸　谷山郡司の系譜と谷山隆信

3　阿蘇惟時と恵良惟澄……66
阿蘇氏の系譜と歴史　阿蘇惟時と恵良惟澄　阿蘇惟時の右顧左眄
阿蘇惟時の心中と憂慮　恵良惟澄の忠節と焦慮　五條頼元の配慮
阿蘇大宮司のポスト

第三章　肥後国菊池時代……95

1　肥後への転進……95
正平三年という年　海賊の集結と薩摩国合戦　懐良親王の肥後入り

御船御所　大和国吉野の陥落
2　菊池武光の台頭……107
菊池氏の系譜と歴史　阿蘇氏の後退と菊池氏の台頭　菊池武光の登場
菊池御所
3　征西将軍の本格的な活動開始……119
懐良親王の成人と裁量権の強化　征西将軍としての本格的始動
征西事業の本格化と令旨の変容
第四章　追風としての観応の擾乱……129
1　九州の観応の擾乱……129
九州の「天下三分」　足利直冬の政権構想　河尻幸俊と足利直義・直冬
足利直冬と阿蘇惟時　少弐頼尚の「公方」足利直冬与同
足利直冬の鎮西探題就任と政権構想の頓挫　足利直冬の幕府再離脱
足利直冬の南朝帰降　一色道猷・直氏の動向
観応の擾乱期の一色道猷・直氏　九州南朝の展望開く
2　大宰府攻略へのみちすじ……160
幾多の苦難と一陽来復　度重なる合戦　菊池武光の軍事活動
菊池武澄の軍事活動　菊池武光文書発給の変化

少弐頼尚の南帰とその遵行状　大保原合戦
3　懐良親王令旨と時代の趨勢……180
菊池時代懐良親王令旨の分布　懐良親王令旨の内容・様式の変化
菊池時代の幕府政局　少弐頼尚の引退と子息冬資・頼澄の登場
阿蘇惟澄の動向と子息惟村・惟武の登場

第五章　大宰府征西府の全盛時代……195
1　大宰府征西府の成立……195
先導役は菊池武光　菊池武光の優勢と阿蘇惟澄　長者原合戦
2　大宰府征西府時代の懐良親王令旨……201
大宰府時代懐良親王令旨の概要　懐良親王令旨にみる「沙汰付」
3　大宰府征西府の機構……212
訴訟制度の整備と南朝勅裁の執行　大宰府機構との関係
征西府の役所的機能　征西府奉行人饗庭道哲
4　大宰府征西府隆盛の周辺……227
室町幕府管領下知状の出現　「鎮西九国、悉く管領するに非ず」
「日本国王良懐」と日明通交の先駆け

5　翳りから陥落へ……238
五條頼元の卒去　菊池武光のその後　征夷大将軍任命
今川了俊の大宰府攻略

第六章　征西府の衰滅過程……255
1　征西将軍職の交替と良成親王……255
征西将軍職、懐良から良成へ　良成親王の九州下向
良成親王の四国征討　良成親王の発給文書　藤原尹房のこと
2　一品式部卿懐良親王……267
「一品式部卿」の呼称　懐良親王の発給文書
懐良親王の最期と万寿寺過去帳
3　その後の九州争乱……273
今川了俊の九州制圧　肥後国水島の陣　「鎮西、当方悉く一統し了んぬ」
南九州の政治情勢の変貌

第七章　懐良親王の精神世界……285
1　仏神の信仰と和歌文芸……285

仏神の信仰　母方は歌道の大御所　宗良親王との和歌贈答
2　父と母、父母への思い……299
父後醍醐天皇の懐良への期待　母二条藤子の懐良への心遣い
父母の供養
終　章　九州南朝の終焉……311
「五條家文書」とは　九州南北朝と「九州の論理」
参考文献　317
あとがき　323
懐良親王略年譜　327
人名・事項索引

図版出所一覧

淵上誠方筆の肖像画（八代宮蔵）（八代市博物館提供）……カバー・口絵1頁
懐良親王母霊照院禅定尼追善供養宝篋印塔とその銘文（銘文は宮内庁書陵部図書課宮内公文書館提供、懐良親王墓域全景の画像は柳田快明氏提供）……口絵2頁
南北朝時代の九州における領主たちの勢力分布（『九州の風土と歴史』山川出版社、一九七七年より）……5
懐良親王の九州上陸経路……7
「阿蘇家文書」（延元3年）9月18日後醍醐天皇綸旨（熊本大学附属図書館蔵）……32
「忽那家文書」「忽那一族軍忠次第」（部分）（国立国会図書館蔵）……54
懐良親王を祀る谷山神社（鹿児島市下福元町、五條元滋氏撮影）……61
倒壊前の阿蘇神社（熊本県阿蘇市、堺有宏氏撮影）……67
「阿蘇家文書」（興国5年）閏2月21日五條頼元書状（部分）（熊本大学附属図書館蔵）……90
菊池神社（熊本県菊池市、筆者撮影）……109
菊池武光像（福岡県三井郡大刀洗町、筆者撮影）……114
「阿蘇家文書」（正平3年）6月23日五條頼元書状（部分）（熊本大学附属図書館蔵）……121
吾平山相良寺（熊本県山鹿市、筆者撮影）……123
「阿蘇家文書」（貞和6年）10月26日少弐頼尚書状（熊本大学附属図書館蔵）……142

「三池文書」正平6年10月18日三池頼親軍忠状（個人蔵）（熊本県立図書館寄託）（東京大学史料編纂所所蔵写真）……164
「肥前有馬文書」正平9年9月12日有馬澄明軍忠状（早稲田大学図書館蔵）……166
「豊前辛島文書」正平12年8月17日少弐頼尚遵行状（東京大学史料編纂所所蔵写真）……172
大保原合戦記念碑（福岡県小郡市、筆者撮影）……175
「麻生文書」（延文4年）7月12日少弐頼尚軍勢催促状（麻生久和氏蔵）（福岡市博物館提供）……178
「興隆寺文書」正平8年9月22日足利直冬書下（山口県文書館蔵）……185
「興隆寺文書」正平9年正月18日大内弘世書下（山口県文書館蔵）……185
大宰府政庁跡（福岡県太宰府市、筆者撮影）……196
長者原古戦場跡（福岡県糟屋郡粕屋町、筆者撮影）……200
「五條家文書」正平18年9月9日懐良親王令旨（五條元滋氏蔵）……205
「肥前武雄神社文書」正平16年8月日大宰府庁下文（武雄神社所蔵）（佐賀県立図書館寄託）……220
「阿蘇家文書」正平24年11月日阿蘇惟武申状（熊本大学附属図書館蔵）……222
「阿蘇家文書」正平24年11月13日懐良親王令旨（熊本大学附属図書館蔵）……246
「肥前有馬文書」正平23年10月日有馬澄世軍忠状（東京大学史料編纂所所蔵写真）……246
「阿蘇家文書」文中3年10月14日懐良親王令旨（熊本大学附属図書館蔵）……257
「五條家文書」文中3年12月25日良成親王令旨（五條元滋氏蔵）……257
良成親王墓（福岡県八女市矢部村、筆者撮影）……264
懐良親王墓（熊本県八代市妙見町、筆者撮影）……271

懐良親王墓（福岡県八女市星野村、筆者撮影）…… 271
「西巌殿寺文書」天授元年11月3日懐良親王仏舎利相伝状（西巌殿寺蔵）…… 286
高良山からの眺望（筆者撮影）…… 289
高良大社（高良玉垂宮）（福岡県久留米市）（筆者撮影）…… 289
「玉垂神社文書」天授3年2月9日懐良親王願文（篠山神社蔵）（有馬記念館寄託「筑後歴世古文書一」）…… 291
懐良親王歌碑（福岡県八女市 大円寺、堺有宏氏撮影）…… 295
「五條家文書」巻子本（五條元滋氏蔵）…… 312
「五條家文書」（元中12年）10月20日良成親王書状（五條元滋氏蔵）…… 314

関係系図

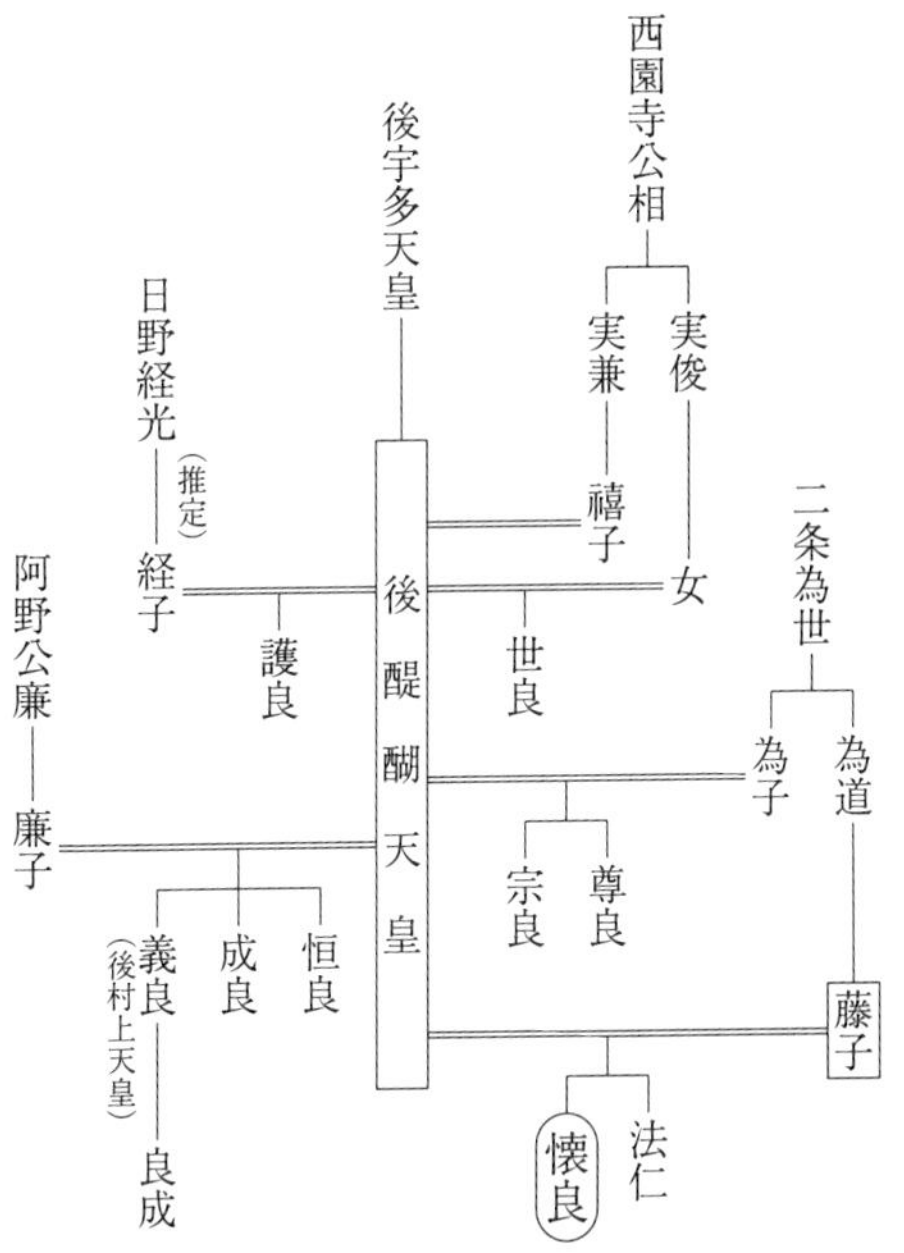
西園寺公相
実俊
実兼
禧子
女
後宇多天皇
後醍醐天皇
日野経光
（推定）
経子
護良
世良
二条為世
為子
為道
宗良
尊良
阿野公廉
廉子
義良
（後村上天皇）
成良
恒良
良成
藤子
懐良
法仁

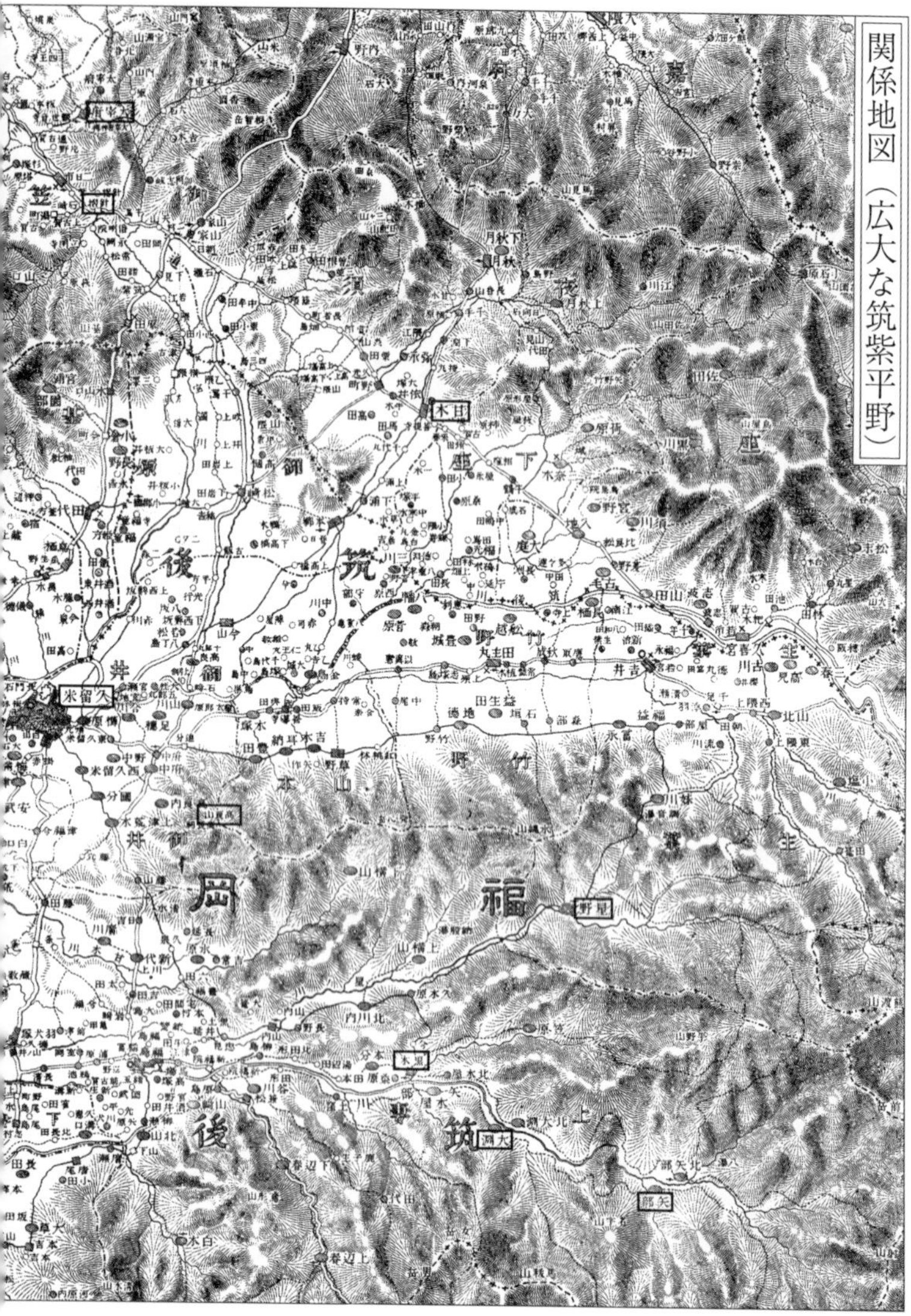

関係地図（広大な筑紫平野）

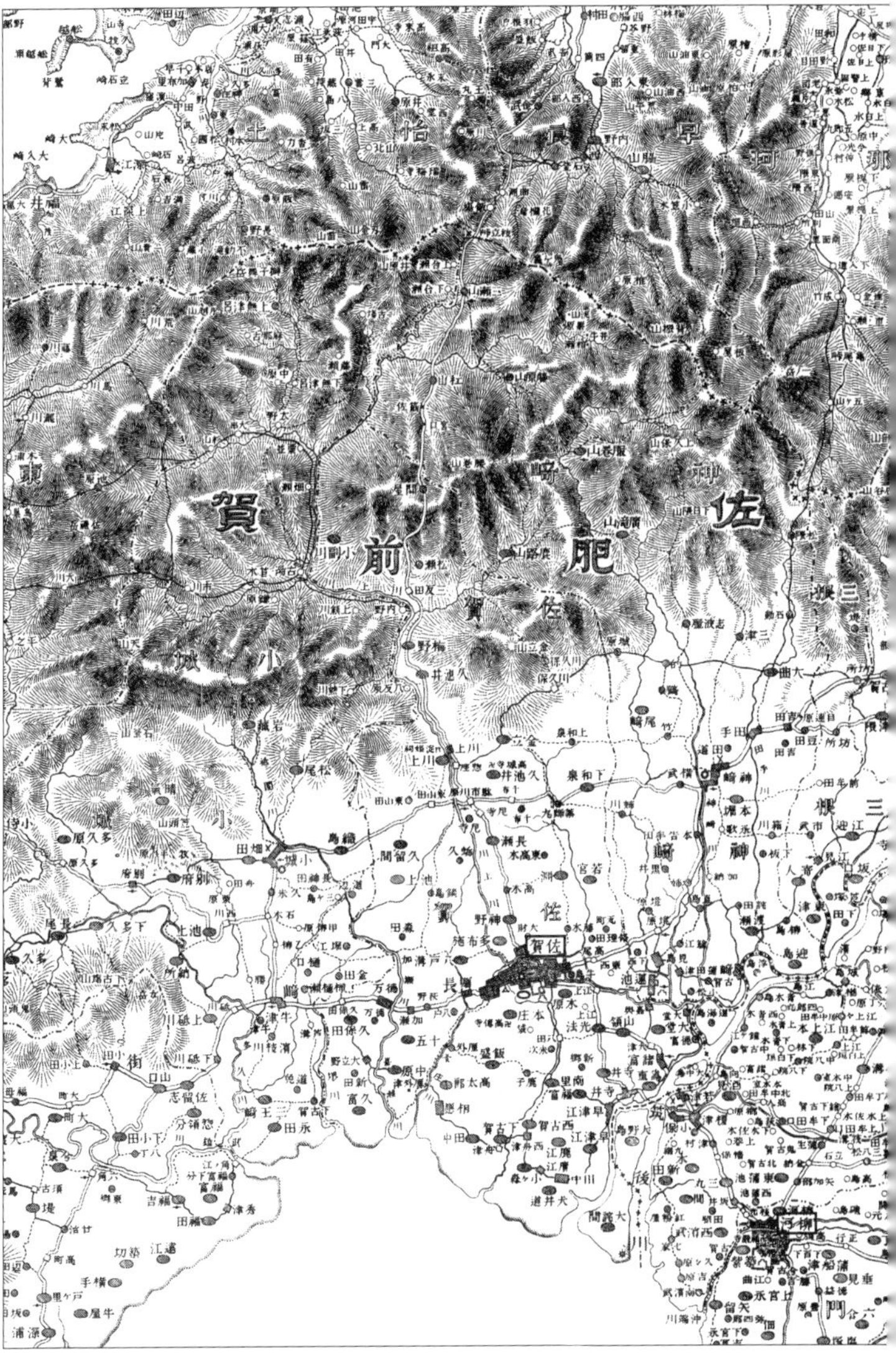

出所：平凡社『日本歴史地名大系』特別付録「福岡県全図」より（本書と関係の深い地名は□で囲んだ）。

序章　懐良親王と九州の南北朝時代

1　九州の歴史的特性

九州の風土と歴史

かつて山川出版社より刊行された「風土と歴史」（全一二巻）は、各県ごとのものとは趣を異にする、日本列島におけるひとまとまりの広い地域の歴史と文化を総合したもので、たとえば北海道とか東北、関東とかという広域行政区画ごとの歴史と文化を扱うシリーズであった。そのなかの、九州を取り扱った第一一巻『九州の風土と歴史』（一九七七年）は、当時九州大学教授であった川添昭二と、早稲田大学助教授であった瀬野精一郎との共編になる。川添によって執筆された「あとがき」のなかに、九州史研究のための要諦が簡潔に述べられている。以下必要部分のみ引用する。

九州というまぎれようもない地理的完結性のなかでくりひろげられた歴史の万華鏡。それは、時として反権力・反中央の激しいエネルギーを奔騰させた。しかし、その裏に事大主義と中央直結思考が伏在していることも見逃せない。九州の歴史は、「土着」に「中央」と「対外―国際的契機―」がかけ合わされて展開し、独自の風土を形成している。（三四七―三四八頁）

右の指摘は九州の歴史についての深い含蓄に富み、とりわけ中世の九州を構造的に理解するうえでの基本的な考え方をよく表現している。同書はこうした視点にたって、九州の特性を活かすという方向で執筆されている。

他方で網野善彦は、近接する「中国」（地方）という地域名の成立の経緯を左のように述べたことがあるが、そこにも「九州」についての興味深い指摘がなされている。

この呼称（「中国」＝筆者注）が行われる前提に、まず九州が自立した地域として、西国とは一括できないものとする認識が京都の支配者をはじめとする多くの人々の意識に定着したことが考えられ、それに応じて、中間の諸国の人々にも、自らを「中国」とする地域意識が次第に生まれてきたと見ることができよう。（「『中国』という地域名」『南北朝遺文中国・四国編二』月報2、東京堂出版、一九八九年）

ようするに、「中国」という地域名は先に「九州」が自立した地域名として成立したのを受けて、西国とは一括することのできない「畿内近国と九州との中間の国々」との意味で登場したとの理解である。裏返していうと、「九州」は日本列島のなかでも自立性・独立性の高い地域だったことを意味している。

日本歴史を振り返ってみるとまさにその通りで、九州が日本歴史の牽引力となったり、やがて到来する新しい時代のさきがけとなったりする事例は枚挙にいとまない。よきにつけあしきにつけ、九州はその時代時代の最先端を突き進んでいた。それは九州が地理的にみて中国大陸と最も近く、貿易・交易などを通して得られる文化的・経済的なメリットがあったことも考慮しなければならない。九州は変革エネルギーの噴火口であるといって過言ではない。中央権力が、こうした潜在的な実力を蓄えた九州に強い関心を示し、それを支配下に置こうとしたのもまた自然なことであった。

そのことをよく示すのが、建武三年（一三三六）四月、西下していた足利尊氏が東上にあたって「九州をひたすら打ち捨てては叶ふまじ」（『太平記』巻16、日本古典文学大系『太平記二』四一頁）と語ったという記事や、永享三年（一四三一）七月、九州の争乱に腐心した室町幕府の宿老畠山満家が述べた「九州の事、また重事これに過ぐべからざるや」（『満済准后日記』同一三日条）の言葉である。それらはしなくも九州の持つ歴史的な特性を端的に言い当てている。

九州南北朝史を貫くもの

先に川添は九州の特性として、「時として反権力・反中央の激しいエネルギーを奔騰させた。しかし、その裏に事大主義と中央直結思考が伏在していることも見逃せない」と指摘したが、それに当てはまる歴史的事実はいくつも探し当てることができる。本書で取り扱う一四世紀の南北朝時代にそくしてみてみよう。まず元弘三年（一三三三）四月、後醍醐天皇の伯耆からの討幕密勅を受けた足利尊氏がそのための軍勢催促を秘密裡に行ったとき、頼ったのは主として九州の有力武士であった。それは尊氏が九州の持つ底力を知悉していたことによろう。また建武三年（一三三六）二月の尊氏の九州下向、そしてこれに続く三月の筑前多々良《たたら》浜の戦いも同様に考えることができる。

さらに将軍足利尊氏の実子にして、父と激しく確執した直冬に関連する事柄にもそのことがあらわれている。京都での父尊氏との権力闘争のあおりで貞和五年（一三四九）九月、九州に逃れた直冬は、まさに「世直し主」のような期待感を持たれつつ九州の国人たちに支持されて短期間のうちに勢力を拡大させるが、まもなく観応二年（一三五一）三月、直冬が鎮西探題（鎮西管領）に任命され将軍勢力に取り込まれると、今度は逆に国人たちの支持を失って急速に勢力をしぼませた。そこには「土着」の思想も強く息づいているし、九州の国人たちが持つ「反中央」の性格も色濃くあらわれている。

かといって、九州は「反中央」一辺倒であるのではない。「中央直結思考」も持ち合わせていた。それは時として日和見主義にもみえた。その実例としては、たとえば鎌倉時代最末期の菊池武時の鎮西探題襲撃事件、いわゆる「菊池合戦」のときの少弐《しょうに》氏と大友氏の態度がある。武時が元弘三年（一三三三）三月一三日に決起したにもかかわらず、一味同心を契ったはずの少弐氏や大友氏は時期尚早とみて約束を履行しなかった（「博多日記」、『太平記㈠』角川文庫付録、一九七五年）。弱体化したとはいえ、いまだ健在の鎌倉幕府に反旗を翻しても勝ち目はないだろうとの打算からである。しかしこれより二ヶ月半ほどたった同年五月二五日には幕府をめぐる状況が一変したため、少弐・大友・島津の三雄を含む九州の武士たちは大挙して鎮西探題を攻撃して壊滅に追い込んだ。まさに態度豹変である。先にのべた、尊氏が建武三年に九州に逃れたとき、北部九州の国人たちが軒並み尊氏に味方して多々良浜合戦を勝利に導いたのも、同様の「寄らば大樹のかげ」的な発想によろう。

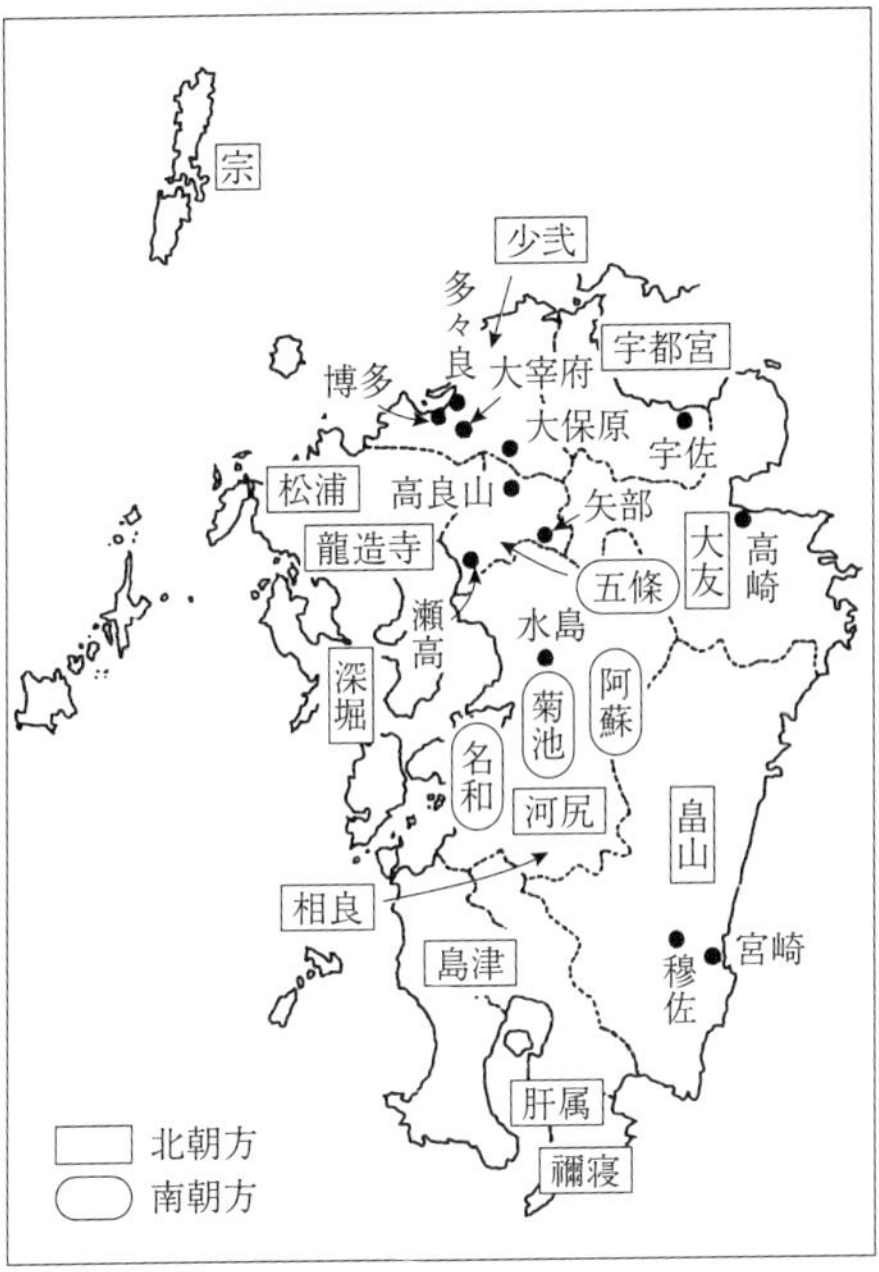

南北朝時代の九州における領主たちの勢力分布

このような基本的性格を持つ九州を支配下に置くことの重要さを時の支配者たちは十分に認識していた。後醍醐天皇もその一人で、彼は、窮地に立たされた南朝を盛り立てるためには九州をとりこむのが最良の手段であることに気づいたのである。

後醍醐天皇が皇子の懐良《かねよし》を九州に派遣した最大の理由はここにあったといってよい。また懐良が中国の明《みん》との間に通交関係を開こうと試みたことは、九州の歴史を構成する一つの要素「対外―国際的契機―」に相当するといってよかろう。

2 新しい研究への扉

九州南北朝史研究の現状と課題

これまでの征西将軍宮懐良親王の動向を柱にした九州南北朝史についての研究成果を振り返ってみよう。懐良親王をめぐる当該研究の歴史を通覧するには、川添昭二・朱雀信城編「征西将軍宮関係文献目録」（『年報太宰府学7』二〇一三年収録）が有益である。

この分野の研究史を明治・大正時代にまで遡って委しく紹介するのは到底無理なことであるが、右の文献目録によってみると関係史料集・研究論文のなかでも比較的にまとまったものとしては、江戸時代後期の熊本藩の儒医、田中元勝《もとかつ》（一七八二―一八四九）が著した「征西大将軍宮譜　巻一―一二」（『肥後文献叢書六』隆文館、一九一〇年。一九七一年、歴史図書社より復刊）がある。この書は、最終巻の末尾に明治四二年（一九〇九）一〇月下旬、校訂者宇野東風が、

そもそも、この書、前後征西将軍宮（懐良と良成）の事蹟を主とし、これに係くるに菊池・阿蘇二家の盛衰および当時九州の大勢をもつてし、ことごとく旧記・古文書等により、年次を追うて編述せり。事実すこぶる正確、史学上まことに得がたき珍書なり、（五五七頁）

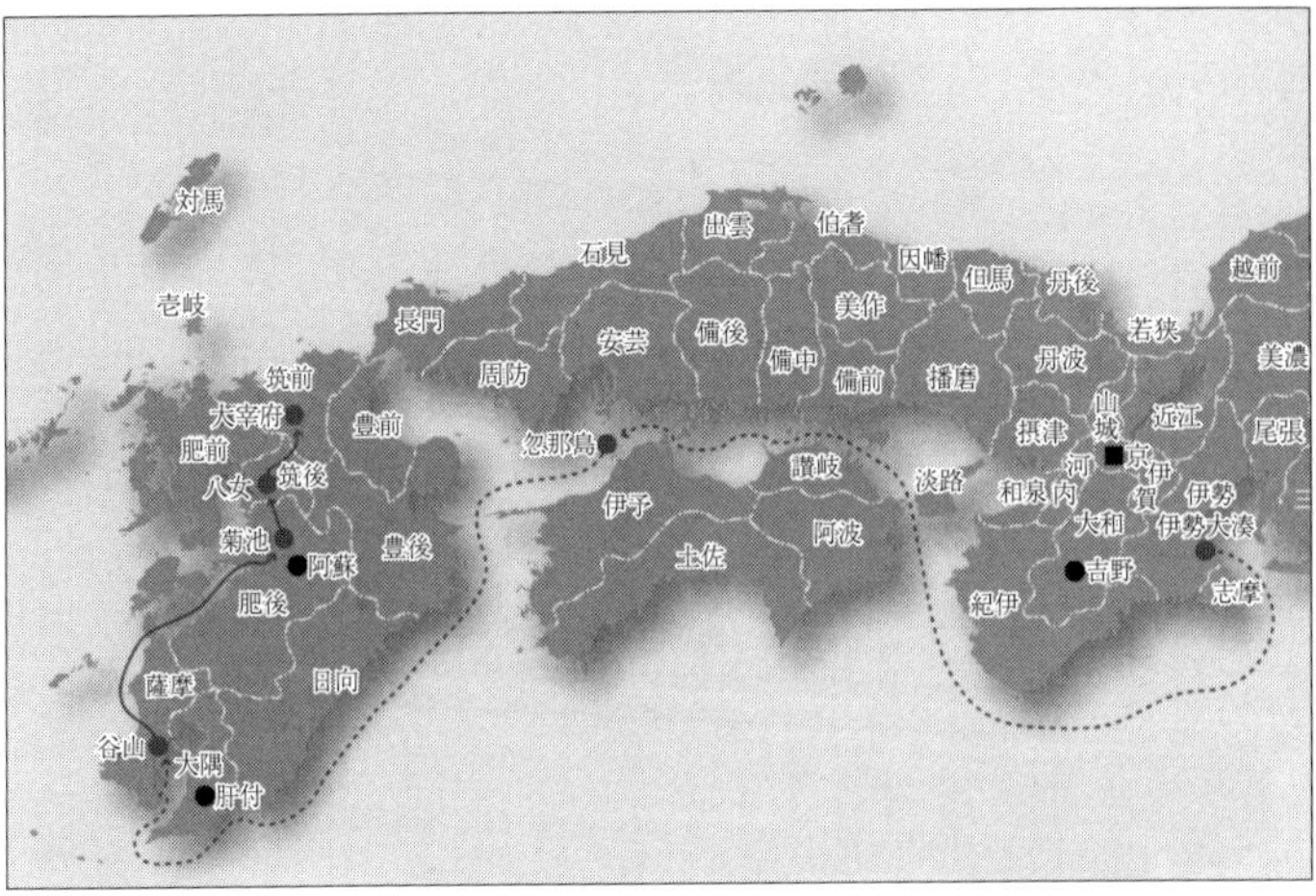

懐良親王の九州上陸経路

と解説しているように、関係史料をふまえた実証的な著作である。

このようないわば萌芽の時期を経て、近代における本格的な研究の先駆けとなったのは、いうまでもなく藤田明『征西将軍宮』（東京宝文館、一九一五年。一九七六年、文献出版より復刊）である。藤田は同書で、懐良の出発から薩摩上陸、肥後を経ての大宰府入り、さらに大宰府征西府の十余年に及ぶ全盛時代、対明交渉、征西府の衰滅にいたる全過程について実証的な方法によって明らかにした。同書は懐良の伝記と題しながらも、実体としては九州南北朝史の総合的研究というべきものである。戦後の中世史研究の骨格を作った佐藤進一はかつて「大正初年に著わされて、今日なおもっともすぐれた南北朝九州史の声価を失わない」と高く評価した（『南北朝の動乱』中公文庫、二〇〇五年、四九六頁。初版は一九六五年）。

しかし問題点がないわけではない。それらは、同書が刊行された直後の三浦周行の書評（『史林』一巻二号、一九一六年）や復刊直後の村井章介の批評（『日本歴史』三四五、一九七七年）などで指摘されている。具体的にいえば、まず重要な無年号文書の年次比定に誤りがあったり、後征西将軍を無条件に良成親王（南朝系図では後村上天皇の皇子）とみなしたり、古記録が史料として十分に活用されていなかったりなど、研究の手法や叙述の方法の上での問題点である。また同書は美文調の古風な文語体で叙述されているため、いまの時代にはなじみにくい。村井は「本書は伝記としては失敗作といわざるをえない」と手厳しい。

とはいえ事実誤認を別にすれば、それらはおおむね時代的な制約とみるべきであろう。同書は、一九二六年雄山閣から刊行された渡辺世祐『関東中心足利時代之研究』（一九七一年、新人物往来社から復刊）とあわせて、大正期における日本中世の広い意味での地域史研究の双璧というべき成果である。なお大正期までの研究史については、川添昭二「九州南北朝研究史序説――大正期まで」（『南北朝遺文九州編』第七巻、月報7、一九九二年）に委しい。

これ以降の研究についていうと、幕府の九州支配の拠点たる鎮西探題や九州の守護、有力武士（団）などにそくした実証的研究が少なからず公にされたものの、こと懐良親王関係でまとまったものは長く現れなかった。ようやく近年になって、三浦龍昭『征西将軍府の研究』（青史出版、二〇〇九年）が登場した。三浦のこの著書の登場は、藤田による著書が刊行されて九四年も後のこととなる。三浦は藤田の研究をうけて、懐良を中心に編成された南朝配下の九州軍政府＝征西将軍府の成立過程とその歴史的性格について正面から取り組んだ。方法としては補佐役五條頼元をはじめとした懐良親王側近たちの役割を検討し、彼らが奉じた令旨や御教書を形式や内容にそくして分析することによって、南朝を支えた征西府の広域行政府としての政治・軍事的実態に光をあてた。ことに無年号文書の年次比定を丹念に行ったことで、藤田以来の年次比定の過誤にともなう事実関係の誤認が訂正された。藤田以来の懐良親王および征西府についての本格的な研究として注目される。

他方、近年隆盛を極めている日本各地の自治体史の刊行も日本歴史の研究を強く下支えしている。なかでも九州南北朝史の展開にとって九州の政治・文化の中心というべき大宰府の持つ問題は重要である。足利尊氏や懐良親王がそうであったように、九州を制覇する者は必ず大宰府を掌握する。大宰府は中世にあっても九州の伝統的な中心都市としての地位を低下させることはなかったのである。その意味において福岡県太宰府市の自治体史『太宰府市史』は重要である。特に南北朝期を扱った「中世資料編」（二〇〇二年）と「通史編Ⅱ」（二〇〇四年）は有益である。

『南北朝遺文九州編』の刊行

歴史の叙述がその根拠となる史料をふまえて書かれるのは当然のことである。裏付け史料のない歴史叙述は説得力を持たない。その意味で史料は歴史叙述の身上である。ところが私たちがあるテーマについて関心をいだき、関係史料を集めようとするときまずぶつかるのは、それらがあちこちに散在していて、集めるのがたいへんだということである。こういうとき、たとえばある特定の地域やテーマごとに関係史料が網羅的に収集・整理され、しかも活字化されておれば、これほどありがたいことはない。だがそれを作る側の苦労ははかりしれない。各種の史資料の翻刻と刊行は、たいへんな手間と労力を要する地味な作業である。しかし将来の歴史研究の進展にとっては必要不可欠の仕事であり、いわばインフラ整備に相当するといってよい。インフラ整備の結果として良い史料集が刊行されると、それを基礎にして研究は多方面に発展することが期待される。

九州の南北朝の歴史を調べるとき、このような意味でまさに理想的な史料集がすでに刊行されている。中世史家瀬野精一郎の編になる『南北朝遺文九州編』全七巻（東京堂出版、一九八〇—九二年）がそれである。この史料集は、全国に散在する史料から内容的に九州に関係する南北朝時代の文書を網羅的に収集・整理し、これを編年に配列したもので、九州の南北朝史を研究するうえで利用価値の高い刊本史料集ということができる。全七巻に収録された九州関係の南北朝時代文書は、全部で七一四〇通を数える。

その内訳についてみると、年次記載があったり年次が推定可能な文書が六三一八点、それに加えて年月日欠文書・無年号文書・補遺文書が合わせて八二二点である。さらに最終の第七巻には「無年号文書目録」および索引が付され、同書を利用するうえでの利便が施されている。編者瀬野はこの史料集を刊行しようとした思いを、「子供のころ面白がって眺めていた」「石垣工事」にたとえているが（『南北朝遺文九州編』第七巻、月報7）、その編纂作業の完了にいたるまでの労力と時間は尋常なものではなかったろう。

瀬野の積年の努力が実って『南北朝遺文九州編』全七巻は完成した。この史料集によって、九州の南北朝史研究を本格的に行うための史料的基盤が築かれたといってよい。同書全巻が刊行されて約三〇年が経とうとする現在、この史料集は多方面に活用されて、九州南北朝史のみならず日本歴史研究のレベルアップに貢献していることは確かであるが、しかしもっと活用されてしかるべきだと筆者には思われる。九州南北朝史の新生面はこの史料集によって広く切り開かれるにちがいない。

本書は、九州南朝勢力の中心であった懐良親王の動向を通して、九州を中心とした南北朝史全体を通史的にみようとするものであるが、このようなテーマでの研究にとって『南北朝遺文九州編』は絶好のツールといえるもので、まさに「渡りに船」という言い方がぴったりなのである。

『南北朝遺文九州編』各巻と懐良親王の歩みとの、おおまかな対応関係は以下の通りである。

第一巻　建武元年（一三三四）から暦応元・延元三年（一三三八）までを収録。つまり鎌倉幕府滅亡の翌年から懐良親王が九州に向けて出発する年まで。懐良にそくしていうと九州下向の前段階にあたる。

第二巻　延元四・暦応二年（一三三九）から正平二・貞和三年（一三四七）までを収録。つまり、後醍醐天皇の没から懐良親王が薩摩国谷山を出て肥後菊池に向かうまで。懐良の伊予国忽那島時代から薩摩国谷山時代にあたる。

第三巻　正平三・貞和四年（一三四八）から正平九・文和三年（一三五四）までを収録。つまり、懐良親王の肥後菊池入りから筑前国針摺原《はりすりばる》合戦のころまで。懐良が菊池で九州経営の実力を蓄えた時期にあたり、九州の観応の擾乱はこの期間に展開する。

第四巻　正平一〇・文和四年（一三五五）から建徳元・応安三年（一三七〇）までを収録。つまり、征西府が大宰府攻略に成功、隆盛を迎えた征西府が本営を菊池から大宰府に移して黄金時代を維持する期間。

第五巻　建徳二・応安四年（一三七一）から元中元・至徳元年（一三八四）までを収録。つまり、征西府の黄金時代にも翳りがみえはじめ、やがて大宰府は陥落、懐良は征西将軍の職を辞すといういわば征西府の衰退期で、一三八三年には懐良が没する。

第六巻　元中二・至徳二年（一三八五）から元中一二・応永二年（一三九五）まで、および無年号文書を収録。つまり、懐良没後の九州南朝の動向に関する文書を収録する。後征西将軍宮（良成親王）の文書が多くみられる。元中一二年を最後としているのは、九州の南朝文書の最後がこの年の良成親王書状（「五條家文書」）であることによろう。

第七巻　補遺・無年号文書目録・索引

本史料の編者瀬野は刊行の完了にあわせて、「『南北朝遺文九州編』の刊行と問題点」（『古文書研究』三六、一九九二年）という文章を公表して、編者としての本書利用上の留意点を委しく述べている。

ここで一言お断りをしておきたい。以下、繁雑さを避けるため出典表記のさい『南北朝遺文九州編』第〇巻を『南北〇』と略記することとする。

九州南北朝史研究と懐良親王令旨

征西将軍宮、および九州南北朝史研究の進展のための客観的な環境は間違いなく整ってきている。各種史料の刊行が格段に進んだためである。関係史料が収集しやすくなった。関係史料のなかでも、懐良親王の活動状況を最も具体的かつ直接的に知るための素材は、彼が出した令旨《りょうじ》という文書である。そもそも令旨とは、皇太子・三后以下親王・内親王の仰せを承けて出される御教書《みぎょうしょ》（三位以上の人の奉書）をいうが、動乱の南北朝時代には後醍醐天皇の皇子たちが各地に派遣されて盛んに活動しただけに、その足跡としての令旨が数多く残存している。なかでも多数の令旨を残したのが、大塔宮《おおとうのみや》の称で名高い護良《もりよし》親王と、本書の主人公たる征西将軍宮懐良親王であるが、二人の令旨の残り方はそれぞれに顕著な特徴がある。

護良親王の令旨発給の事実は六〇例ほどが知られ、令旨自体も四〇通あまりが正文や案・写のかたちで現存している。その特徴は、鎌倉最末期の元弘二年（一三三二）半ばから翌三年一〇月までの一年数ヶ月の間に集中していることである。この護良令旨の残り具合は護良の独得な歴史的役割を端的にあらわしている。

これに比べて懐良親王の場合は大いに異なっている。懐良の生涯にわたる活動状況についてはこれから段階的に述べてゆくが、彼の令旨はその各段階のありようを直接的に知るための最も信頼のおける一次史料であることをまず念頭におこう。

懐良親王が九州下向の途について以降、筑後矢部で没するまでの四五年間に発給した令旨は、現在のところ約二〇〇点が確認されている（征西将軍職を辞したのは文中三年〈一三七四〉末）。先行研究では、川添昭二「懐良親王をめぐる九州の南北期―令旨の分析を中心として―」(『九州の中世世界』海鳥社、一九九四年。初出は一九七九年)があり、懐良の令旨の分析を通して九州南北朝史の展開過程を論じている。

このように九州南北朝史の展開過程を段階的に論ずるうえで、懐良親王の発給した令旨は重要な指標である。そしてそれらを収集するにあたって極めて利便な刊本史料集が、先述の瀬野精一郎編『南北朝遺文九州編』なのである。この史料集にはいろいろな種類の文書が収録されているが、そのなかでまっすぐ通った一本の柱のような存在が懐良親王令旨である。このことはすなわち、九州南北朝史の展開にとって懐良親王がいかに大きな役割を果したかということを示唆している。加えて、懐良令旨を補完するかたちで出される令旨副状や、懐良側近の五條頼元や吉野から差回しの公家中院義定の書状なども、懐良の九州計略のうえで大きな役割を果たしているといわねばならない。

懐良親王と九州

右で述べたように、九州は歴史的にみて変革エネルギーの噴火口といって過言ではないと思うが、換言すると、それだけ九州は歴史的な変革を引き起こすエネルギーをためこみやすい性質を持っているということでもある。

南北朝時代の前半期の貞和五年(一三四九)ころの成立とされる「梅松論《ばいしょうろん》」は、足利尊氏が中先代《なかせんだい》の乱を鎮定したのちも鎌倉を動かず、京都―鎌倉の間が政治的に不穏な雲行きとなったとき、その大きな歴史的転換の前ぶれを以下のように描いている。

かゝりしほどに、京都伺候の親類代官どもは急ぎ都へ上り、関東に忠を存する仁は、又京都より逃げ下る間、海道上下の輩、俄に織綺《しょくき》（往来のあわただしいこと）のごとし。建武二年の秋冬より世上敢へて穏かならず。

（新撰古典文庫『梅松論』現代思潮社、一九七五年、七二頁）

こうした時代状況の変動に九州はすばやく反応したものと思われる。すでに元弘年間鎌倉幕府を倒壊させた合戦「元弘の乱」において、九州武士の活躍はめざましく、彼らは九州にいながらも中央の政治的動向に実に敏感で、何かことが起こると即座に上洛することも珍しくなかった。一例をあげると、のちに述べる阿蘇氏の一門のものが元弘三年初の近畿地方の金剛山の戦いに討幕軍として参戦していた（「阿蘇家文書」正平三年九月日恵良惟澄軍忠状、『南北三』二五三六）。九州武士の機動力には目を見張るものがある。また、建武三年（一三三六）には関東から上洛してきた足利尊氏が京都での後醍醐天皇軍との激戦ののち、旗色悪く西走の余儀なきにいたるけれども、九州に下向してから、九州武士たちの支援を得て筑前国多々良浜の戦いに勝利したことが、尊氏の武家政権樹立を決定的にした。

いつの時代にあっても中央政権が九州の情勢に目を放すことができない所以であるが、本書で述べる懐良親王の九州下向も右と同様の理由による。懐良親王の父後醍醐天皇は、南北朝の分立後、自らが率いる南朝軍の劣勢を盛り返そうとして九州に着目したのである。後醍醐天皇は、九州の持つ力を南朝軍へと取り込むべく皇子懐良親王を征西将軍に任命したうえで、つまり南朝軍の九州方面軍司令官のようなかたちで派遣することを考えた。

したがって当初は懐良親王の心中には、自分は父後醍醐天皇の一分枝という意識が強く存在したであろうし、その任務を完遂すべく懸命の努力を怠らなかったであろう。しかし九州の南北朝時代の展開に対応してゆくなかで、懐良がはたして最後まで南朝の一分枝という意識を持ち続けたかどうかは検討の余地がある。

艱難辛苦を重ねつつやがて懐良親王は、かつて古代にあっては九州を統括した大宰府に入ることに成功する。懐良はここを拠点として征西府の九州支配を展開させつつ、政治的自信を深めていったに相違ない。特に中国大陸の明との外交交渉のなかで、明皇帝洪武帝（朱元璋）から「日本国王」と認定されると、その自信はいっそう増幅されたことであろう。

本書では、南朝の皇子としての懐良親王の持つ尊貴性と、領主制的な発展を遂げようとする九州武士の在地性とが織りなす九州南北朝史を史料をふまえて具体的に描きだしてみたいと思う。

3　呼称と名前のよみ

懐良親王の呼称

懐良の呼称として用いられた表記には以下のようなものがある。

まず①「鎮西宮」である。結論から先にいうと、懐良親王は「鎮西宮」と呼ばれ、しかもその名称はごく普通に用いられている。「鎮西宮」がみえる最初は以下の文書である。

土佐国富崎別府下司職事、為勲功之賞、高野山堂衆可令配分知行者、鎮西宮令旨如此、悉之以状、

延元々年八月十七日　　侍従隆邦　奉

高野山堂衆等中

右の文書は、活字本では高野山史編纂所編『高野山文書四』や『大日本史料六編五』巻末の補遺に収める。内容は、高野山堂衆等中にあてて勲功賞として土佐国富崎別府下司職を与えるというもの。侍従隆邦《たかくに》によって奉じられ、日付は延元元年（一三三六）八月一七日となっている。

問題はこの「鎮西宮」が誰かということであるが、そのことを考えるために次の文書をみよう。

安芸国凶徒等発向忽那島（伊予国風早郡）処、致合戦忠節之条尤以神妙、殊所被感思食也者、征西将軍（懐良親王）令旨如此、

悉之、以状、

「興国元」十月廿一日　　侍従（花押）

下野法眼房（忽那義範）

右の文書は、「伊予忽那文書」に収めるもので、活字本では『南北朝遺文中国・四国編一』一〇一六、文書名は「征西将軍宮令旨」。内容は、興国元年（一三四〇）一〇月二一日、征西将軍宮懐良親王が下野法眼房（忽那義範）にあてて、伊予国忽那島に攻め寄せた安芸国凶徒と戦った功績を称えるというもの。

二つの令旨の年次は極めて接近しており、前者が案文であるため花押の比較はできないものの、おなじ南朝系の親王に仕えていて「侍従」という職掌にあることから、この二人の奉者は同一人物である可能性が高いといわねばならない。しかも「隆邦」という人物については、同時期に「四条隆邦」という公家の存在が確認される（『尊卑分脈二』三七〇頁）。こうなると、前者の「鎮西宮」は後者に引き付けて征西将軍懐良親王その人とみてさしつかえない。したがって文書名は『高野山文書四』が名付けたように、「懐良親王令旨」でよい。ということで、右にあげた高野山堂衆等中あての延元元年八月一七日鎮西宮令旨は、現段階で信頼のおける懐良親王令旨の初見と考えられる。むろん懐良が「征西将軍」に任命される以前のものである。

　懐良親王を史料上で「鎮西宮」と称した例は、ほかには一四世紀半ばの征西府の全盛時代に、京都公家の日記や室町将軍の発給文書などに登場している。たとえば「園太暦」延文四年（一三五九）一一月七日条に載せる同日付の後光厳天皇綸旨案（『園太暦六』三〇七頁）、これを施行した同年一一月一〇日足利義詮御判御教書（「大友文書」、『大日本史料六編二二』七四〇頁）、さらに康安元年（一三六一）八月三日足利義詮御判御教書（下関市立長府博物館所蔵「筆陳」、『山口県史研究』17）などにも、「鎮西宮幷武光《（菊池）》以下凶徒」という表記であらわれる。この「鎮西宮」が当時肥後守護菊池武光の軍事力のもとで征西府を主宰していた懐良親王であることは明瞭である。

　なおこの間の正平六年（観応二、一三五一）七月三〇日常陸親王御使交名（大日本古文書『毛利家文書四』三八三頁）にみえる「ツくし《（筑紫）》に御さ《（座）》候」、つまり九州の肥後に滞在している「ちんせいのミや《（鎮西の宮）》」もおなじく懐良親王を指すとみてよい。

次に最も一般的な、②「征西将軍（宮）」という呼称である。この表記は、懐良派遣のことを肥後阿蘇惟時に伝える延元三年（一三三八）九月一八日後醍醐天皇綸旨（「阿蘇家文書」）より使用され始めたもので（「征西大将軍」と表記）、征西将軍就任後の親王令旨においても、その初見の延元三年一二月三〇日付（同）から正平二〇年（一三六五）五月一〇日付（「伊予河野文書」）まで、「征西将軍（宮）」の表記で多くの実例をみる。

懐良親王は文中三年（一三七四）末に征西将軍職を「良成親王」（俗に後征西将軍宮と呼ばれる）と交替して以降は「一品親王」と呼ばれている。このほか、その任命された官職、あるいは滞在地にちなんで「中務卿宮」・「式部卿宮」、「四国宮」・「肥後宮」・「筑後宮」、さらには「九州宮」・「高田宮《こうだ》」とも称された。

最後に「阿蘇宮」について触れておこう。以下に「阿蘇宮」が所見する史料を列挙するが、この「阿蘇宮」が懐良親王のことをいうか否か、結論的には不明といわざるをえない。

①建武三年正月三〇日　阿蘇宮令旨（「山城西明寺文書」、『南北一』三九七）。内容は、朝敵追討の軍勢催促に応じた大山崎上下保神人にあてた感状（『思文閣古書資料目録』一二五号、一九九一年、一六三頁に写真）。

爲　朝敵追罸被召群勢處、馳參條神妙之由、依阿蘇宮令旨執達如件、

建武三年正月卅日　　前少進（花押）

大山崎上下保神人等中

②勅使沙弥宗玄（北畠親房）仏舎利奉請状（「東寺仏舎利勘計記」、『大日本史料六編三』九五三頁。毎日新聞社『皇室の至宝11　御物　書籍Ⅱ』毎日新聞出版、一九九二年に写真）。

「（端裏書）「当寺仏舎利事」

延元々年三月十五日、於内裏勘計、（割注略）

一粒　阿蘇宮

一粒　宗（北畠親房）玄（割注略）

一品宗玄」

③建武三年一〇月ころ、光明天皇の合体交渉に応じた後醍醐天皇が比叡山から下りるくだり（「義貞（新田）北国落事」、「太平記」巻17、『西源院本太平記』五〇〇頁）。

「…阿曾宮は山臥のすかたに成て、吉野の奥に忍はせ給ふ。…」

右の史料はすべて建武三年（延元元、一三三六）のことに関するものであるが、表記についてみると①②が「阿蘇宮」であるのに対し③は「阿曾宮」となっている。懐良親王の生年をかりに元徳元年（一三二九）とすれば、懐良は建武三年に数え年で八歳ということになる。①②の「阿蘇宮」を懐良とみなすと、八歳の懐良が朝敵追討の軍勢催促を行い、また後醍醐天皇の内裏において仏舎利一粒を奉請したことになる。問題となるのは懐良の年齢であるが、①の軍勢催促については特に問題ないとは考えるが、②の仏舎利関係のことがやや疑問として残る。しかしこれについては、のち正平一四年（一三五九）懐良親王が泉涌寺比丘曇喜《どんき》（泉涌寺第一六代長老）から「当寺仏牙舎利分散一粒」を受け、このとき三一歳の懐良は曇喜から「征西将軍親王宮遍照金剛」（遍照金剛とは大日如来の称）と呼ばれているなど（「西巌殿寺文書」、『南北四』四一三六）、その身辺が密教色濃厚であることからみると、特に不自然ではないのかもしれない。

ただ③の「阿曾宮」については、それがはたして懐良か否か、明瞭ではない。すでに久保田収は著書『建武中興』（明成社、二〇〇四年、二三〇頁。初版は一九六五年）で以下のように記している。

また『太平記』には、これとともに、尊澄法親王《そんちょうほうしんのう》（宗良《むねよし》親王）は遠江に向かわれ、阿曾宮《あそのみや》は山伏の姿になって吉野の奥へしのばれ、四条隆資は紀伊に、中院《なかのいん》定平は河内におもむいた、と伝えている。阿曾宮とはどなたであるか、よくわからないが、『東寺仏舎利勘計記』にも「延元元年阿蘇宮」（②のこと＝筆者注）とあるから、このように呼ばれる方があったのである。

「懐良」のよみ

最も基本的かつ素朴な疑問であるが、懐良親王の諱「懐良」はふつう「かねよし」とよんでいるが、これはどのような根拠によるものであろうか。このことについて先行研究にみると、まず最も包括的な先行研究である藤田明『征西将軍宮』（東京宝文館、一九一五年）

はこれにふれるところがない。ほかの先行諸研究のなかにも名字のよみを取り上げた論稿はみあたらない。

ならば現行の辞典類についてみてみよう。まず全巻完成しなかったものの戦前の本格的な日本史辞典として声価の高い冨山房『国史辞典』では「懐良親王」の項目は三好不二夫によって執筆され（第二巻、一九四〇年、六一六頁）、そこでは「かねながしんのう」のよみで立項されている。次に、戦後の代表的な日本史辞典たる吉川弘文館『国史大辞典』では川添昭二によって執筆され（第三巻、一九八三年、四八五頁）、そこでは「かねよししんのう」で立項されているが、解説文中で「懐良は『かねなが』とも読まれる」と補足される。このほか近年の事典類でも同様の説明がなされている。

問題となるのは「懐」字である。「懐」を「かね」とよむのはどういう根拠によるものか。このことを調べるために、諸史料にみる「懐」の古訓を検索してみよう。およそ歴史的人物の名のよみはなかなか難しい。漢字はいろいろなよみ方をするからである。しかし中世の日記などをみていると、まれにその名前の文字の横によみ仮名を付した例がみうけられる。むろんそのよみ仮名がいつ付されたものか検討を要するけれども、こうした実例はその人物の名前をよむ場合に有力な手がかりとなる。そこで「懐」字について調べると、さしあたり次の二例を検出することができる。

一つは北朝の内大臣三条公忠の日記「後愚昧記《ごぐまいき》」応安七年（一三七四）二月一一日条の、代々徳大寺家人の「藤原懐国」という人物が柳原仙洞で殺害されたという記事（『後愚昧記二』一七二頁）。記主三条公忠はこの人物の名懐国の「懐」字の右側に小字で「ヤス」とよみ仮名を付している。懐国は

「やすくに」とよんだものとみてよい。ここでは「懐」は「やす」とよまれている。

もう一つは、醍醐寺座主満済の日記「満済准后日記」応永三三年（一四二六）正月一四日条である（京都帝国大学文科大学叢書第四『満済准后日記二』二四六頁）。ここでは「御衣勅使蔵人懐藤《（藤原）》」の「懐」字の右側に小字でやはり「ヤス」と仮名をふっている。「懐藤」を「やすふじ」とよんだのである。

他方、名乗りに使用する場合「懐」字がどのようによまれるかを調べると、「かぬ・かね・きたす・たか・ちか・つね・もち・やす」のような例が挙げられているし（たとえば『新大字典』講談社、一九九三年、九一二頁）、『和歌文学大辞典』（明治書院、一九六二年）の「勅撰作者部類」では、便宜的に「かね（もと・やす）」のよみを立てている（一五二一頁）。

右の事柄を総合して考えると、「懐良」を「かねよし」や「かねなが」とよむのは、確定的な史料的根拠をもつものではなく、慣用によることが知られる。さらに「懐」を「ヤス」とよませる実例のあることをふまえると、懐良を「やすよし」とよむのも有力な一説ということになる。しかしそれも確定的なよみとは言い難いし、また不要な混乱をさけるためにも、本書では「かねよし」という通例に従うこととする。

第一章　懐良親王の九州下向

1　後醍醐天皇の全国制覇構想

後醍醐天皇の起死回生

後醍醐天皇（正応元年〈一二八八〉生―延元四年〈一三三九〉没。在位一三一八―一三三九）は約一五〇年続いた武家政権たる鎌倉幕府を倒して、京都に公家一統の建武政権を樹立した「異形」の独裁君主として著名である。実質的にみて、一四世紀の動乱の時代の幕開け役を果たした主人公は、この天皇であった。

むろん、後醍醐天皇は鎌倉幕府を倒すまでのプロセスにおいて幾多の厳しい苦難を乗り越えたわけであるが、その後の建武政権の維持運営にも大いに苦心したことはいうまでもない。建武政権は全国政権であるから、国土の全部を支配しなければならない。特に地方においては旧幕府勢力が執拗かつ断続的に新政権に抵抗したし、建武二年（一三三五）一一月に足利尊氏と決別して足利勢力を敵に回してからは、全国規模で足利氏およびその与党と対峙しなければならなかった。

後醍醐天皇の公武統一構想で特に注目すべきは、後醍醐天皇が日本列島全部を天皇の独裁権のもとに統一的に支配しようとした中央集権の考え方である。その考え方は後醍醐天皇の政権＝建武政権の屋台骨ともなった政府機関である雑訴決断所の運営システム（五畿七道を担当局ごとに当初四つに、のち八つに区分）に明瞭である。その意味で、日本人にその国土意識を明確なかたちで持たせたはじめての政治体制は、建武政権であったといって過言ではあるまい。日本の歴史において「日本一」という概念がはじめて明確になるのも南北朝期と考えられるが（『太平記』巻8、『西源院本太平記』一八九頁。「石清水祠官系図」、『続群書類従』七上、二四六頁）、それは建武政権の発展延長上にあるものとみられる。逆にいえば、後醍醐天皇の政治構想は、日本列島を一手にまるごと支配しようという、これまでにその例をみない強靱な意志に支えられたものだったのである。

このような軍事的情勢のもとで、特に延元三年（一三三八）は後醍醐天皇にとって大きな試練の年となった。この年五月にそれまで後醍醐天皇軍（南朝軍）の重要な支柱であった北畠顕家が足利尊氏の執事高師直《こうのもろなお》らと和泉堺浦・石津に戦って戦死、同年閏七月には同じく後醍醐軍の軍事力の中軸をなしていた新田義貞が足利側の武将斯波高経《しばたかつね》と越前藤島に戦って戦死したためである。

後醍醐軍の中枢を担っていた軍事指揮官ともいうべきこの二人の南朝驍将の相次ぐ戦死は足利軍に対する後醍醐軍の劣勢を加速し、後醍醐天皇に勢力挽回のための思い切った戦略の立案を余儀なくした。後醍醐天皇はここで自らの皇子たちを日本列島の要所々々に派遣して、皇子という貴種性をテコに彼らを中核とした強力な南朝勢力を扶植し、もってそれらを束ねることによって天下の再統一を企図したものと思われる。後醍醐天皇の多くの皇子たちのなかにはすでに鬼籍に入った者もいたけれども、生存中の皇子たちの存在がこうした作戦の遂行を可能にした。

後醍醐天皇の「四道将軍」構想

実はこうした構想はすでに古代の歴史書『古事記』・『日本書紀』にみえているもので、それは「四道《しどう》将軍」の構想と呼ばれている。後醍醐天皇の全国支配構想はこの「四道将軍」に似た点があり、日本の歴史についての造詣が深い後醍醐はこれをヒントとした可能性もないとはいえない。

そこでまず、この古代の「四道将軍」構想について概略を述べておこう。いわゆる「四道将軍《よつみちのいくさのきみ》」の説話は、『古事記』（和銅五年〈七一二〉成立）および『日本書紀』（養老四年〈七二〇〉成立）の崇神天皇紀にみえるが、二つを比べてみると相異する点がある。

このうち『日本書紀』によると、崇神天皇一〇年九月九日に、同天皇は大彦命《おおひこのみこと》を北陸に、武渟川別《たけぬなかわわけ》を東海に、吉備津彦《きびつひこ》を西道に、そして丹波道主命《たにわみちぬしのみこと》を丹波にそれぞれ派遣し、もし教化を拒むものがあれば討伐せよと詔して、印綬を授けたとある。同書は、地方の鎮定のため四方に派遣されたこの四人の将軍を「四道将軍」と称している。

いっぽう、『日本書紀』より成立時期のやや早い『古事記』の崇神天皇紀によると、三道への派遣となっており、さらに被派遣者の名前も派遣先も異なり、また吉備への派遣は崇神天皇より三代前の孝霊天皇の代のこととしている。

こうしたいわゆる「四道将軍」の説話は、歴史的には大和に成立した中央政権の支配が四方へ拡大する過程を物語るものであるが、この説話そのものに右に述べたような、記紀の所伝の違いがあったことには注意すべきであろう。この説話については机上の創作とする見方もあるが、広い目でみると何らかの歴史事実を反映するものと考えられる。

ここで自らの皇子たちを四方に派遣して全国制覇をもくろんだ後醍醐天皇が、この崇神天皇紀の「四道将軍」の先蹤をモデルにした、と直ちにいうつもりはない。しかし形のうえでは極めてよく似ていることは事実である。両者の関係を、後醍醐天皇の政治構想にそくして考えてみる必要がある。まずその実態は広く見渡すとどうであったか。実は構想の担い手たる皇子たちの派遣の時期と性格は一定していない。いったい何人の皇子が派遣されたかも明確ではない。時間を追って整理すると以下のようになる。

①最初は、元弘三年（一三三三）一〇月、陸奥に派遣された義良親王（のちの後村上天皇。当時六歳）である。陸奥守北畠顕家によって補佐され、軍勢をともなった。顕家の父親房も同行している。こうして義良を奉じた北畠氏を首班とする陸奥将軍府の奥州経営が開始された。

②二番手は、同年一二月、関東統治のために鎌倉に派遣された成良親王（当時八歳）である。足利尊氏の実弟直義《ただよし》によって補佐され、この関東統治の機関＝鎌倉将軍府は足利勢力の兵站地となった。

③三番手は、建武三年（一三三六）一〇月、後醍醐によって比叡山から北陸の越前敦賀《つるが》に向かった皇太子恒良《つねよし》親王（当時一二歳）である。恒良には北陸地方統治の任が与えられ、新田義貞らの武将が随行した。

④これに加えて、「元弘日記幷裏書」（宮内庁書陵部蔵）が以下のように記している。延元三年九月の皇子たちの門出に関する史料として重要なので以下に引く。

（延元三年〈一三三八〉）
閏七月廿五日、義良親王幷入道一品親房（北畠）・顕信（北畠）卿等、率東軍下向勢州、
八月十七日、解纜、
九月十一日、於伊豆崎、遇大風、数船漂没、親王（義良）・顕信（北畠）卿等船帰着勢州、上野入道（結城宗広カ）艤《ふなよそおいす》此
御船、
入道一品（北畠親房）船着常陸国就（ママ）、
尊澄法親王（のちの宗良）・尊良親王第一宮着御遠江国井伊城、花園宮（のちの常陸親王）着御四国、
牧宮（懐良親王カ）同着御四国、可有御下向鎮西、
廿九日、義良親王・顕信（北畠）卿等、入吉野、

右の記事が記すように、延元三年（一三三八）九月、宗良《むねよし》親王（当時二八歳）が東海地方の遠江へ、

「花園宮」（のちの「常陸親王」）が四国へ、さらに「牧宮」（懐良親王）が九州に下ることになる。舟で各地に向かったこれらの親王が、①の義良や、②の成良や、③の恒良のようには軍勢をともなっていなかったことは明らかである。このうち「牧宮」が先述のように征西将軍宮懐良であることは動くまい。また「花園宮」（常陸親王）は南北朝時代の正平年間（一四世紀半ば）には山陽地方の安芸・周防あたりで南朝軍のシンボルとしての動きをみせる。

後醍醐天皇の皇子たちの派遣例では、具体的には以上のようなケースをあげることができるが、①～③の三例と④とでは明らかに性格が異なる。つまり、①～③の段階では後醍醐天皇はまだ足利勢力と本格的な対立関係に入っていないが、④になると、すでに南北朝の対立の段階に入っているという違いである。このように一口に皇子たちの派遣といっても、彼らの年齢はむろんのこと、派遣の時期と目的、それに状況もそれぞれに違うという点を見逃すことができない。

さらにいうと、④は南朝勢力の劣勢な状況のもとで打ち出された挽回策である。延元三年といえば、すでに述べたように、南朝の軍事的な支柱北畠顕家と新田義貞とがこの年のうちに相次いで戦死している。このような南朝の劣勢のなかで、後醍醐天皇が考えた新たな起死回生の戦略が、前項でふれた④なのである。

2　延元三年九月一八日付の後醍醐天皇綸旨

後醍醐天皇綸旨にみる九州の情勢

後醍醐天皇が懐良を九州へ派遣するさいに、肥後の阿蘇大宮司宇治惟時にあてて出した綸旨が『阿蘇文書』に収録されている（「阿蘇家文書」、『南北一』一二五四）。綸旨とは天皇の意志を伝達する奉書であるが、この綸旨には後醍醐の現状認識、特に九州南朝軍の動向、勢力巻き返しのための作戦、懐良に与えられた裁量権などについて述べるところがあり、さらに懐良の九州派遣の目的、懐良の任務、扶助を期待された九州現地のキーマンは誰かなど、多くの重要な情報を提供してくれる。

朝敵追討事、四方官軍等不一揆、或先駆而失其利、或城守而似怠慢、就中九州士卒等雖非無功績、各争雄而及参洛之遅引云々、依之凶徒猶不退帝都、渉旬月之条、国家之弊、庶民之憂、宸襟無聊、故為進官軍整軍陣、無品親王（懐良）為征西大将軍、所有御下向也、方々官軍急速応催促、可令参洛、恩賞・々罰等事、併所被委将軍御成敗、存其旨、殊可令致忠節者、天気如此、悉之、以状、

（延元三年）九月十八日　右中弁（高倉光守）（花押）

阿蘇大宮司（宇治惟時）館

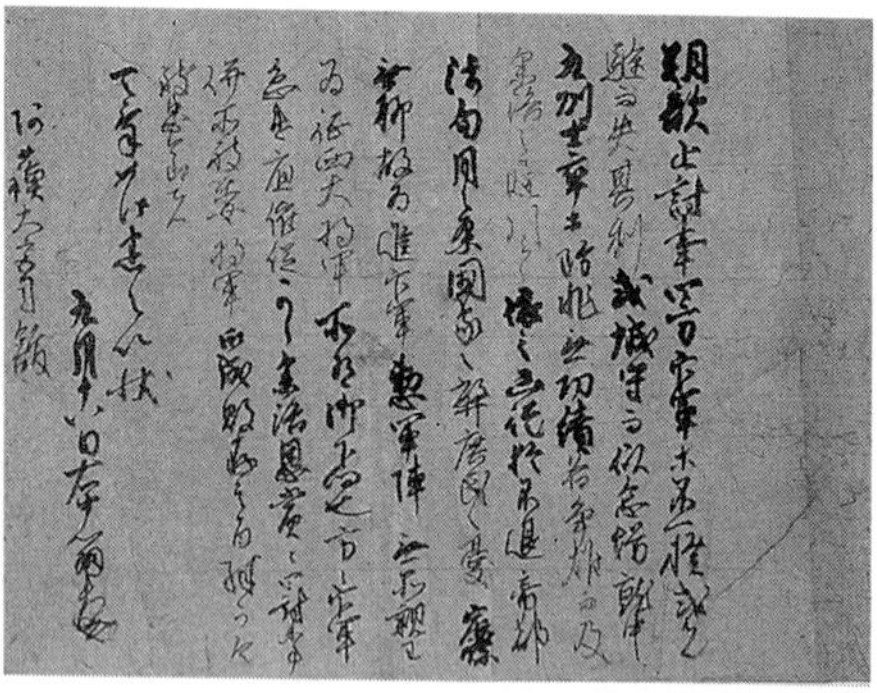
「阿蘇家文書」（延元３年）９月18日後醍醐天皇綸旨

この史料で確認すべきは、まず文書の年次である。藤田明『征西将軍宮』ではこの綸旨の年次を延元元年（建武三、一三三六）とみなしたが、その後の研究により延元元年は延元三年（一三三八）の誤りとして訂正された。根拠は前述の通りであるが、そのようにみなさないことには、この史料は前後の歴史事実との間で齟齬《そご》をきたしてしまう。延元三年は後醍醐没の前年に当たる。時に懐良親王数え年一〇歳。

右の綸旨で注目すべきは三点。一つめは、後醍醐が南朝軍不振の理由は「官軍」が一致団結を欠き行動がバラバラであるためだと認識していること。二つめは、したがって官軍を進め軍陣を整えるために、懐良親王を征西大将軍として九州に派遣するということ。そしてその任務を遂行するために懐良に「恩賞・々罰等事」、つまり恩賞と賞罰についての裁量権を付与すると明言していること。三つめは、派遣する懐良への全面的な援助を、肥後の阿蘇大宮司宇治惟時に要請していること。つまり、後醍醐天皇は南朝軍の劣勢を立て直すべく九州制覇をもくろみ、具体的には懐良親王―阿蘇惟時のラインでこれを実現しようとしたのである。

後醍醐天皇の皇子と九州との関係は、はじめて懐良によってここに開始されるのではない。すでに元弘三年（一三三三）三月、肥前国彼杵《そのぎ》郡千綿《ちわた》（現、長崎県東彼杵郡東彼杵町）に忽然と姿を現し（『博多《はかた》日記《にっき》』）、同五月の鎮西探題攻めでは攻撃軍の総帥となり、探題滅亡後の同年六月には二通の令旨（「相良文書」・「禰寝《ねじめ》文書」）を残している尊良親王（後醍醐天皇の一宮）がいる。懐良の九州下向では、関係者にはこの尊良の記憶が多少とも想起されたかもしれない。

それでは懐良下向当時の西日本、特に九州の政治的・軍事的な情勢はどのようであったか。それに対して、懐良を九州に派遣して西の藩屏《はんぺい》を築かせようとした後醍醐天皇は、当時の九州の軍事情勢をどのように分析していたか。また、後醍醐の右の綸旨にみる当初の認識と判断の仕方は正しかったか否か。そのようなことをうかがうために、冒頭にあげた（延元三年）九月一八日後醍醐天皇綸旨にそくして、まず当時の九州の政治と軍事の状況、具体的には九州武士たちの政治的・軍事的な動向をみておくことにしよう。

綸旨冒頭の「朝敵追討事」の「朝敵」とは、いうまでもなく後醍醐天皇に敵対するかたちで新たな朝廷＝北朝を立ち上げた足利尊氏とその与同勢力を総称する言葉である。この綸旨は「朝敵追討」のための方途が後醍醐自身の状況判断をふまえて出されたもので、その意味では後醍醐の制覇構想の中味を具体的にうかがううえで貴重な史料である。

この綸旨の文章表現に注意しつつ先に進もう。まず総論である。「四方官軍等不一揆、或先駆而失其利、或城守而似怠慢」のくだりであるが、「四方官軍」、つまり朝敵の本拠京都を取り巻く四方の味方の軍勢（後醍醐軍）が一致団結して行動していないといっている。具体的には、味方の軍勢たちは功をあせり先駆《さきがけ》してかえって利を失う結果を招いているし、また口では城にこもって守備するといいつつも実際は怠慢していると批判している。このようなわけで「官軍」はその力を出し切っていないということになる。

具体的な歴史事実でいえば、たとえば暦応元年（延元三、一三三八）一月の美濃青野原（現、岐阜県大垣市）の戦いのごとき、後醍醐にとってはそれこそ直近にして最大の痛恨事だったのかもしれない。この事件は、陸奥から西上進撃し、美濃青野原で足利軍を破って京都を目前にした北畠顕家が、北陸からの新田義貞と合力して京都を落とす作戦を避けて伊勢経由で吉野へまわったことで、幕府軍に壊滅的な打撃を加えるチャンスを逸し、北朝軍を切り崩すことに失敗したことをいう。「太平記」巻19はその原因として「顕家卿、我ガ大功ノサスカ（そのまま全部）ヲ、義貞ノ忠ニナランスル事ヲソネミテ」とする（『西源院本太平記』五七九頁）。つまり、北畠顕家が自分の功績を新田義貞に横取りされることを妬《ねた》んだからだという。これはまさに南朝軍の「不一揆」の典型的なケースである。

ちなみに、顕家が幕府の執事高師直らと和泉堺浦・石津に戦って没するのは、この年（延元三年）の五月のことである。新田義貞もまたこれを追うように、同年閏七月に足利軍の斯波高経と交戦し越前藤島で戦死する。件の後醍醐天皇綸旨はそのわずか二ヶ月のちに出されたものである。そこには後醍醐の苦渋の思いが凝縮されたに相違ない。

件の綸旨は次に肝心の九州の問題に言及する。同綸旨には「九州士卒等雖非無功績、各争雄而及参洛之遅引」とある。意味するところは、九州の南朝軍の士卒たちは軍功をあげていないわけではないけれども、士卒同士互いに雄を争うあまりに時間を費やし、ために京都へ攻め上るのが遅れてしまっているということである。この言葉の背後には、前述した延元三年の一斉攻撃によって京都を落とそうとした南朝軍による作戦で、参洛を要請していた阿蘇惟時など九州官軍が出遅れたという事実があったようである（「阿蘇家文書」、〈延元二年〉九月一一日参議某奉書、『南北二』一〇四一）。

これに続く「依之凶徒猶不退帝都、渉旬月之条、国家之弊、庶民之憂、宸襟無聊」は、そういう状況であるから「凶徒」（足利軍）が京都から退却することなく滞在すること旬月にわたったために、「国家」は弊れ「庶民」は憂え、後醍醐天皇は心を悩ましている、という意である。そこで具体的には、「為進官軍整軍陣、無品（懐良）親王為征西大将軍、所有御下向也」、つまり（帝都奪還のための）官軍を（京都に）進め軍陣を整えるために、皇子懐良親王を「征西大将軍」として九州へ下向させるということになるのである。そのうえで「方々官軍急速応催促、可令参洛」、つまり九州の官軍は急ぎ懐良の催促に応じて参洛せよといっている。懐良親王の九州下向は、帝都奪還のための南朝軍組織の中核づくりだったのである。

行賞権と賞罰権の委任

征西将軍に任命された懐良親王は、九州の士卒たちの在地領主としての成長に向けた動向をたくみにとらえて味方を増やし、軍事力として組織化する必要にせまられた。こうした使命を背負った懐良にとって最も効果的だったのは父後醍醐天皇から委任された行賞と賞罰の権限であった。

後醍醐天皇綸旨には、はっきり「恩賞・々罸（罰）等事、併所被委将軍御成敗」と書かれている。

「併《しかしながら》」は「すべて」という意味であるから、九州経営における行賞権（忠節をとげた者に恩賞を与えること）、および賞罰権（功ある者を賞し、罪ある者を罰すること）という二つの権限（裁量権）は、本来保持する南朝天皇の手から切り離され、完全に懐良の成敗に委任されることになったのである。懐良もまたこの完結した権限を南朝軍の組織化にむけて有効に活用した。

後醍醐が懐良に委任した権限の内容と性格を考えるうえで思い合わされるのが、以下の記事である。興国三年（一三四二）七月二九日、常陸の陣中にあった北畠親房が阿蘇惟時を味方に勧誘するときに使った論法である。やや長文にわたるが以下に引く。

一、当手幷同心人々恩賞事、就注進可有其沙汰之旨、被下　綸旨云々、然者、今更何可有予儀乎、但　宮（懐良）御下向、勘解由次官頼元真人（五條）令供奉之間、有蒙　勅命之旨歟、相構被和順者、可宜事歟、御方中若有不和儀者、奉為　宮（懐良）、不便御事也、諸事被申談、可被仰御催促也、其内、有参着（差）之儀者、勅裁又何有被空旧労哉、又讒訴輩事、更不聞及事也、（「阿蘇家文書」、『南北二』一八二四）

この記事において北畠親房がいうのは、①味方の恩賞については、各々からの注進を受けて綸旨によって行うのが基本原則だ。②ただしこのたびの、懐良親王の五條頼元を従えての九州下向に際しては特別の措置をこうずるとの勅命があった（先掲の後醍醐天皇綸旨のこと）。具体的には懐良の成敗を最優先するという措置だ。③双方（後村上・懐良）の措置に齟齬が生じて当事者間に不和が生まれるといけないので調整することが必要だ。後村上天皇は永年の功労をきちんと評価する。④讒訴《ざんそ》はこれを受け付けない。およそそういう内容である。これをようするに、九州の懐良親王の裁量権について、その母体たる南朝は最大限これを承認し、あくまで後方支援に徹するということを北畠親房を通して告げたということになろう。

後述するように、九州の案件に対する懐良の権限の完結性は総元締めの南朝によって尊重されていた。のち、南朝勢力の全国的な衰微のなかにあって、ひとり征西将軍懐良親王の率いる九州南朝軍が隆盛を誇ることができたのは、懐良に与えられた裁量権が軍勢の結集と組織化に大きく奏功したからにほかならない。

行賞権が軍勢を集めるうえでいかに重要な権限であるかを知るための興味深い史料記事がある。「太平記」巻13の「足利殿東国下向事」にみえるが、必要箇所だけを以下に紹介しよう。時は、建武二年（一三三五）七月の中先代の乱（北条時行の乱）の最中である。乱の鎮定のために鎌倉に下向することになった足利尊氏は出立に際して、後醍醐天皇に二つの注文をした。一つは「征夷将軍」のポストである。武門の長としての権威を身にまとおうとしたものと思われるが、結局「関東静謐ノ忠ニ依ルヘシ」と、お預けにされた。いま一つが、問題の行賞権である。

右の二つの権限について、「太平記」巻13は以下のように述べている。

次ニハ乱ヲ鎮メテ治ヲ致ス謀リ事、士卒有功ノ時、即時ニ賞ヲ行ニシク事ナシ、若注進ヲ経テ、軍勢ノ忠否ヲ奏聞セハ、挙達道遠クシテ、忠戦ノ輩勇ヲ不可成、然ハ暫ク東八ヶ国ノ管領ヲ許サレテ、直ニ軍勢ノ恩賞ヲ取行様ニ勅裁ヲ成下サレハ、夜ヲ日ニ継キ罷下テ、朝敵ヲ退治仕ルヘキニテ候、

（『西源院本太平記』三四七頁）

すなわち次のような意味である。乱を治めるときは味方の軍勢を集めねばならないが、その軍勢の士卒に功あるときは即時に恩賞を与えないといけない。もし遠方の指揮者に報告してその裁可を待つようなことがあると士卒たちは忠節を致そうとしない。なので、中先代の乱の鎮定のために関東に下るにあたって、自分（足利尊氏）に関八ヶ国の管轄権と、勲功の士卒に恩賞を「直《じき》ニ」与えることのできる権限とを与えてほしい。そうすると日夜を分かたず働いて朝敵（北条時行ら反乱軍）を退治してみせる、と。ようするに、恩賞は即時に与えないとダメだというのである。このエピソードは、軍事における行賞権は即刻に行使しなければ軍勢を味方として引き留めることはできないという鉄則を如実に示している。

直奏の禁止

直奏《じきそう》とは所定の手続きをふまないで直接に奏聞（天子に奏上）することをいうが、綸旨の文面に明記されてはいないけれども、後醍醐天皇は懐良親王の行賞権と懲罰権を保証するために、九州の武士たちがたとえば恩賞を要求するとき南朝に直接的に申し入れること、すなわち直奏を堅く禁止した。そのことは次の後村上天皇の代になって、直奏という手段をとる者が出たためであろうか、明確に示されている。懐良が九州に向けて吉野を出発した延元三年（一三三八）

から三年後の興国元年（一三四〇）には、懐良の教導役五條頼元にあてて左のような後村上天皇綸旨が出され、南朝では直奏を受理しない旨が布達されている。文面にみえる「先度綸旨」とは先の後醍醐天皇綸旨であることは明らかで、同天皇の従来の基本方針が継承されたことがわかる。

当御代　綸旨案
九州事、任先度　綸旨、可令申沙汰給之由、天気所候也、仍執達如件、
（興国元年）六月廿九日　　次官朝任
謹上　（五條頼元）勘解由次官殿
追申、九州輩直　奏事、不可聞食由、同被仰下也、
（「阿蘇家文書」、『南北二』一五四一）

この後村上天皇綸旨には、同年六月二九日付で五條頼元にあてた四條隆資の綸旨副状が付随しており、そこには「九州事、被委任申　（懐良親王）征西将軍之上者、毎事以　令旨、有計御下知之条、不可有子細候歟、且直　奏事、不可及沙汰之由、被下　（後村上天皇）綸旨候、遼遠之堺、於両方及御沙汰者、毎事可為違乱之基候」と、先の綸旨を補完する内容のことが書かれている（「阿蘇家文書」、『南北二』一五四二）。現代語で意訳すると、「九州のことは征西将軍懐良親王に委任しているので、毎事懐良親王の令旨によって下知することになっており、吉野への直奏禁止はすでに綸旨を下して布達しているところである。九州という遼遠の地で吉野と懐良（興国元年の当時、懐良は在忽那島）の両方から御沙汰が下るとなると混乱のもとになるではないか」となる。

この吉野朝廷への直奏禁止の原則は、懐良親王が九州において強大な南朝勢力を築きあげるための極めて重要な権限委譲であったといってよい。この原則は、時として冒されそうな場面もあったが、南朝朝廷はその都度この原則を再確認したもようである（「阿蘇家文書」、〈正平二年以前〉九月一日恵良惟澄あて西市正広家奉書写、『南北六』六六二四）。

結果的にみると、懐良はこの原則に依拠することによって自らを頂点とする支配秩序を構築し、九州の南朝勢力を巨大な政治的・軍事的組織として立ち上げることができたのである。

3　懐良親王の九州出発

出発は延元三年九月

先にあげた「元弘日記弁裏書」の記事によって、懐良の九州への出発が延元三年（一三三八）九月であったことが知られた。記事のうち直接的に関係する部分のみ再掲しよう。

九月十一日（延元三年）、（中略）牧宮（懐良親王カ）同着御四国、可有御下向鎮西、

右の記事によって懐良親王の九州に向けての出発は延元三年（暦応元、一三三八）九月であることは明らかであるのに、前述のようにひところまではそれが延元元年（建武三、一三三六）であるとされた。

それは藤田明『征西将軍宮』（東京宝文館、一九一五年、三八頁）や佐藤進一『南北朝の動乱』（中央公論社、一九六五年、二九九頁。二〇〇五年中公文庫）の所説である。それは前掲の無年号九月一八日後醍醐天皇綸旨（「阿蘇家文書」）の年次を延元元年とみたことによる。刊本類をみると、まず『大日本史料六編三』（一九〇三年、七五四頁）が延元元年に配列し、『阿蘇文書一』（大日本古文書）にいたっては延元四年と推定している（一九三七年、一九八頁。のち正誤表で訂正）。先の二著書の所説はこれに依拠したものであるが、この綸旨の年次は延元三年のほかにありえない。村井章介は藤田『征西将軍宮』の復刊に際して、事実誤認の一例としてこのことをあげている（『日本歴史』三四五、一九七七年）。

懐良親王出発時の九州

そもそも後醍醐天皇が九州支配に本腰を入れ始めたのが前述した四道将軍構想の一環であったとしても、懐良が九州へと出発する延元三年（暦応元、一三三八）の時点で、九州の在地武士たちに対する後醍醐天皇の掌握度はどの程度だったのであろうか。懐良親王の九州制覇事業の難易度、およびその実現度を占うためにもそのことを一瞥しておく必要はあろう。

鎌倉幕府を討てという後醍醐天皇の伯耆国よりの命令を受けた足利尊氏が、これを伝えるかたちで配下の武士たちに討幕の挙兵を呼びかけたのは元弘三年（一三三三）四月末のことである。この趣旨の尊氏書状が九州管内では同年四月二九日付で肥後阿蘇惟時・豊後大友貞宗・薩摩島津貞久にあてられて全三通現存している。こうした密書はこの三人に限らずもっと広い範囲に発されたに違いない。つまり尊氏は鎌倉幕府を倒そうとする段階からすでに九州の有力な在地武士たちとの間に支配関係をとり結んでいたといっても過言ではあるまい。

この尊氏の在地武士との関係が、建武新政が終焉し南北朝時代に入ったのちも足利勢力の九州への浸透にとって有利に働いたことは間違いあるまい。建武三年（一三三六）二月の尊氏の九州落ちにしてもこうした関係をふまえると所期の軍事行動とみなして一向に不自然ではない。しかも案の定、尊氏は九州で勢力を盛り返し、その威勢でもってこの年の半ばには京都を占拠することは周知のところである。

尊氏は上洛後も九州の在地武士への対応に手抜かりはなかった。尊氏は、九州を抑えて大宰府に入り上洛を急ぎつつも、九州に幕府勢力の拠点（鎮西管領）を置くことを忘れてはいないし、尊氏・直義は在地武士たちに対して盛んに軍勢催促状を発給し（実際には建武四年以降になると直義が専らこれを行っている）、その結果として軍功をあげた武士には恩賞地を与えたり、当知行地の安堵を行うなど、彼らを掌握するための措置を着実に打ち出している。おまけに北朝を推戴するかたちで成立した幕府の支配体制は、建武五年（暦応元・延元三、一三三八）には「二頭政治」の開始にこぎ着けるほどの充実ぶりを示すにいたっている。幕府の南朝に対する相対的な安定ぶりは九州の在地武士たちをある程度幕府に引き付けたことも否定できまい。

懐良親王の九州出発はこのようななかで、この南朝の劣勢を立て直すための巻き返し計画の一環としてなされたのである。幕府支配の浸透が先行するなかで懐良がこれに伍してゆくのは並大抵のことではなかったであろう。後醍醐―南朝の九州への関わりはその積極性において幕府のそれに比して当初より遅れをとっていたとみなさざるをえない。

随従者の筆頭は五条頼元

九州制覇の任を負った懐良親王が海路西下の長旅を開始したのは延元三年（一三三八）九月のことであったが、それ以前に懐良がいかなる行動をとっていたかは明瞭ではない。ただ延元元年（一三三六）八月段階では高野山堂衆の軍功に対して恩賞を与えるなどの軍事的な足跡を残した事実がある（一七頁参照）。後述するようにかりに懐良の生年を元徳元年（一三二九）とすると、当時懐良は数え年八歳と算出される。このような年齢のとき、懐良に九州下向の白羽の矢が立ったわけである。

ではその懐良の九州下向に随従した者たちにはどのようなメンバーがいたか。このとき参考になるのが、伊予国の『忽那家文書』に収める「忽那一族軍忠次第」という史料である（『愛媛県史　資料編古代・中世』愛媛県、一九八三年、五五七―五五九頁）。忽那氏と忽那家文書についてはのちに述べるが、この成立年次の記載のない「忽那一族軍忠次第」という史料は簡単にいえば、恩賞を要求するために義範を惣領とする忽那一族が南朝方として果たした忠勤の数々を列挙した記録である。その内容は元弘三年（一三三三）二月から興国三年（一三四二）九月までの記事であり、また懐良親王の九州渡海の記事がみられることから、長沼賢海《ながぬまけんかい》は「（忽那）義範が親王送迎の責任を全うして後、元弘以来の軍功を摘記し」たものであろうとした（長沼賢海「懐良親王の征西路考」『史淵』一三輯、一九三六年、八二頁）。その成立は、興国三年（一三四二）後半をさほど下らない時期と考えてよい。

この「忽那一族軍忠次第」の記事のなかに、

一、同（征西将軍宮）御手人十二人　衣装・兵粮沙汰事、三ヶ年、

という一項があり（『愛媛県史　資料編古代・中世』五五九頁）、その意味するところは、三ヶ年間懐良親王の「御手人」つまり随従人たち一二人の衣装や兵粮を調達したというのであるから、懐良親王の九州下向に随従したメンバーは全一二名ということがわかる。つまり九州を制覇するために派遣された一行の陣容は、主帥たる征西将軍宮懐良親王を中心に随従者たち一二人を加えた、総員一三名で構成されていたことになる。ここにいう一二人の随従者がそれぞれ誰であったか、具体的にはわからない。

しかし当該期（延元三年の出発から興国三年の薩摩着）の懐良親王令旨を編年に並べてみて、そのほとんどすべてを奉じているのが五條頼元であるところから考えると、幼少の懐良親王（元徳元年生まれとすると出発の延元三年で数え年一〇歳）を身近で輔導したのはほかならぬ五條頼元であったことは間違いない。

五條頼元についてはこののち関係する所々で述べることとなるが、ここでまずおおまかに述べておこう。頼元は儒家清原良枝の子で、貞治六年（正平二二、一三六七）五月に筑前国三奈木《みなぎ》庄（現、福岡県朝倉市）にて七八歳で没したとする『尊卑分脈四』によると、頼元の生年は正応三年（一二九〇）と逆算される。後醍醐天皇は正応元年の生まれだから、頼元は後醍醐より二歳年少ということになる。

文筆の家に生まれた頼元は、建武新政下では大外記に任じ、雑訴決断所・記録所・恩賞方の職員や諸国の受領を歴任した練達の事務官であったが（建武政権下での年齢は四〇代の半ば）、建武新政が崩壊

すると、同僚たちと一緒に北朝の光厳上皇院政下の訴訟機関である文殿《ふどの》の職員となっている。頼元が備中前司の肩書きで北朝側の一員として行動した足跡を、建武四年（延元二、一三三七）一二月までは確認することができる（「小槻匡遠記《おづきただとうき》の紹介」、橋本義彦『平安貴族社会の研究』吉川弘文館、一九七六年、四七七頁）。

翌延元三（一三三八）年九月には頼元は懐良の従者として随行するわけであるから、この間に南朝へ転じたことになる。三浦龍昭は頼元が転身した理由として、北朝での待遇面で不満があったのではとしている（『征西将軍府の研究』青史出版、二〇〇九年、一四頁）。その可能性もあるが、建武政権下では頼元は所領関係の訴訟を所轄する雑訴決断所や、恩賞事務を担当する恩賞方の職員などを務めていたから（『建武記』に収める「恩賞方番文」では頼元は西海道〈九州〉と南海道〈四国〉を担当）、その経歴・適性も抜擢の一理由であったろう。現に、元弘三年（一三三三）五月の鎮西探題攻めでの軍忠を上申した薩摩の島津宗久軍忠状を受理したのは「奉行人大外記頼元（五條）」であった（「薩藩旧記」建武元年二月一六日島津道恵目安状、『南北一』四）。ちなみに、先の生年をふまえると、九州への出発当時頼元は数えで四九歳ということになる。

懐良親王の意志・命令は、その側近が奉ずる令旨という文書で出された。懐良は多くの令旨を発給している。その懐良令旨のかなりの部分は五條頼元の奉ずるところである。現在、頼元の奉じた懐良令旨として、延元三年（一三三八）一一月三〇日（「阿蘇家文書」、『南北一』一三〇〇）より正平一七年（一三六二）七月一日（「肥前光浄寺文書」、『南北四』四三七三）までの、通算二四年にわたる全七八通を収集することができる。それらの令旨にみえる頼元の官途は一貫して「勘解由次官」である。

それは同時に征西将軍として九州に下向する懐良の補佐役に頼元を抜擢した後醍醐天皇の、頼元に対する厚い信任のあらわれでもあった。いまだ幼い懐良親王を輔導する彼の任務がいかに重かったかはいうまでもない。その下向に頼元の長子良氏、三男良遠（その子頼治も）たちもともに随従した可能性は高い。

頼みの綱は阿蘇惟時

懐良の九州下向に際して出された後醍醐天皇綸旨のあて名は、「阿蘇大宮司舘」となっている。阿蘇大宮司舘とは、肥後国阿蘇山の山麓阿蘇神社を拠点にして強大な勢力圏を形成していた神官御家人阿蘇氏の惣領たる阿蘇惟時のことである。南朝にとって極めて重大な局面で出された綸旨が阿蘇惟時にあてられているのは、むろん後醍醐天皇が懐良の九州下向にあたって阿蘇惟時の力に強く頼ったからである。いわば後醍醐にとって九州制覇の在地のキーパーソンは阿蘇惟時であった。

ここで阿蘇惟時に注目しよう。後醍醐は倒幕計画の当初から阿蘇氏には熱い期待を懸けたふしがある。そのきっかけは『博多日記』にみるように、阿蘇氏が遅くとも元弘三年三月にはすでに九州の倒幕勢力として行動した事実にあるように思う。後醍醐は隠岐から脱出して伯耆国船上山に拠った元弘三年四月二日という早い時期から、肥後の阿蘇氏に対して倒幕への戮力《りくりょく》を呼びかけていた形跡もある（「阿蘇家文書」正平二四年一一月日阿蘇惟武申状、『南北四』四七九九）。むろん阿蘇氏もこれに応じて忠勤に励んだ。伯耆以来の阿蘇惟時の後醍醐に対する忠節はのちの文書に「元弘已来の忠節」・「元弘已来の労効」（『南北二』二一五〇・二一五四）と記されている。建武政権の阿蘇氏に対する数々の恩賞や優遇措置はその軍功に対する行賞であった。さらに建武三年（一三三六）に、後醍醐天皇が足利軍に追い立てられ比叡山に難を避けたとき、阿蘇惟時は後醍醐から神器を運ぶ重事を任された（「阿蘇家文書」〈興国六〉一二月五日右馬権頭清長奉書、『南北二』二一六四）。後醍醐天皇がそうした大きな功績を持つ阿蘇氏に対してなおも強い期待感を抱いたとしても不自然ではない。

後醍醐天皇が皇子懐良親王を九州に派遣するにあたってその庇護者として白羽の矢を立てたのがほかならぬ阿蘇惟時であったのは、後醍醐と阿蘇惟時の間に早い時期からの軍事を通した固い絆が存在したからだとみてよい。この時点において阿蘇惟時は後醍醐にとって最大の頼みの綱であったのである。

しかし先取りしていえば、南朝はこの惟時に対して絶大な期待を懸け続けたにもかかわらず惟時は思うようには動かなかった。惟時には阿蘇一門の分裂を避けたいという強い思いがあり、ために容易に旗色を鮮明にしなかったのである。惟時の苦渋の心中やうかがうべしであるが、結果的にはこのことが南朝にとっては大きなネックとなり、懐良は九州支配のために当初予定していた計画を大幅に変更せざるをえなくなるのである。

第二章　伊予国忽那島時代・薩摩国谷山時代

1　伊予国忽那島時代

忽那氏と南北朝動乱

懐良は九州へ渡航するにあたって伊予国を重要な拠点と定めていたと思われる。伊予国忽那島（現、松山市）の海賊忽那氏の力に頼ったのである。室町幕府の安定的な支配が全国に及ぼうとしていた当時、陸路九州へ行くのは困難であり、とりうるコースは海路しかなかったであろう。とすれば、南朝が瀬戸内海を主たるフィールドとする忽那氏の強い海上輸送力に目をつけたのも道理というものである。のちにみるように懐良は中国明との通交に関心を抱くにいたるが、彼の海外へのまなざしはこうした忽那水軍や、忽那氏と同じく南朝を支えた熊野水軍といった海上勢力との深い関係のなかでかたちづくられた可能性は十分にあるとみなければなるまい。

南朝を支える基盤は、概して流動的かつ弱体であった。南朝の支持勢力は、北朝＝室町幕府体制に収まらない、いわば室町幕府の支配体制に対抗する諸勢力の集合体であった。いわゆる「悪党」、海賊・山賊、非御家人などその最たるものである。個々の勢力の規模はそう大きなものではなかった。そうした反幕府的な動きをとっていた諸勢力の一つが忽那氏が属する海賊であった。海賊はいったん戦時となると水軍に転じ、その特技とする海上戦や優れた輸送力によって重要な役割を果たすことができる。かつて後醍醐天皇の皇子護良親王が、元弘三年（一三三三）前半の時期に、鎌倉幕府を倒すため芸予諸島を拠点に瀬戸内海および沿岸部の流通路を支配した村上水軍の「備後国因島本主治部法橋幸《ほっきょうこう》賀《が》」に挙兵を呼びかけたのも同じ理由からである（「古筆写」・「因島村上家文書」）。

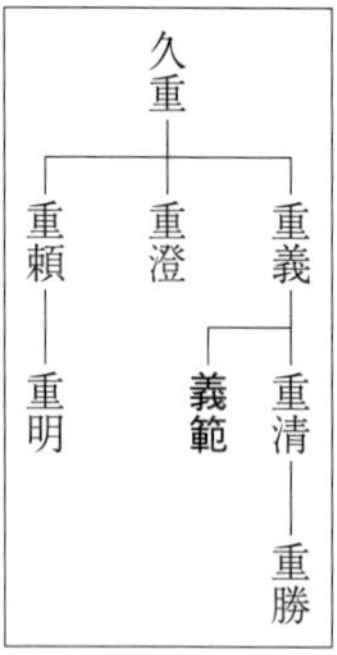

忽那氏略系図

そもそも忽那氏は、鎌倉時代には瀬戸内の海運の要衝伊予国忽那島を本拠とする在地領主であり、同時に鎌倉将軍との間に主従関係をとりむすんだ御家人でもあった。鎌倉末期までは当主忽那重義のもとで惣領制的に支配が維持されたものと思われるが、南北朝の動乱の開始とともに重義の子息のなかで、嫡子忽那重清の支配に対してその弟義範が自立的な動きをみせるようになる。ほかの武士の家々にもふつうに生起した惣庶の対立というパターンである。忽那家の相伝文書は、活字版で景浦勉編『忽那家文書』（伊予史料集成一、一九六四年）があり、また前記した『愛媛県史　資料編古代・中世』にも編年の体裁で収録されている。

まず嫡子忽那重清についてみよう。元弘元年（一三三一）の末、後醍醐天皇が討幕の兵を挙げると、

重清はこれに応じて伊予国守護宇都宮氏の討伐に加わるとともに信濃国や京都などでも天皇方として
これと戦った。後醍醐天皇の建武政権が成立すると、建武元年一二月忽那重清はその軍功が認められ
勲功賞として忽那島東浦地頭職が「元の如く」あてがわれた（「忽那家文書」建武元年一二月一〇日後醍醐天皇綸旨〈少納言〈冷泉定親ヵ〉奉。『南北朝遺文中国・四国編一』八三〉。のち建武三年（一三三六）、足利尊氏が九州から東上してくると足利方に転じ（重清のいとこ重明も同様）、京都・安芸などに出陣して軍功をあげた。晩年は南朝方の弟義範との勢力争いに敗れて歴史の表舞台から姿を消す。

他方、その弟義範は南北朝の動乱のなか一貫して南朝方の立場を堅持し、瀬戸内海における南朝勢力の中心をなした。特に後醍醐天皇の皇子懐良親王が一二人の随従者とともに九州に下る途中、いったん忽那島に立ち寄った際にはその滞在期間の三ヶ年にわたって忠勤に励み、伊予国の河野氏や安芸国の武田氏の攻撃から一行を守った。また親王の九州への渡海時には熊野水軍とともにこれを支援した。こうして忽那島は吉野の朝廷と九州の征西府を中継する拠点としての役割を果たすことになる。ちなみに、京都の幕府から忽那氏にあてられた軍勢催促状などはみられない。

以降、南朝側から義範にあてられた文書を調べてみると、延元四（一三三九）～正平四年（一三四九）の間、懐良親王令旨や後村上天皇綸旨が数点認められるが、足利直義の養子足利直冬が九州に下向して後の貞和六年（観応元）以降は直冬の感状など数点が残存しており、この時期には義範は直冬の配下として動いたものとみられる。

懐良親王の忽那島滞在

瀬戸内海の航路は長いので一気に九州まで乗り切ることはできない。途中何ヶ所かに中継地点がなければなるまい。そのすべてを知ることはできないが、懐良は少なくとも讃岐と伊予に立ち寄っている。

まず讃岐である。懐良親王が今日に残した令旨の数は、ほかの皇子たちのそれを断然しのいでいる。その懐良の令旨のなかで最も時期的に早いのは、以下に示す阿蘇惟時あての延元三年（一三三八）一二月三〇日付のものである。延元三年九月に伊勢を解纜した懐良一行は、忽那島に入る前にいったん讃岐国に到達した。しかし讃岐滞在はあくまで一時的で、ただちに伊予に向かう予定であることを示唆していることにも注意される。

（追而書）「追伸、東国幷諸方官軍已上洛候也、」

鎮西恩賞幷朝敵退治以下事、為有其沙汰、已御下着讃州候、則可有御渡海与州候、且鎮西御船付以下事、忩可被召進故実之仁於与州之由、征西将軍（懐良親王）令旨所候也、仍執達如件、

（延元三年）十二月卅日　勘解由次官（五条頼元）花押

阿蘇大宮司（惟時）殿

（「阿蘇家文書」、『南北一』一三〇〇）

懐良は右の令旨でもって自分が讃岐国に到着したことを阿蘇惟時に知らせ、あわせて渡海して伊予に参ずべきこと、鎮西渡航の案内役として「故実之仁」（水先案内人）を差し遣わすべきことを惟時に

要請している。この史料によって、延元三年の歳末には懐良一行は讃岐国まで到達していたことが知られる。けれどもその場所が讃岐国の何処かは明確ではない。しかも地理的にみて、その地より伊予国忽那島までの距離は相当あり、そこへの到達までにはまだ若干の日数が必要とされたであろう。

続いて立ち寄ったのは伊予国忽那島である。ここは懐良西下のための重要な拠点となった地である。懐良が忽那島に滞在した期間を最初におさえておこう。懐良の令旨が参考になる。編年に並べてみて右の令旨の次にくるのが、（延元四年）四月二八日懐良親王令旨である（「忽那家文書」、『南北二』一三三三）。懐良が征西将軍として忽那義範にあてた令旨の初見で、内容は義範の南朝軍としての忠節を褒めたもの。これは懐良がおそらく忽那島到着後に義範にあてたものであろうから、その明確な日にちは不明ながら、延元四年四月末にはすでに忽那島に到着していたものとみてよい。

こうして懐良が途中讃岐を経由して忽那島に到達したのは延元四年四月のころと推定されるが、では忽那島を出て九州に向かい、目的とする九州の地に足を踏み入れたのはいつか。それについては知られているように、「阿蘇家文書」に（興国三年〈康永元、一三四二〉）五月八日某令旨副状があり（『南北二』一七八一・一七八二）、そのなかの「征西将軍（懐良親王）今月一日着御薩州津」なる文言から、懐良が「薩州津」（現、鹿児島県指宿市の山川《やまがわ》港と推定）に着いたのは興国三年五月一日であったことが知られる。つまり、懐良は忽那島を立って九州の東側海域を通るかたちで、豊後水道・日向灘を南下し大隅半島を迂回して薩摩半島突端の津泊に到達したわけである。であるならば懐良一行が忽那島を出立したのは、おそらく前月の四月ころではなかったかと推察される。

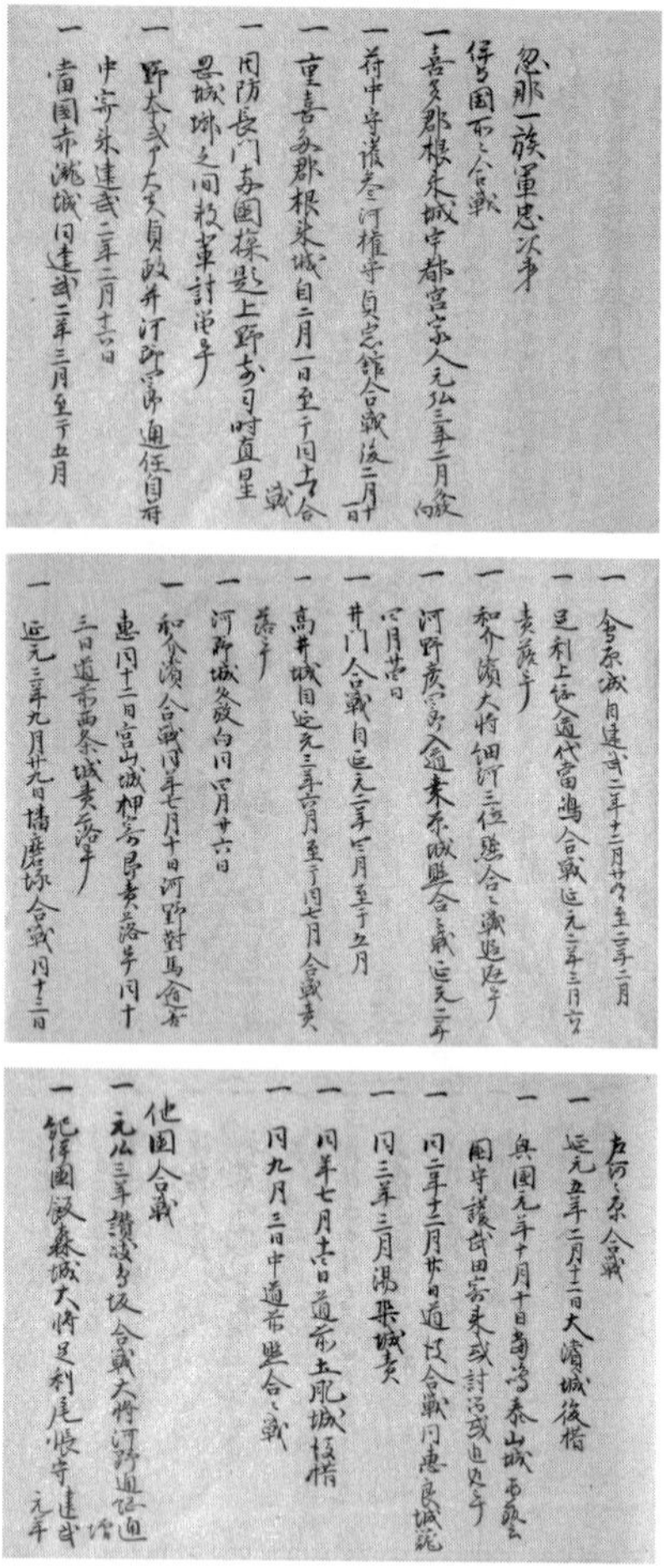

「忽那家文書」「忽那一族軍忠次第」（部分）

このように考えると、懐良が忽那島に滞在したのは、延元四年（一三三九）四月ころから興国三年（一三四二）四月ころまでの三年間ということになる。すでに引用した「忽那一族軍忠次第」の一ヶ条、「同（征西将軍宮）御手人十二人　衣装・兵粮沙汰事、三ヶ年」が意味する通りである。

ちなみに、さきにあげた延元三年一二月三〇日懐良令旨（「阿蘇家文書」）にみたように、懐良は瀬戸内海航行中の讃岐から肥後阿蘇惟時にあてて、「故実之仁」（水先案内人）の伊予への派遣を要請したことがあったが、おそらくその要請は叶えられなかったとみられる。あれほど後醍醐天皇の信頼を得ていた阿蘇惟時がこの懐良の要請に応じなかったのには、それなりの理由があった。阿蘇一族の内部事情である。これについては阿蘇一族の内情について述べる後段に譲ることとするが、この一件は、これから九州制覇の道に乗り出そうとする征西将軍宮懐良の心中に、一抹の不安をよぎらせたに相違ない。

「忽那一族軍忠次第」

懐良一行は忽那島に三年滞在し、九州への渡海の機をうかがった。この間、瀬戸内海の海賊領主忽那一門のうち、忽那義範を頭目とする忽那一族は懐良に対する忠勤に励み、一行を手厚くもてなした。懐良が義範の軍忠を賞して出した征西将軍宮令旨が現在「忽那家文書」に三通残存している（延元四年〈一三三九〉―興国元年〈一三四〇〉の間のもの）。その忠節の内容をこと細かく書き上げたのが、この「忽那一族軍忠次第」という一点の文書である。忽那義範が後日南朝より恩賞を受けようと、その支証として作成したものと考えられる。成立時期については、「忽那一族軍忠次第」の記事の時間的な最後が、興国三年（康永一、一三四二）九月であるところからみて、忽那義範が懐良を薩摩に送り届けた同年五月より少し経った同年の後半であった可能性が高い。

ではその内容についてみてみよう。個々の忠節は一つずつ項目のかたちで注申する、注文の形式で書きつらねられている。そこに書かれた条々は時期的にみると、元弘三年（一三三三）二月の「喜多郡（伊予国）根来城宇都宮家人、元弘三年二月発向」などとあり、早いものは鎌倉時代最末期の後醍醐天皇による倒幕運動のころにまで遡るものもある。それらを内容的に大きく分類すると、A「伊予国所々合戦」

二一ヶ条、B「他国合戦」一一ヶ条、Cその他（見出しはない）一七ヶ条の三つとなり、箇条書きの総計は全四九ヶ条に及ぶ。三分類それぞれの内容は見出しに示されるように、Aは忽那島の属する伊予国の内での忠節、Bはそれ以外の国々での忠節、そしてCはそれ以外の忠節ということになる。

それらをみると、忽那一族が最も忠節を働いたのは本国というべき伊予国であることは当然であるが、それ以外の周辺諸国では、たとえば讃岐・紀伊・淡路・和泉・周防・安芸・備後といったような南海道・山陽道の広い領域であることが知られる。船を操る海の武士団・海賊忽那氏の面目躍如たるものがある。そのほかBのグループには「山門両度臨幸祗候　京都度々発向」（後醍醐天皇が足利軍の入京を避けて建武三年に二度山門に行幸したこと）や「京八幡城籠」（山城の石清水八幡宮に籠城）などもみえ、忽那一族の行動範囲は首都京都や山城にも及んだことを教えている。

そのなかで懐良に対する忠節は、見出しのないCグループに含まれている。それらは冒頭の「供御料足事」から「勘解由次官《（五條頼元）》父子鎮西渡海事」までの全七ヶ条に及ぶ。ほかに、「征西将軍宮《（懐良）》当嶋渡御供御幷御手人々兵粮事」や「同宮《（懐良）》御服調進事」などもみえ、忽那氏が懐良一行の食料や懐良の衣服などを調達していた様子がうかがえる。こうした懐良関係の箇条が全体でもかなりの比重を占めていることから、忽那義範が懐良との関係を軸に南朝との結びつきを強固にしようとした意図が読み取れる。

またその他のグループにみえる「熊野勢当国下向兵粮両度」という一ヶ条は注意してよい。熊野勢が伊予国に二度下向したとき忽那氏がその兵粮を提供したという。そこには、紀伊国熊野を根拠地にして船団を組んで活発に活動した武装勢力＝熊野水軍と忽那氏との南朝勢力としての協力関係が明確にみてとれるからである。

最後に、忽那一族の軍忠に対する褒美としての南朝よりの行賞についてふれておこう。「忽那家文書」におさめる、興国三年四月二八日中院定平奉書、および同四年二月四日後村上天皇綸旨によると（『南北朝遺文中国・四国編二』一一六五、一二二八）、南朝は、忽那一族の大功を賞して忽那義範および一味連署輩に対して、恩賞地として備後国安田郷地頭職などを与えている。

忽那島時代の懐良親王令旨

懐良親王の活動状況については、その意志を奉じて側近の者が出す令旨という文書を収集して編年に並べるとそのおおよそを把握することができる。そのような観点からの研究成果として、川添昭二「懐良親王をめぐる九州の南北朝―令旨の分析を中心として―」（『九州の中世世界』海鳥社、一九九四年。初出は一九七九年）があり、これによって懐良親王の行動のおおよそをうかがうことができる。

まず約三ヶ年に及ぶ忽那在島時代に懐良はどのような令旨を残しているか。このことを通して懐良の忽那時代の動向をうかがってみよう。

現在のところこの間に出された懐良令旨としては全六通が知られている。時期的には、延元四年四月から興国二年九月にわたるが、このうち無年号のものが五通で、年月日が揃っているのはわずか一通（「阿蘇家文書」興国二年六月一八日付、『南北二』一六七七）にすぎない。年号を欠いた令旨の多さは、懐良の行動がいまだ本格化していない様子をうかがわせる。

宛所についてみると、全六通のうち前半三通は忽那義範あて（史料では「下野房」）、後半三通は阿蘇氏関係者で、阿蘇惟澄あて二通、芝原又三郎入道舘（性虎）あて一通となっている。忽那義範にあてられたのは当然としても、阿蘇氏では惣領惟時あてではなく、庶子の惟澄あてであることが注意される。おそらく惟時に期待をかける懐良の意向とはうらはらに、庶子惟澄が惣領惟時に対する一門内での劣勢を克服すべく積極的に懐良に接近したことによろう。懐良にとっての頼みの綱たる惟時はなおも南北両端を持して立場を明確にしなかったため、いきおい懐良は惟澄の軍功を賞せざるをえず、惟澄にあてて令旨を出す結果になったのであろう。

次に懐良親王令旨の奉者と内容面についてみれば、うち一通の奉者「侍従」某を除いて、ほか五通すべて五條頼元の奉ずるところである。五條頼元の輔導役としての面目躍如といえる。またこの「侍従」某も先に述べた一二人の随従者のなかの一人とみてよいであろう。内容については、忽那義範や阿蘇惟澄たちの軍忠を褒めたり、「勲功の賞」として所領をあてがったりする内容のもので、いずれも軍事的な色彩が濃厚である。なおこの時期の懐良親王令旨の書止め文言としては、「征西将軍令旨所候也（如此）」や「仍執達如件（悉之、以状）」の表記が用いられている。

こうして懐良親王の艱難辛苦に満ちた通算四五年に及ぶ長い征西軍旅の第一歩が、先き行き不透明のままに踏み出された。

2　薩摩国谷山時代

懐良親王の薩摩上陸

懐良の九州下向の目的はすでに述べたように、九州に南朝勢力を扶植し、もって京都奪回の挙に備えることにあった。しかし兄親王たちの地方下向の際のように随従の軍勢をともなっていなかったため、懐良主従が目的を果たすためにとりえた方法は、九州の在地勢力の対抗関係や領主制的発展に向けての動きをたくみにとらえて、これを利用するよりほかなかったといえる。簡単にいえば、懐良の九州計略は、そうした九州の持つ歴史的諸矛盾の顕在化を軸に推進された。

興国三年（康永元、一三四二）四月のころ忽那島を出立した懐良一行は、室町幕府方勢力の強い北部九州からの上陸を断念し、すでに述べたように、豊後水道・日向灘を南下して南薩に上陸したのである。

忽那一族の忠節を書きつらねた「忽那一族軍忠次第」（「忽那家文書」）のなかには、「一、同宮《（懐良親王）》鎮西御下向御出立幷路次供御以下事」という条項が含まれており（『愛媛県史　資料編古代・中世』五五九頁）、これによって忽那氏が懐良一行を護送して薩摩まで送り届けたことがわかる。

懐良の薩摩到着のことは、たまたま残った以下の文書の記事によって明確に知ることができる。まったく偶然のことなのであるが、薩摩到着の日にちを知りうる重要な史料であるからこれを引いておく。既刊の史料集では「某令旨副状写」と命名された文書である。

征西将軍宮（懐良親王）今月一日着御薩州津、御渡海無為、殊以目出度候、就其近日定可有合戦候、其時相構〳〵、可被申後措候、委細之旨、期後信候、恐々謹言、

五月八日（興国三年）　　□□（花押）

阿蘇大宮司殿（惟時）「到来興国三五廿六」

（「阿蘇家文書」、『南北二』一七八一）

同様の文書がいま一通「恵良小次郎」（阿蘇惟澄）にあてられており（「阿蘇家文書」、『南北二』一七八二）、阿蘇惟時と同惟澄に別々に発給されたことになる。この文書のなかの「征西将軍宮（懐良親王）今月一日着御薩州津」という文言によって、懐良親王の「薩州津」到着が、興国三年（康永元、一三四二）五月一日だということが知られる。

谷山郡司の系譜と谷山隆信

懐良はただちに薩摩国谷山郡司谷山隆信の居城谷山城（現、鹿児島市下福元町）に入り、ここを九州計略のための最初の拠点と定めた。この場所については当時の史料に「谷山御所」と表記されている（「阿蘇家文書」〈興国三年〉七月二二日某書状、『南北二』一八一四。ほかに「島津家文書」、『南北二』二二六八では「谷山城」）。この谷山御所の北方わずか九キロの地点には、室町幕府側の薩摩守護島津貞久の居城東福寺城があり、薩摩国における動乱の生起は避けられなかった。

懐良の九州計略の基本的性格を理解するために述べておくべきは、なぜ懐良が谷山隆信に迎え入れられたか、その理由である。いったい谷山郡司とは何者であるか。

谷山氏は、古代律令制下の地方行政官である郡司の系譜を引く氏族である。南九州といった後進地帯には谷山氏のような律令制下の官人系の土豪が、郡司・院司・郷司などと称して蟠踞していた。彼らの所領に対する支配権は、長い歴史のなかで荘官職として根付いていたのである。

しかるに、武家政権たる鎌倉幕府が関東に成立すると、その幕府の将軍と主従関係を取り結んだ島津忠久が、文治二年（一一八六）薩摩・大隅・日向の三国にわたる広大な荘園＝島津荘の惣地頭に任命され、さらに建久八年（一一九七）には忠久は、薩摩・大隅二国（日向も同じころ）の守護職に任命された。

懐良親王を祀る谷山神社（鹿児島市下福元町）

島津忠久は建仁三年（一二〇三）の比企氏の乱に連座していったん所領・所職を失ったが、薩摩守護職と島津荘薩摩方惣地頭職はまもなく忠久に復された。実は、くだんの谷山氏の地盤である谷山郡はこの島津氏の支配下に属する島津荘薩摩方に含まれていたのである。このため、惣地頭島津氏と郡司谷山氏との現地支配権をめぐる抗争は不可避というべきであって、それは所領訴訟というかたちで鎌倉幕府の法廷に持ち込まれた。

このような構図での上級領主と下級領主との所領支配をめぐる抗争はここだけではなく、もっと多くの荘園において全国的規模で生起する性格のものであった。たとえば、筑前国西部の巨大荘園怡土《いと》荘志摩《しま》方がよい例である。この地では、関東系の惣地頭大友貞親と在地の名主たちとの間の所領訴訟が激しく長く続いた。ほかの九州の地域でも同様であった。

さて南北朝初期の当時、薩摩守護・島津荘惣地頭は島津貞久《さだひさ》（法名道鑑《どうかん》）で、他方、谷山郡司は谷山隆信であった。このうち島津貞久が室町幕府側に立ったため、片方の谷山隆信は南朝側に付き、南朝勢力の扶植を企図して西下した懐良親王を自らの居城に招き入れたわけである。薩摩国でいえば、この国内で幕府―守護島津氏の支配に反発する武士たちは、結集するための核として懐良を選んだともいえる。

懐良にしてみれば、そのような武士たちの抗争をうまく利用し、丹念な政治工作でもって彼らを自らの勢力内に取り込み、南朝軍として組織化するよりほかに取りうる方法はなかった。南朝天皇の弟懐良親王の薩摩入りは、ひとり薩摩国内にとどまらず南九州の政治・軍事情勢に大きな波紋を引き起こした。懐良が薩摩に上陸して二ヶ月あまりのちの興国三年七月、島津貞久は薩摩国出水郡の武士莫《あく》祢《ね》成長にあてた軍勢催促の書状のなかで、懐良の動向について以下のように記している。

号四国宮（懐良親王）落下、当国（薩摩国）南方成廻令旨、依相語御方軍勢候、国中以外騒動之間、…

（「薩藩旧記21」「暦応五」七月一〇日島津道鑑書状、『南北二』一八〇八）

興国三年八月、島津軍が谷山城を攻撃したのを手はじめに（当時の史料には「谷山合戦」と表記）、薩摩国のあちこちで南北両軍の間で合戦がおこり、ここに九州における南北朝動乱はその口火が切られた。

谷山時代の懐良親王令旨

約五年半に及ぶ薩摩谷山時代に、懐良はどのような令旨を残しているか。このことを通して懐良の谷山時代の動向をうかがってみよう。

まず、前述のように興国三年（康永元、一三四二）五月一日に懐良が「薩州津」に到着したさい、阿蘇氏の惣領の惟時と庶子の代表格惟澄とにそれぞれ同日付・同内容の某人の令旨副状が出されたことに注目せねばならない。この某人とは懐良の側近のなかの一人と思われるが、懐良の薩摩上陸にあたって肥後の阿蘇氏に、しかも二人に別々の文書が発給されているのである。これは懐良の阿蘇氏に対する期待感のあらわれであるとともに、両人を同格に扱っていることの証拠でもある。さらに忽那島時代にみなかった令旨副状が新たに登場し懐良令旨を補完している状況に鑑みると、懐良の九州経営のための策略がさらに綿密さを加えてきたことがうかがわれる。

興国三年五月の薩州津上陸より正平二年（一三四七）末の肥後入りまでの約五年の間に、厳密なかたちでの懐良親王令旨、すなわち征西将軍宮令旨を全二一通収集することができた。まず宛所についてみると、このうち惟時七通、惟澄一二通、その他二通で、懐良ら南朝側の最大の関心が阿蘇氏に向いていたことが知られる。

最も早いのは、薩摩国前守護島津道鑑（貞久）が「千台」（現、薩摩川内市）に打ち越したので懐良方は討手を差遣したことを報じ、そこで「後措」（予備の応援部隊）として急速に出水・山門（薩摩カ）に発向して凶徒を退治せよ、と阿蘇惟時と惟澄に別々に命ずるという内容の、興国三年（康永元、一三四二）七月二四日令旨である（「阿蘇家文書」、『南北二』一八一六・一八一九）。当然ながら合戦関係のものが多いけれども、惟時あてと惟澄あてとを比較してみると、内容に違いがある。詳しくみると、惟澄が「日向国朝敵」や武家方少弐頼尚と戦ったり「肥後国南郡合戦」に出陣したりして、忠実な懐良方としてかいがいしく働いているのに、惟時は必ずしも懐良の指示通りに動いていない。このため懐良は惟時あての令旨のなかで「元弘最初之軍忠以来、不顧老躰都鄙之忠節、更不思食忘者也、且両息《惟直・惟成》致命於君、同時討死、頗無比類歟、…先度軍忠更不可空…」（七四頁参照）などと惟時のこれまでの戦功を称えつつ、その功績を無にするようなことはあってはならないと諭したりしている（「阿蘇家文書」興国六年八月五日懐良令旨、『南北二』二一三五）。

こうした阿蘇惟時の異心はすでに興国五年七月には懐良の察知するところとなっており（「阿蘇家文書」興国五年七月一八日懐良令旨、『南北二』二〇三二）、同年一〇月には「大宮司惟時属朝敵」と書かれるほど明瞭になっているのに（同、同年一〇月二八日懐良令旨、同二〇六三）、懐良はなおも惟時に恩賞をちらつかせつつ期待を断ち切っていない（「阿蘇家文書」正平二年一一月二四日懐良令旨、『南北二』二四〇一）。

なにゆえ九州南朝はこれほどまでに惟時をつなぎとめようとしたのであろうか。かつて建武三年（一三三六）後醍醐天皇が足利軍に追い立てられ二度にわたって比叡山に難を避けたとき、阿蘇惟時が後醍醐のために神器を選ぶ大役を果たしたことが史料によって知られるが（「阿蘇家文書」〈興国六年〉一二月五日右馬権頭清長奉書、『南北二』二一六四）、そうした後醍醐の時代における惟時の功績も記憶に新しかったのであろう。加えて惟時には合戦で子息二人を亡くした経験も加わって、彼の心中には複雑な思いがあり、身の振り方には慎重を期したのかもしれない。

谷山時代の懐良令旨はそのほとんどが阿蘇惟時・惟澄の両名にあてられている。むろん史料残存の偶然性と特殊性は考慮すべきであるが、前述したように懐良の最大の関心はこれまで通り阿蘇氏の動向に注がれた。懐良は阿蘇氏の軍事力を取り込むにあたって、惣領惟時を中心に庶子惟澄も含めた一族をまるごと掌握しようと考えたのである。

なお谷山時代の懐良親王令旨の書止め文言について一言しておくと、基本的には従来と変わらないが、それ以外に「所被仰下也（其沙汰候也）、仍執達如件」や「可被下令旨之由、依仰執達如件」といった「（征西）将軍」の文字を抜いた表記も登場する。

ちなみに、懐良を居城に招いた谷山氏と懐良との関係はどのようなものであったろうか。先に述べた伊予国忽那島に滞在した期間において、忽那義範にあてられた懐良令旨が三通ほどみられた。これに比べて谷山時代の懐良が谷山隆信にあてた令旨は一点もみられない。これはなぜか一考の余地はあるのではないか。のちに述べるように、文和三年（一三五四）になると足利直冬方としてリストアップされた薩摩国人たちのなかに「谷山五郎」（『南北四』三七九〇に「谷山五郎良香」とみえる）がいるのは特に注意される（『南北四』三七〇六）。

3 阿蘇惟時と恵良惟澄

中世の阿蘇氏および阿蘇社の研究成果として最も体系的なものは、一九五九年、吉川弘文館から刊行された杉本尚雄『中世の神社と社領―阿蘇社の研究―』である。この書物は、中世の阿蘇氏および阿蘇社を政治・経済、社会・文化、宗教・芸能といった諸側面から総合的に解明した研究成果である。注目すべき指摘が随所になされ、現在においても研究の指針とすべき労作。そのほか個別の研究論文がいくつか出ている（参考文献参照）。

中世の阿蘇社と阿蘇氏については、つい最近、柳田快明『中世の阿蘇社と阿蘇氏―謎多き大宮司一族―』（戎光祥出版、二〇一九年）が出て、鎌倉時代から戦国時代までの約五〇〇年間に及ぶ中世の阿蘇社と大宮司家阿蘇氏の通史的な動向とその特質が実証的な方法によって明らかにされた。この著書のなかで南北朝時代を扱った第二部「大宮司家の分裂と南北朝内乱」は、阿蘇氏の南北朝時代の動向を知るうえで有益である。

阿蘇氏の系譜と歴史

阿蘇惟時が大宮司職をつとめる阿蘇社は、熊本県阿蘇郡一の宮町宮地（現、阿蘇市）に鎮座する、健磐龍命《たけいわたつ》を主祭神とする旧官幣大社。記紀の神話の時代以来の古い伝承を持つ大社で、阿蘇国造の子孫阿蘇氏によって祀られる。この阿蘇氏が阿蘇谷を開発し、支配領域を広げてゆく過程で火山信仰と国造神とが結合して阿蘇神主家が成立、健磐龍の人格神が確立して、やがて平安時代の祈禱仏教の盛行にともなって託宣神としての性格を併せ持つにいたり、朝廷の篤い信仰に支えられて官社として成長していったと考えられている。

阿蘇氏の系図についてはほとんど知られていない。刊本では阿蘇社大宮司の相伝次第のみを記す「阿蘇三社大宮司系図」という一本が『続群書類従第七輯上　系図部』に収録されているに過ぎず、これによっては阿蘇氏の系譜と血縁関係を詳しく知ることはできない。

倒壊前の阿蘇神社（熊本県阿蘇市）

阿蘇社への崇敬では、「阿蘇・健軍・藤崎三社は、公家・武家崇敬の霊社、貴賤上下渇仰の仁祠なり」（嘉暦三年〈一三二八〉四月三〇日肥後国一宮阿蘇社牒、『阿蘇文書三』付録一頁）という史料記事のように、阿蘇社崇敬はやがて肥後国一宮として肥後国内だけでなく、広く公武・貴賤上下を問わず、全国的に拡大・深化してゆく。

その主催者阿蘇氏は鎌倉時代になると他の神主を兼ねる武士と同様に、鎌倉幕府のもとで有力な神官御家人となったが、その在地領主としての強大で特殊な性格から武家政権＝幕府との間に種々の問題を引き起こしている。

鎌倉幕府を滅ぼして新たに後醍醐天皇が樹立した建武政権期の史料であるが、末社の甲佐宮領肥後国守富荘の領有をめぐる阿蘇氏の一門宇治惟平の建武元年（一三三四）年七月一九日契状が残っており、これによって阿蘇氏と鎌倉幕府や建武政権との関係をおおよそ知ることができる。この文書は末尾が「よて後日のために、しやう《（状）》くたんのことし」とあることからわかるように、のちの支証として認められたものである。

ひこのくに《（肥後国）》もりとみのしやう《（守富荘）》の事、（中略）さんぬるほうち《（宝治）》のころ、くわんとう《（関東）》のけんゐ《（権威）》をもて、したち《（下地）》をかすめとられ、たうしや《（当社）》の御ねんくしんようまい《（年貢神用米）》をうちと、められ候を、いま神明そうきやう《（崇敬）》の御よに、一二のミや御こうきやう《（興行）》のあいた、かうさ《（甲佐）》のミやハ、たうこく《（当国）》の二のミやにて御わたり候へハ、しやけ《（社家）》の御ちうち《（重事）》として御奏聞候て、御あんと《（安堵）》のときハ、…

（『阿蘇家文書』、『南北一』八六）

右の史料には、甲佐社領守富荘が鎌倉幕府によって力ずくで略奪され、甲佐社の神用米がとどこおったが、建武政権のいわゆる官社解放令（諸国の一、二宮の本家・領家職の停廃）によって甲佐社の支配が認められて命拾いをした、とのことが記されている。この記事によって阿蘇社と鎌倉幕府、さらに建武政権との関係が所領の支配関係を通じて浮き彫りとなる。阿蘇氏と後醍醐天皇との間の信頼関係はこうしたことを通して築かれた。ちなみに後醍醐と阿蘇惟時との関係は、元弘三年四月の伯耆からの討幕命令のころにはすでに始まっている（『阿蘇文書一』一四三頁）。延元元年（建武三、一三三六）三月惟時を薩摩守護に任命したり、同五月同人にあてて満家院《みついえいん》以下薩摩国内四ヶ所の島津実忠跡地頭職を勲功賞として与えているのは両子息討死に対する報償だったとみてよい（「阿蘇家文書」、『南北一』四九七・六〇三）。以上のような両人の間に取り結ばれた強い信頼関係からみると、後醍醐が西下させる懐良への援助を阿蘇社大宮司阿蘇惟時に託したのも当然のことといってよい。

阿蘇惟時と恵良惟澄

しかし当時の阿蘇氏内部では、同氏に限らず他地域の他氏族でも同様であったように、惣領と庶子の間に冷ややかな対立が生じていた。その核心は惣領惟時と庶子惟澄との間の対立である。この阿蘇一門の族的対立は、当時の全国的な南北朝の対立の基本的な構図にすっぽりはまってしまう可能性も十分にあった。しかし惟時が一門の分裂を意識的に避けてその政治的な立場を明確にしなかったため、阿蘇氏の内乱への関わりを複雑にした。幕府方も南朝方もともに惟時を味方に引き入れようと腐心したのである。

他方、庶子の惟澄（恵良）は早い段階から南党としての立場を明確にした。惟澄は南朝方に与力することによってその勢力拡大のみちを選んだのである。

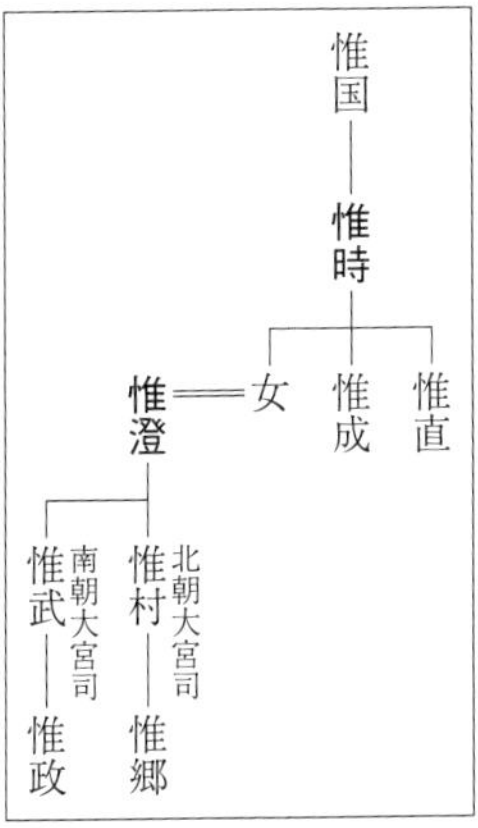

阿蘇氏略系図

ために南朝＝宮方は惟澄の忠節に配慮しつつも、その一方で惟澄と対抗関係にある惟時への勧誘を行っている。それが時として惟澄の南朝＝宮方への不信感を買ったことは否めまい。なぜそれほどに南朝＝宮方は惟時にこだわったのだろうか。

阿蘇氏の惣領惟時は、元弘三年（一三三三）三月一三

日、鎮西探題（鎌倉幕府の九州統治の出先機関）舘を菊池武時たちとともに襲撃して敗れたかの惟直の父であり、建武新政以降も後醍醐天皇軍として戦うなど、後醍醐―南朝との関係には深いものがある。またもう片方の惟澄は血縁的に極めて惟時に近い庶子の出で、惟時の娘婿と考えられている。

惣領惟時と後醍醐―南朝との関係はすでに鎌倉末期の元弘のころから成立していた。さらに惟時は子息惟直・惟成の二子息を武家方との戦い（延元元年）で戦死させたこともあって、南朝は惟時に厚く行賞している。後村上天皇は興国三年（一三四二）六月二〇日付で三通の綸旨を惟時に下し、阿蘇社領および元弘以来の拝領地を安堵するとともに、薩摩国守護領を島津道鑑の例に任せて安堵し、また惟直・惟成の勲功賞として肥後国隈牟田庄内大友氏泰跡・同国守富庄等地頭職を宛行っている（「阿蘇家文書」、『南北二』一七九六―七）。南朝が惣領惟時を介して阿蘇一族を掌握しようとする思惑がみてとれる。

これに対して庶子惟澄が南朝との間に直接的な関わりを持つのは、惟時に比してかなり遅れた。懐良親王が惟澄にあてた令旨のうち時期的に最も早いのは興国二年（暦応四、一三四一）六月一八日付（「阿蘇家文書」、『南北二』一六七七）で、後村上天皇綸旨にいたっては興国三年（康永元、一三四二）六月二〇日付（「阿蘇家文書」、同一八〇一）が最も早い。懐良が伊予から薩摩へ転進する前後の時期にあたる。とはいえ、正平三年（一三四八）九月に提出した惟澄の軍忠状に「最初元弘三年、惟直（惟時の嫡子）相共、令参上金剛山（河内国）之処、依下賜（護良親王）令旨、…」（「阿蘇家文書」、『南北三』二五三六）とみえ、元弘三年（一三三三）初頭の河内と大和を隔てる金剛山での戦いに後醍醐方として加わり、この時期に討幕運動を主導していた大塔宮護良親王の令旨を受けたというのであるから、惟澄は惟時嫡子の惟直とともに、惟時の指揮下で討幕軍に加わり、奮戦していたものとみられる。嫡子惟直の手前、惟澄の影は薄かったのではないか。年齢的には惟澄は惟直とほぼ同世代だろう。そのような事情から惟澄の南朝との直接的な接触は時間的に遅れ、おそらく惟澄の南朝への接近は懐良の薩摩入りと時を同じくして本格的になされたのではないかと推測させる。

そもそも惟時と惟澄の血縁関係は明確でない。惟時は阿蘇氏の惣領で、他方惟澄は「惟国の子か。惟時の娘婿、恵良氏を称す」とあり（『朝日 日本歴史人物辞典』一九九四年）、惟澄は惟時の女婿とされている。両人の没年については、惟時は「観応二（正平六、一三五一）年、娘婿惟澄の子惟村に家督を譲って隠居」「文和二年（正平八、一三五三）」に没。他方惟澄は「貞治三（正平一九、一三六四）」の没とされる（同）。それぞれの史料的根拠は明確でないが、惟時の正平八年没については惟時あての文書の終見が、筆者の管見の限り同年であることから首肯できよう（「阿蘇家文書」〈正平八〉三月六日洞院実世書状、『南北三』三五二七）。また正平六年隠居説については、それ以降に惟時にあてた正平七年閏二月の公的文書（「阿蘇家文書」後村上天皇綸旨、『南北三』三三五五・三四四七―四八）が存在することなどからみて疑わしい。

さらに両人の実年齢も不明であるが、惟時にあてられた懐良令旨に「元弘最初之忠節以来、不顧老躰、都鄙之忠節、更不思食忘者也」（「阿蘇家文書」興国六年八月五日令旨、『南北二』二一三五）や、「依御老躰、若可為難儀候者、可令差進恵良小二郎（惟澄）殿給之由、…」（「阿蘇家文書」〈正平三〉正月一九日令旨、

『南北三』二四三四）とあり、惟時を「御老躰」と表現し、他方惟澄を老齢の惟時の代りに合戦に差し進めよというのであるから、惟澄は出陣するに何の不足もない壮年だったのだろう。かなり老齢の惟時と壮年の惟澄との年齢差は歴然としている。おそらく惟時は一門の最長老格であり、一族の重鎮としての立場にいたのであろう。ともあれ先述のように、この阿蘇惟時を頼みの綱として西下を決行した懐良一行、しかもその練達の作戦指導者というべき五條頼元にとって最大の関心事は当の阿蘇惟時の誘引であった。

阿蘇惟時の右顧左眄

惟時と惟澄との関係でいえば、こういう阿蘇氏内部の抗争が顕著になったのは惟直の戦死がきっかけとなったものとみられる。また惟時と惟澄に対する南朝側の恩賞措置の齟齬が、両人と南朝との間に不信感を生んだ可能性も高い。一例をあげると、興国二年に懐良親王が令旨によって惟澄に与えた「肥後国守富庄地頭職」を、翌三年には後村上天皇が綸旨によって惟時に与えている（「阿蘇家文書」、『南北二』一六七七・一七九七）。

惟時の動きには複雑なものがある。関係史料によって、懐良が忽那島・谷山に滞在した延元四年（暦応二、一三三九）から正平二年（貞和三、一三四七）にかけての惟時の動きを整理してみると以下の通り。

①興国二年（暦応四、一三四一）八月三日、阿蘇三社大宮司宇治（阿蘇）惟時は、肥後満願寺別当大僧都にあてて避状（「満願寺文書」、『南北二』一六九一）を遣わし、「聖運一統」（南朝による天下統一）

の時を期し満願寺々領の安堵を約束している。あわせて満願寺に対して「以此避状、令中成綸旨（後村上天皇）、永為　勅願寺、可被停止地頭武家之綺候、於社家者、任先例可有御勤仕候」と、南朝の庇護のもとでの安泰を勧めていることからわかるように、この時点ではまだ南朝への期待は強いといわねばならない。

②興国三年（康永元、一三四二）七月二九日付、惟時あて北畠親房御教書（「阿蘇家文書」、『南北二』一八二四）に「御方中若有不和儀者、奉為　宮（懐良親王）、不便御事也」とみえ、親房が惟時等に和順を促している点から推すと、すでにこの時点で惟時の動向は南朝側にとっては芳しいものではなかった。つまり、この年五月の懐良薩摩上陸の以前から惟時は南党としての積極的な軍事行動をとっていない。親房は、前年の興国二年後四月五日御教書（「阿蘇家文書」、『南北二』一六四九）を惟時に遣わした。そこには「忠節無他事之由其聞候、感悦不少」とあり、外交辞令かもしれないがさほどの強い惟時の非協力的態度は感じられない。

③幕府との関係をみると、康永二年（一三四三）四月二一日、惟時は時の執政足利直義から軍勢催促状を受け、同月二八日には直義から肥後国八代庄内道前郷を安堵するという内容の袖判御教書を受けている（「阿蘇家文書」、『南北二』一九二七―八）。加えて二年後の康永四年四月には同じ直義より「肥後国凶徒誅伐」の戦いであげた軍忠（少弐頼尚の注申）を褒める感状を受けた（『南北三』二一〇八）。

④懐良親王令旨をみると、惟澄にあてた興国五年（康永三、一三四四）七月一八日令旨に「不同心于

惟時、致無弐之忠節之条」とあり、また同じ惟澄にあてた同年一〇月二八日令旨に「大宮司惟時属朝敵之由、被聞食間、被驚思食之処」などとある点からみると、この時点では惟時は北党としての立場を明確にしたようにみえる（「阿蘇家文書」、『南北二』二〇三二・二〇六三）。

⑤ところが、ここにいたってもまだ惟時は南朝側から絶縁宣言をうけていない。興国六年（一三四五）八月五日懐良令旨は以下のような内容である。

> 元弘最初之軍忠以来、不顧老躰都鄙之忠節、更不思食忘者也、且両息《（惟直・惟成）》致命於君《（後醍醐）》、同時討死、頗無比類歟、老心争不被察思食哉、所詮近日馳参者、先度軍忠更不可空、云本領、云新恩、不可《（有脱）》依違、存其旨急可挙義兵者、征西大将軍宮御気色如此、仍執達如件、
>
> 　興国六年八月五日　　勘解由次官《（五條頼元）》　花押
>
> 阿蘇大宮司《（惟時）》殿
>
> （「阿蘇家文書」、『南北二』二一三五）

ここでは頼元は、先述したような元弘三年の後醍醐挙兵以来の惟時の永年の忠節と、延元元年の多々良浜の戦いでの両息の忠烈の討死を無駄にしてはならないとし、本領安堵や新恩給付のことをちらつかせつつ、惟時に「義兵」を挙げさせようとしている。惟時はすでに北党へと傾いているのに、懐良側ではなおも惟時を南党に引き戻そうと努めている。この時点ではまだ惟時は南朝から本領の安堵を受けていなかったのである（「『阿蘇家文書』〈興国六年〉一一月三日五條頼元書状、

『南北二』二一五〇）。

⑥右のような九州南朝の歯切れの悪い温情主義的な惟時対策の成果もあってか、惟時も南朝に味方するが如き行動に出ることもあった。貞和二年（正平元、一三四六）一二月三日鎮西管領一色道猷が詫磨宗直にあてて出陣を促した軍勢催促状には、阿蘇大宮司惟時が肥後国郡浦（宇土郡）に城郭を構え、所々の凶徒たちを招き寄せていると記されている（「詫摩文書」同日一色道猷軍勢催促状、『南北二』二二七三）。しかし翌貞和三年正月八日には惟時が幕府方として「抜群之軍忠」を致したということで、少弐頼尚は幕府に対して御感御教書を下されるよう推挙している（「阿蘇家文書」同日少弐頼尚書状、『南北二』二二八九。なお同年三月九日足利直義感状はこの推挙に応えたもの。『南北二』二三一三）。

右の整理によって南北に揺れ動くこの段階における惟時の心中と、これに対する頼元の粘り強い対応とを具体的にうかがうことができる。

ことのついでにもうすこし先まで述べておこう。阿蘇惟時はそれでもなお自らの政治的立場を鮮明にしなかった。次の阿蘇惟時にあてられた足利直義奉行人連署奉書をみよう。当時の幕府下で宗教行政を担当していた足利直義の奉行所から出された祈禱巻数《かんず》（願主に提出する祈禱目録）の請取《うけとり》である。

天下静謐御祈□（禱）事、御巻数令披□（露）了、仍執達如件、

貞和四年七月廿五日

散位（花押）

前安芸守（花押）

沙弥（花押）

阿蘇大宮司（惟時）殿御返事

（「阿蘇家文書」、『南北三』二四九三）

これによって阿蘇惟時が貞和四年（正平三、一三四八）七月二五日以前に幕府へ祈禱巻数を送付したことが知られ、幕府へ一定の意志あるところを伝えたことがわかる。

しかし、阿蘇惟時の立場はなおも定まっていない。正平一一年六月日恵良惟澄申状に「而去正平八年、惟時為飯盛城（筑前国早良郡）退治、令在津（博多津）之時」（「阿蘇家文書」、『南北四』三八八〇）とあるところからみると、阿蘇惟時は筑前国早良郡の飯盛城の一色直氏を攻めるさい、南朝方として合戦に参加し博多に滞在している。つまり正平八年（一三五三）には南軍として行動しているのである。この年、惟時は老齢のためか没する。

なお、以上のような南北双方に揺れ動く阿蘇惟時の動向については、三浦龍昭「宇治惟時の南朝帰参」（『征西将軍府の研究』青史出版、二〇〇九年）に詳述されている。

阿蘇惟時の心中と憂慮

このように阿蘇氏の惣領惟時の動向にはなかなか理解しづらいところがある。惟時にそのような行動をとらせたものはいったい何であったのだろうか。いわば、阿蘇惟時に右顧左眄ともみえる行動をとらせた理由である。

その理由として筆者は以下のように考える。まず最も基本的な理由は、惟時が自分の死後においても一族の分裂を回避し伝統的な物領中心の族的結合を維持したいという考えに固執したことであった。そのことを直接的に語ってくれる惟時自身の文書①〜③が残っている。これらは『阿蘇文書』に収められた数少ない惟時の発給文書である。

さしあたり、ともに南朝年号を使用していること、左に引用する②に「聖運一統可有近候」とみえ、「聖運一統」とは南朝の後村上天皇による天下統一と考えられ、その到来が間近だというのであるから、この時点での惟時の立場は他の場合と比べてはっきりしていること、この二点が注意される。この惟時の態度が南寄りであるのは、興国二年（一三四一）という比較的早い段階だからという見方もできるが、とはいえ、すでに延元三年（一三三八）一一月九州西下の途中讃岐に到着した懐良が、惟時に「故実之仁」の伊予への派遣を要請したとき（「忽那家文書」）、叶えられなかったこともあった。そこにうかがわれるのは、前述のように後醍醐天皇に対して大功をあげて恩賞を与えられたものの、惟時の心中にはいまだ複雑なものがあり、南朝に与するのになお躊躇している様子である。

こうした阿蘇惟時の心中と憂慮については左の史料によって知られる。やや複雑で難解だが、あえて原文のままあげてみよう。

①阿蘇惟時置文

当世人之所存を見候ニ、忘理非、不憚人口沙汰之間、不嫌仏陀寄進、不用神明料田、令没例（倒）之、或検断万雑公事免除地、押而可知行候歟、左様之時者、満願寺事、且失前代之本意、且可為惟時（阿蘇）罪業候、其上無子孫之間、後生菩提又無憑候、仍為奉被訪没後、停止地頭之綺、一円寄進申候、向後寺家事、師資相承可有御管領候、心閑、避状をも可書進候、先為後証、申所存候、仍状如件、

興国二年三月廿一日　　大宮司惟時（阿蘇）御花押

満願寺（肥後国阿蘇郡）僧都御房

（「阿蘇家文書」、『南北二』一六二三）

②阿蘇惟時避文

（端裏書）「□（大）宮司惟時□（避）状」

今度御祈禱効験厳重候之間、信仰無極候、聖運一統可有近候之間、阿蘇社領知行勿論候歟、其時満願寺事、申先代寄進、申惟時奉寄、□□□一円停止地頭之綺、尽未来際師資相承、可有□（御）管領候、将又、惟時遺跡之仁、争可成違乱候哉、若致煩候者、為不孝之仁、不可持所領所職等候、所詮、以此避状、令申成　綸旨（後村上天皇）、永為　勅願寺、可被停止地頭武家之綺候、於社家者、任先例、可有御勤仕候、無憑身候之間、先進此状候、一統之時、惟時可申成　綸旨候、仍為後日避状如件、

興国弐年八月三日　　阿蘇三社大宮司宇治惟時（阿蘇）（花押）

満願寺別当大僧都御房

（「満願寺文書」、『南北二』一六九一）

③阿蘇惟時譲状

譲与　孫子丞丸(惟村)所
肥後国鎮守一宮(阿蘇郡)阿蘇・同健軍(詫摩郡)・甲佐(益城郡)・郡浦(宇土郡)已上四ヶ社領幷矢部(益城郡)・砥用(益城郡)・津守保(詫摩郡)・筑前国下座郡
物領分・豊後国大佐井(海部郡)郷地頭職、惣惟時(阿蘇)帯　綸旨・令旨、当国他国庄薗等事、
右、社領以下之所々、当職、同管領分、相副　綸旨・令旨代々之証文等、丞丸於為嫡子譲与訖、
於当知行之所々者、無他妨令知行之、至不知行之庄園等者、帯　綸旨致訴訟、可申給也、而神事
祭礼者、任先例令施行之、修理造営者、守旧規、可致沙汰也、仍為将来之亀鏡譲状如件、

正平六年辛卯二月十八日

阿蘇三社大宮司宇治朝臣惟時　花押

（「阿蘇家文書」、『南北三』三〇〇九）

まず①②の双方の惟時文書の宛名で、②を所蔵する「満願寺」とは、現在、熊本県阿蘇郡南小国《みなみおぐに》町にある真言宗の古刹で、文永一一年（一二七四）北条時定を開基、亀山天皇皇子といわれる醍醐寺三宝院の経杲《きょうこう》を開山として創建されたという所伝を持つ肥後阿蘇北条氏の菩提寺。肥後北条氏の残した代表的な文化遺産である（『熊本県の歴史』山川出版社、一九九九年、一一〇頁）。

①は、興国二年（一三四一）三月、阿蘇惟時が満願寺僧都御房に対して寺領の安定的経営を約束するために遣わした置文であるが、本文中の「子孫なきの間、後生菩提また憑みなく候」との文言から知られるように、自分の子孫、つまり跡継ぎがいないので、後生の菩提を弔ってくれる者がなく、そ

れゆえに満願寺に期待するところが大きく、同寺の経済的支援を約束するというものである。ここで注目したいのは、惟時は二人の子息（惟直・惟成）を戦で失い、「子孫が無い」ということを強く意識している点である。南北朝期の阿蘇惟時の動向にとってその二人の子息惟直・惟成を戦死させた事実の持つ意味は大きい。惟時の二人の子息の討死については、当時の文書に「惟直（宇治）・惟成両子息為御方討死事、其忠争可思食忘哉、…」（『阿蘇文書二』四〇頁）などと書かれているが、まとまった記事としては「太平記」巻15の「多々良浜合戦の事」のくだりにみえる。

阿蘇の大宮司八郎惟直は、多々良浜の合戦に、深手を負たりけるか、肥前国小杵山（現、佐賀県小城市の天山）にて自害しぬ。其弟九郎（惟成カ）は、知ぬ里に行迷て、卑しき田夫に生擒れぬ、秋月は大宰府迄落たりけるか、一族廿余人、皆一所にて打れにけり。

（『西源院本太平記』四二六頁）

これによってみると、阿蘇惟時の子息惟直と「其弟九郎」（惟成か）は延元元年（一三三六）三月の「多々良浜の合戦」の直後の敗走途中で肥前国小城で落命したものと考えられる。なお「阿蘇系図」には、惟直と惟成にかけて「延元元、肥前天山にて自刃」との記事がみられ、『太平記』と合致する。多々良浜合戦では阿蘇氏は南軍の菊池方に属していたのである。この二子息の戦死は父惟時の行動様式に小さからぬ影を落とした。

また②は、阿蘇惟時が、①と同じ満願寺の別当大僧都御房（①の宛所の僧と同一人物か否かは不明）にあてた避状で、満願寺に対する先代阿蘇氏や当代の自分（惟時）からの寄進地は、地頭の綺《いろい》を停止して未来永劫満願寺の管領を安堵するというもの。「惟時遺跡の仁、いかでか違乱を成し候べけんや、もし煩いを致し候はば、不孝の仁として所領・所職を持つべからず候」、つまり惟時没後阿蘇一門にこの件で違乱を起こすような者があれば、その者は「不孝の仁」として所領・所職等を持ってはならない（没収する）、と諭している。ここに垣間みえるものは、阿蘇氏一門を統括する立場にある惣領としての惟時の強靱な自負にほかならない。

さらに③は、阿蘇惟時が嫡孫惟村（惟澄の嫡子）に対して、阿蘇以下四ヵ社領、矢部・砥用・津守保、それに筑前国下座郡惣領分、豊後国大佐井郷地頭職を、綸旨・令旨などの代々の証文とともに譲与するというものである。惟時は、惟澄を飛び越して嫡孫惟村を一族の中核たる惣領に据えることによって一門の分裂を避け、ゆるぎない安泰を期待したのであろうが、しかしのちに述べるように、この惟時の念願は期待通りにはならなかった。嫡子惟村と庶子惟武との間での主導権争いが生まれ、惟時が一番懸念した南北両派に分裂しての抗争に展開することとなる。ここにも惟時の惣領尊重主義をうかがうことができる。

右のことに関連して、いま一つ惟時が一族のなかでも特に惣領を重視したことを示す左のような史料がある。

豊後国大佐井・筑前国下座郡等地頭職、可令支配一族等者、天気如此、悉之、以状、

元弘三年十月三日　　左中弁（中御門宣明）　在御判

阿蘇大宮司（惟直）館

裏

於彼正文者、惣領惟直方留置候也、有沙汰之時者可出之、

元弘三年十二月十五日　　惟時（阿蘇）　花押

（『阿蘇文書二』二七三頁）

右の史料は、宇治惟直（惟時の嫡子）にあてられた、豊後国大佐井・筑前国下座郡等の地頭職を一族に与えるという元弘三年一〇月三日後醍醐天皇綸旨の案文の裏に、惟時がこの綸旨の正文は惣領惟時のもとに留め置き、「有沙汰之時」つまり何か沙汰あるときは取り出すようにとの文言を書き付けたものである。この惟時の行為の裏には、阿蘇一族にとって大事な文書類は一族を束ねる惣領のもとに管理するという惣領制的な考え方が強く存在している。惟時は、伝統的な惣領中心の族的結合を維持して一族の内部分裂を極力避けようとしたものと考えられる。

ようするに①と②からうかがわれる惟時の強い自己規制は、惣領としての自分が南北どちらかに味方することによって生じる一門の分裂をどうしても避けたいという強い意志、そして子息二人を足利軍との戦いで失ったという悔恨の念、そういうものに支えられていたと思われる。あわせて、惟時が惟澄ら惣庶含めた一門のなかでとびぬけた最長老であったことにも関係しよう（当時の文書は惟時を「老躰」と記す）。

恵良惟澄の忠節と焦慮

こうした阿蘇氏内部の複雑で難しい事情や南朝の両得主義的な対応を後目に、惟澄は阿蘇氏のなかで南朝側としての立場を早くから鮮明にして南朝への忠節に励んだ。次に恵良小次郎と称したこの惟澄の動きをみておこう。南党としての立場は惟澄の生涯を通じて基本的に変わることがなかった。

恵良惟澄の南党としての動きは早期からみられる。

不審之処、御札委細承候了、抑条々大略無相違候歟、目出候、任官事、重可被申　宮（懐良親王）御挙也、当時如恩賞皆　勅約候、一同法ハ可有御意得候、又当山事、料国等事、此僧定語申候歟、不及委細候、東国官軍漸近付候者、京都合戦可有近日、其境忩可有御興行候、事々難尽間止了、謹言、

（延元二年）九月十四日　　花押　同上

（惟澄）恵良殿御報

（『阿蘇家文書』、『南北一』一〇四四）

右の文書は、惟澄の任官のこと、それに近日に迫った「京都合戦」のことを惟澄に伝える某人の書状であるが、注意すべきは「東国官軍漸近付候」が、陸奥国司北畠顕家が延元二年（一三三七）八月に軍勢を率いて二度目の上洛を決行したことに関係しているので、この文書の年紀は延元二年とみてよいことである。懐良が九州に出発するちょうど一年前のことになる。この段階で懐良は惟澄の任官についてその推挙を行っていること、任官も含めて恩賞のことはすべて「勅約」、つまり天皇の専権

事項だったことも注意される（惟澄の任筑後権守は正平三年〈一三四八〉三月八日のこと。「阿蘇家文書」、『南北三』二四五七）。惟澄の任官希望は達成されるまでに十年余かかったことになる。右の文書に書かれているように、惟澄は任官について懐良親王の「御挙」（推挙）を受けているのであるから、比較的早くから惟澄は旗色鮮明な南軍の一員であったことが知られる。

ちなみに、同じ延元二年後半の段階で惟時に対しても、南朝の要人から奉書形式での文書が届いている（「阿蘇家文書」、『南北二』一〇四〇・一〇四一・一〇五三・一〇七七）。それらによると、惟時は京都で足利尊氏の軍を四方から包囲しようとする後醍醐天皇の作戦を担うかたちで西方から攻め込む役割りを与えられていた。南朝側が惣領惟時を諭すために使った「九州今度不参者、日来忠功如空、且背御本意哉」、「他人雖不同心、有志于御方者、雖一身早可被馳参」の言葉は、南朝の惟時に対する期待の大きさを如実に示している。しかしそれにもかかわらず惟時の対応は鈍かった（二人の子息を戦死させたのはその前年のこと）。

惟時とは正反対に、もともと南朝に味方していた惟澄はなおいっそう積極的に南朝に接近している。そのことは以下にあげる懐良親王令旨によって容易に知られる。

①不同心于惟時（阿蘇）、致無弐之忠節之条、頗所被感思食也、弥被憑御思食者、征西大将軍宮御気色如此、
仍執達如件、
興国五年七月十八日　勘解由次官（五條頼元）花押

恵良小二郎（惟澄）殿　（「阿蘇家文書」、（『南北二』二〇三二）

②大宮司惟時属朝敵之由、被聞食間、被驚思食之処、相語一族、於御方抽軍忠之条、勇敢之至、雖不限今度、誠以所被感思食也、且以此趣可有　奏達者、征西大将軍宮御気色如此、仍執達如件、

　興国五年十月廿八日　　勘解由次官（五條頼元）花押

恵良小二郎（惟澄）殿　（「阿蘇家文書」、（『南北二』二〇六三）

③凶徒頼尚（少弐）発向之処、抽軍忠之条、殊被感思食之由、被仰下（懐良）候也、仍執達如件、

　（正平二年）九月十八日　（花押）

恵良小二郎（惟澄）殿　（「阿蘇家文書」、（『南北二』二三六五）

少し説明を加えよう。①は阿蘇氏の惣領惟時の異心にも同調せず南朝に無二の忠節を貫いた惟澄の態度を褒めた興国五年（一三四四）七月の頼元奉ずる懐良令旨、②は惟時が朝敵に属したとの風聞に驚いているが惟澄は南朝に対する軍忠を抽《ぬき》んでていることに感じ入り、そのことを吉野に奏達しようという同年一〇月の頼元奉ずる懐良令旨。また③は筑前の少弐頼尚の発向に対して惟澄が軍忠を抽んでたことを褒める懐良令旨。③は「被仰下候也」と記されるだけだが、これも懐良の側近の一人が奉じた令旨であろう。これらの懐良令旨によって、惟澄が惣領惟時とは異なり終始南党として懐良の側

に立って軍事行動に出ていることがわかる。むしろ一族内で惟時と対立しているという関係からあえて南朝寄りの立場を明確にしたとみるべきであろう。

他方、惟澄自身もこの時期に自分の軍功を以下のように主張している。自分の数々の軍功に対する自負とそれに見合った恩賞を受けられない焦慮とが長々と述べられる。

（惟澄は）最初元弘三年、惟直（阿蘇）相共令参上金剛山（河内国）之処、依下賜　令旨（護良親王）、自備後鞆令下国、□（阿）蘇郡鞍岡合戦、自被疵以来、関東先代事者不遑言上、尊氏（足利）謀叛以後、筑前国有智山合戦被疵事二ヶ所、…

（「阿蘇家文書」正平三年九月日恵良惟澄軍忠状、『南北三』二五三六）

五條頼元の配慮

そのような惟澄の積極的な南朝寄りの動きにもかかわらず、九州南朝は惟時への懐柔・説得の姿勢をなかなか崩さなかった。特に懐良の補導役たる五條頼元が、あの手この手を駆使して根気強く説得工作を続けている。おそらく九州への出発に際して後醍醐天皇より阿蘇惟時誘引の必要性をよほど強く言い聞かせられたのであろう。換言すれば、阿蘇氏説得は後醍醐より託された九州経営のための至上命題であったのである。このため頼元は惟時説得を惟時の最期まで諦めることはなかった。惟時が武家方へ傾いた仕草をみせたときもなお頼元はその説得の手をゆるめず、なおも翻意を期待して説得を続けている。このような姿勢を崩さない頼元にとって辛いところは、すでに南朝方としての立場を固めて積極的に動いている惟澄の顔も立てねばならない点であろう。

具体的にみよう。まず対惟時である。この段階での九州南朝の惟時に対する配慮を考えるうえでことに興味深いのは、惟時あての正平二年一〇月七日令旨である。これを左に引用する。

可被相続軍忠之由、度々被仰了、所詮、近日揚御旗者、可為殊功也、且拝領之地、更不可有依違、次惟澄（恵良）軍忠事神妙、然而云元弘最初之先功、云今度忠節、争可被思食替彼哉、殊存其旨、可運早速之籌策者、征西大将軍御気色如此、仍執達如件、

正平二年十月七日　　勘解由次官（五條頼元）花押

阿蘇大宮司（惟時）殿

（「阿蘇家文書」、『南北二』二三七七）

この懐良令旨は阿蘇惟時に対して、これまで通りの軍忠を続けよ、近日挙兵して殊功をあげれば恩賞地を拝領できることは確かだと諭し、あわせて惟澄のことを引き合いに出し、惟澄の軍忠はむろん神妙ではあるが、だが惟時の元弘以来の軍忠や今度の忠節は惟澄の忠節に替え難いといっているのであるから、結論的には惟時を持ち上げているのである。ようするに九州南朝は惟澄よりも惟時の忠節を高く評価するというのである。むろんこういうことは惟澄の耳には入らないのであろうが、もし惟澄が聞いたら間違いなく気分を害したろう。

他方、五條頼元は惟澄に対してはまた別の言い方で配慮することを怠っていない。以下の惟澄あて

興国五年（一三四四）閏二月二一日五條頼元書状をみよう。

ことし（今年）いまた申うけ給ハす候あいた、諸事心もとなく候（と脱）ころに、中院の僧都御房これまて御こゑ候ほとに、そのさかゑの事も、くはしくうけ給て候、かやうに御忠をいたされ候事、阿蘇大明神も照覧候へ、ありかたき御事に思入申て候、わたくしあるましき事にて候へハ、御軍忠又御方御こゝろさしのふかく候事ハ、他所にてハしり候ハす、鎮西にをき候て申さたすへし、且又吉野殿（後村上天皇）へも別して　奏聞候なり、御ちう（忠）の事ハはゝかり（憚）なから御心安可令思賜候、又うけ給候条々の事、委僧都御房に申て候、子細あるましく候、凡御身の大事ハ頼元（五條頼元）か身大事よりもなおさりかたく存候、心中是ほと存候とはよもおほしめし候ハしとこそ存候へ、ちかきほとに宮（懐良）御所御なり候ハゝ、やかて御沙汰はしまり（始）候へく候、最前に申行候へく候、かやうの事ハ一同のき（儀カ）にて、かたく行ハれ候へハ、のちのためもきやう／＼ならぬ事にて候あいた、恩賞なともをこなハれて候ハん所をは、重代の御知行になり候やうに申沙汰すへく候、さき／＼もあまりにしとけなく候て、人々も上の御さたをゆるかせに申候あいた、かたく行ハれ候ハんため、宮（懐良）の御入をまち申候、御前にておこなハれ候ハん事、けんてう（厳重）に候へく候、さやうの事も中院殿（義定）委申て候、向後ハあさからす申うけ給候へく候、かまゑて／＼外人にはおほしめし候ましく候、恐々謹言、

壬（興国五年）二月廿一日　頼元（五條）花押

恵良小二郎（惟澄）殿御返事

（「阿蘇家文書」、『南北二』一九九四）

右の文章のなかで、惟澄に対する頼元の配慮が特に顕著なのはなかほどにみられる一文、「凡御身の大事ハ頼元（五條頼元）か身大事よりもなおさりかたく存候、心中是ほと存候とはよもおほしめし候ハしとこそ存候へ」という箇所である。簡単にいえば、頼元は「自分の身よりあなたの身のほうが大事だ、私がこれほどあなたを信頼しているとはあなたには想像もつかないだろう」と惟澄を持ち上げているのである。この書状は、薩摩に入って二年近く経とうとするのに、一向に北上の機が熟さない現状への焦りを背景にしている。ほかの箇所を読むと、吉野の威光と恩賞沙汰とをちらつかせつつ、近々懐良の肥後入りが実現して懐良自身の成敗が開始されれば、惟澄への恩賞沙汰は最優先かつ確実に行うとも明言している。ようするに、懐良を肥後国に招き入れてほしいと要請しているのである。

右の書状は、より直接的にはこの当時の惟時の動向を意識した内容だといってよい。すでに述べたように（六四頁）、興国五年という年は惟時が武家方への傾斜を一時的にではあれ強めたときであり、右の書状で頼元はそのことを強く意識して、惟澄を高く持ち上げた可能性も十分に考えられる。

この頼元の両端を持すがごとき態度は、惟時にとっては武家方への帰順を鈍らせるとともに、他方惟澄にとっては憤懣やるかたなき思いを起こさせたに相違あるまい。惟澄にあてた（正平二年）正月二八日某書状（「阿蘇家文書」、『南北二』二二九九）には、肥後八代荘に打ち入った凶徒を追討するために懐良の側では遠く薩摩国から御方の軍勢を送ろうとしているのに、肥後国の惟澄からはいまだ

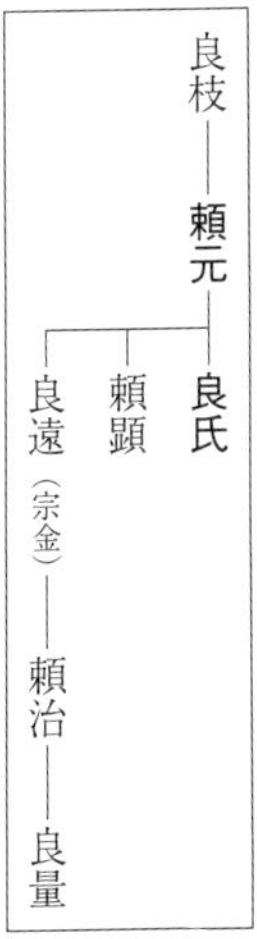

五條氏略系図

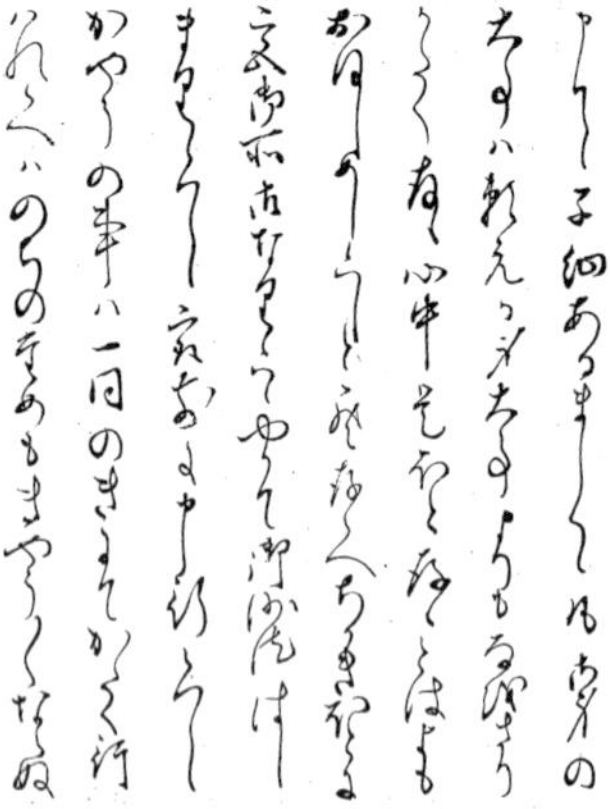

「阿蘇家文書」（興国５年）閏２月21日五條頼元書状（部分）
（「御身の大事ハ……」とみえる）

に返答がない、それは日頃の本意と異なるではないかとぼやいている。この書状にみえる「于今無音之条、背日来之本意候也」という言葉にはそういう意味がこめられている。それは同時にまた惟澄の不満のあらわれでもある。

「阿蘇家文書」に収める正平二年九月二〇日恵良惟澄注文（「阿蘇家文書」、『南北二』二三六七）は、恵良惟澄が一族官軍の恩賞所望を書き上げて五條頼元に提出したもの、また（正平二年）一一月二一日五條頼元申状（同、二三九九）はこれを南朝に注進したものと思われるが、このうちの後者に「当時合戦最中、為成軍勢之勇、以別儀可伺申入之由、頻歎申候間、執進注進候」と、惟澄の度重なる督促があったのでやむなく注進したのだという言い訳めいた言葉があるのは、この注進行為が頼元の本意ではないことを裏付けている。逆に惟澄側からみると、それだけ一門庶流の代表格の立場にいた惟澄は一族のものたちからの厳しい恩賞要求に突き上げられていたのである。

そのような惟澄の不満に対して、この段階での懐良は、惟澄を満足させるような有効な手立てを打てなかった。惟澄はせめて南朝が天下統一を達成したときには惟時跡をあてがうという約束の懐良令旨を得るにすぎなかった。以下がそれである。

阿蘇大宮司惟時跡事、軍忠異他之上者、一同御沙汰之時、最前可有其沙汰、且可被存知也者、征西大将軍御気色如此、仍執達如件、

正中（平）二年十月十三日　勘解由次官（五條頼元）花押

恵良小二郎（惟澄）殿

（「阿蘇家文書」、『南北二』二三八三）

懐良側からの吉野南朝へのせっつきも度々あったのだろう、後村上天皇もこうした事情に理解を示し南党の惟澄のいらだちを考慮して懐良側の意向にそう措置をとっている。その結果、惟澄は正平三年三月一八日後村上天皇口宣案によって「筑後権守」に叙任され（「阿蘇家文書」、『南北三』二四五七）、同日に同天皇綸旨によって恩賞としての「便宜之国」の守護職補任、および「惟時跡」の替地として「便宜之地」給付の約束を取り付けている（「阿蘇家文書」、『南北三』二四五九）。

当初懐良は阿蘇氏一族をあげての支援のもと、肥後阿蘇を九州経営の拠点とする目論みであったが、こうした舵取りの難しい阿蘇氏一族内部の激しい対立は、懐良の肥後阿蘇入りさえも断念の余儀なきに追い込み、やがてその代わりとしての菊池氏への傾斜を促進する結果を招いたものと考えられる。

阿蘇大宮司のポスト　阿蘇社の神官のなかでの最高の地位は大宮司であり、阿蘇一族の惣領がこの役職に任ぜられる。したがって大宮司に任ぜられたかどうかは、その人の地位を推し量るための有効なバロメーターとなる。そのような意味から、阿蘇惟時と恵良惟澄にそくして両人がどのように称されたかを調べてみよう。阿蘇大宮司が南北から二人立つようになると、宮方の大

宮司の任命権は懐良親王がもち、武家方のそれは将軍のもつところであった。

まず惟時である。彼は阿蘇氏の惣領であるから鎌倉時代後期から大宮司を務めているが、鎌倉時代末期には長子惟直に大宮司の役職を譲っている。したがって鎌倉時代最末期の元弘の争乱のころには、惟直が阿蘇大宮司として登場している。実例としては、たとえば元弘三年（一三三三）三月一三日条の阿蘇惟直も加わった菊池武時一味による鎮西探題襲撃事件、いわゆる「菊池合戦」において、「博多日記」は惟直のことを「阿蘇大宮司」と記している（『太平記（一）』角川書店、一九七五年、五一四頁）。惟直は建武三年三月の多々良浜合戦で戦死するから、それまでは大宮司の地位には惟直が就いていたことになる。大宮司を惟直に譲った父惟時は当然ながら「前大宮司」と呼ばれた。

惟直が戦死したあと、惟時は再び大宮司のポストに復帰する。惟時が復帰後「大宮司」と呼ばれた史料を調べてみると、その初見は延元二年（建武四、一三三七）九月（「阿蘇家文書」、『南北二』一〇四〇—四一）、逆に終見は正平八年（文和二、一三五三）三月であるから（「阿蘇家文書」、『南北三』三五二七・三五二九、三五三〇—三二）、惟時は復帰から没したと推定される正平八年まで継続して「阿蘇大宮司」と呼ばれている。

これに対して惟澄の呼称はどうかというと、惟澄は当初「小次（二）郎」と呼ばれていた。年次のはっきりしている史料にそくしていうと、延元三年（一三三八）二月が最初で（「阿蘇家文書」、『南北二』一一二六）、これが正平三年（貞和四、一三四八）二月まで続く（「阿蘇家文書」、『南北三』二四四六）。惟澄がはじめて官職を得るのは同年三月一八日のこと。この日、後村上天皇口宣案によって惟澄は「筑後権守」に任官する（「阿蘇家文書」、『南北三』二四五七）。

惟澄の呼称がこの後どうなったかというと、大宮司の惟時が没したと考えられる正平八年以降になっても大宮司のポストは惟澄のもとに帰さなかった。惟澄は、正平一五年（延文五、一三六〇）一二月まで筑後権守を称している（「阿蘇家文書」、『南北四』四二三八）。ところが、貞和六年（正平五、一三五〇）一〇月二六日に惟澄にあてて戮力《りくりょく》を促した足利直冬御教書（「阿蘇家文書」、『南北三』二八九二）、および少弐頼尚書状（『南北三』二八九三）の宛所は「恵良小次郎殿」となっており、これによると直冬と頼尚は惟澄の「筑後権守」を認めていないことになる。これは惟澄を誘った直冬と頼尚が、自らの立場を南朝と区別したためと考えられる。

ここでついでに少し後の阿蘇大宮司のポストのことを述べておきたい。こののち惟澄は、遅くとも正平一六年（康安元、一三六一）二月三日以前に大宮司に補されており（同日懐良親王令旨、「阿蘇家文書」、『南北四』四二四五）、すでに「大宮司」の表記で史料に出てくる。惟澄は長い鳴かず飛ばずの状態から宮方として復権したものと考えられるが、このころ武家方に傾いた嫡子惟村との対立が顕著化してきたものと思われる。惟澄の没は通説では貞治三年（正平一九、一三六四）九月二九日とされている（工藤敬一「阿蘇惟澄」、『国史大辞典1』吉川弘文館、一九七九年）。おそらく惟澄はその没直前まで大宮司であったが、すでに惟村は武家方の大宮司に据えられていたと思われ（「阿蘇家文書」〈康安二〉八月九日鎮西管領斯波氏経書状、『南北四』四三八二）、宮方の惟澄、武家方の惟村という二人の阿蘇大宮司が並び立っていた。その惟澄は、正平一九年（貞治三）七月一〇日、「阿蘇三社大宮司惟澄」の名で、嫡子宇治惟村に対して「阿蘇四箇社領、本家領家地頭兼大宮司職幷当国他国所領等」を綸旨・令旨、それに重代証文を副えて譲与している。こうしてみると、惟澄は最終的には嫡子惟村で阿蘇氏を結束させようとしたものと思われる。しかしこれも惟澄の思い通りにはことが運ばなかった。

第三章　肥後国菊池時代

1　肥後への転進

正平三年という年

懐良親王の征西将軍としての活動全般を見渡してみると、正平三年（貞和四、一三四八）は一つの大きな節目としての意味を持っている。

具体的にいえば、それはまず、懐良親王が薩摩国谷山を出て、肥後菊池に進出したことである。正平二年一一月末、谷山をたった懐良は、翌月一四日には国界を越えて肥後国葦北郡に到着。それに先立ち五條頼元は一二月一日恵良惟澄に対して書状を遣わし御迎を要請している（「阿蘇家文書」、『南北二』二四〇九）。

注意すべきは同年一二月一三日頼元書状で、内容は「将軍宮（懐良）明春早々可有出御之由、被仰下之旨奉、先立可罷越肥後候」と、懐良の動静と頼元自身の行動予定とを知らせるものであるが、なぜかこの書状には宛名がない（「阿蘇家文書」、『南北二』二四一二）。しかしこの文書中に肥後に罷り越した際は「最前遂面拝」、つまり真っ先に面会を遂げようという一文があり、実際惟時は翌正平三年二月のころ「三船御所」（御船城）で懐良に参謁している事実があるので（「阿蘇家文書」、『南北三』二四四二）、この頼元書状は阿蘇惟時にあてて出されたものと考えられる。つまり懐良親王側としては、阿蘇一族をあげて、懐良の肥後入りを奉迎してほしかったものと思われる。しかも惟時に対してはことのほか入念な配慮を施しており、頼元がこの時期からすでに惟時のとりこみに心を砕いていたことが知られる。

懐良が肥後国宇土郡の宇土津に到着したのは、翌正平三年（一三四八）一月二日のことである。同月一四日には宇土を出発、ほど近い益城郡の御船城に入る。こうして懐良一行はまもなく菊池郡の菊池武光の館に移るわけであるが、それが何日であったかは明らかでない。正平三年二月一五日付の惟時あて頼元書状に「将軍宮《（懐良）》此間御逗留菊池」（懐良親王はこの間菊池に逗留中だ）とみえるから（「阿蘇家文書」、『南北三』二四四二）、この年二月のはじめころには菊池に入っていたものと思われる。ようするに、懐良が肥後菊池に入って、大宰府を攻略し九州全域を支配するための拠点を築き始めるのがこの年だということもできる。のちに述べるように、懐良親王が「成人」を迎え、征西将軍としての本格的活動を開始するのもこの年である。

さらに懐良親王の九州制覇の露払いのような役割を果たしたのが、ほかならぬ菊池一門の頭目の地位を得た菊池武光である。菊池武光の具体的な活動については後段にゆずるとして、武光と正平三年との関係でいえば、武光が前年の正平二年末に「肥後守」に叙任されたと考えられることが注目される（川添昭二『菊池武光』戎光祥出版、二〇一三年、九八頁）。武光の任肥後守は、菊池一門において武光が惣領の地位を獲得したということを意味し、惣庶間で分裂した阿蘇氏とは異なり、菊池氏は一門をあげて懐良親王を支えたのである。正平二年一一月ころ肥後守に任ぜられた菊池武光が、九州南党として政治的・軍事的活動を本格化させたのは正平三年であるということからも、九州南朝にとってはこの年が一つの画期となったとみてよい。

阿蘇氏との関係でいうと、当初から南朝派として活動した恵良惟澄が、これまでの「小次郎」という無位無官の境遇からぬけだして、はじめての官途の「筑後権守」を得たのも、正平三年であった。惟澄は、この年の三月一八日、南朝の後村上天皇口宣案を得て、「筑後権守」に任ぜられた（「阿蘇家文書」、『南北三』二四五七）。惟澄にとっては、この任官の持つ意味は決して小さくはなかったが、南朝が惟時に対する期待をなお持ち続けることに、惟澄は憤懣やるかたなかったに相違ない。

以上に加えてもう一つ。それは全国の南朝方の本拠としての大和国吉野が室町幕府の攻撃軍の手によって陥落させられたことである。これも正平三年一月二八日のことである。この吉野陥落という事件が南北両軍に対して与えた影響は甚大であっただろう。いわば全国レベルでの南朝勢力の指令塔が陥落したわけであるから、ことに南朝勢力はこれによって大きな痛手をこうむったであろう。しかし逆に懐良親王の率いる九州南朝からみると、吉野陥落にともなう吉野朝廷の権威失墜は、征西府からするとむしろ独自の展開をとげるためのプラス要因になった可能性も否定できない。

海賊の集結と薩摩国合戦

康永元年（一三四二）五月懐良が薩摩に上陸する以前から、伊集院忠国（島津一門）・谷山隆信・鮫島彦次郎ら「薩摩国凶徒」誅伐のことは足利直義の名で島津氏に指令されていたが、懐良の谷山入城の後は、さらにいっそう頻繁となっている。当時の幕府はいわゆる「二頭政治」の時期で、幕府の軍事面の指揮は直義が専掌したので、島津貞久や一族の伊作宗久らにあてて「薩摩国凶徒」退治の足利直義軍勢催促状が多く出されている。こうした幕府の命をうけた島津軍の攻撃も加わって、北進のめどさえつかない懐良は、ここで南党として活躍してきた熊野・瀬戸内海の海賊の力を借りて肥後入りの敢行を決意した。懐良の命をうけた海賊船三十余艘は、正平二年（貞和三、一三四七）五月末、日向国宮崎郡飫肥南郷を南下し大隅国肝付郡内之浦を通りぬけ、南軍の拠点薩摩国谷山へと向かった。これに先立つ同月一〇日、南党の海賊船数十艘が、筑前国宗像郡の大嶌・小島に押し寄せていた。北軍の目を北部九州に釘付けにするための陽動作戦であったろう。同月、鹿児島湾に入った主力部隊の海賊衆数千人は、海陸双方から島津貞久の居城東福寺城を攻撃した。島津軍として参戦した渋谷重名はこのときの様子を、その軍忠状のなかで以下のように述べている。

於貞和三年（正平二年）五月廿九日夜、薩州鹿児島院御敵等、忍取浜崎城（東福寺城に隣接）之間、六月三日最初馳越東福寺城、相待御方軍勢之処、同六日卯刻、熊野海賊以下数千人、海陸共寄来之間、（雖為無勢脱カ）捨身命防戦刻、凶徒等数輩□（令打取）追返了、

（「薩藩旧記22」、『鹿児島県史料　旧記雑録前編一』七七九頁）

このほか同年（正平二）六月七日には、島津氏側の新福寺外城（鹿児島郡内）への放火と同地での合戦、同九日には牛下での合戦（史料には「牛下合戦」とある）というぐあいに、同年六月中に島津氏の守護支配領国たる薩摩国の心臓部で、南北両軍間の激しい戦いがくりかえされ、島津貞久子息の重久・氏久ら一族が負傷するなど、島津軍は大きな痛手をこうむった。当時の史料はこの一連の合戦を「薩摩国合戦」と表記している（『南北二』二三四七）。

ちなみに忽那海賊と熊野海賊との南朝軍としての協力関係については、先にみた「忽那一族軍忠次第」に「熊野勢当国下向兵粮両度」と書き上げられていることが支証となる。熊野海賊は忽那海賊と協力しつつ懐良の九州入りを実現させたとみて不自然ではない。

懐良親王の肥後入り

このような情勢のなか、先述のように懐良の肥後入りは実行に移された。谷山を出て、宇土城を経由し、肥後国「御船御所」を経て、最終的には菊池に入るわけだが、それまでの細かな経路は必ずしも明確ではない。この間の経路や日時については、懐良令旨や頼元書状などに情報が断片的に記されており、懐良の菊池までの道筋を知るにはそれらの史料をつなぎあわせつつ考えてゆくしか方法はない。

正平二年一〇月の薩摩国は「当時合戦之最中、未決雌雄候」という状況にあった（「阿蘇家文書」、同一〇月一三日五條良氏奉書、『南北二』二三八五）。翌一一月末には懐良はまだ薩摩にいて北進（肥後への転進）の機を見計らっていたが、少弐頼尚が味方に参じたとの情報もあり（同、同月二七日某書状、『南北二』二四〇五）、好機到来とみたのであろう、懐良の肥後進発は「明春早々」（翌正平三年早春）ということに決まり、同年一二月一三日五條頼元が肥後に先発することとなった（同、同日頼元書状、『南北二』二四一一）。前述のように、それに先だち頼元は同月一日に阿蘇惟澄に書状を遣わし懐良を奉迎する人を進めるよう要請している（同、同日頼元書状、『南北二』二四〇九）。そのようななかで、懐良は薩摩を出立して一二月一四日には国界を越えて肥後国葦北郡に到着、惟澄に対して馳参が要請された（同、同日五條良氏〈頼元の子息〉書状、『南北二』二四一三）。

翌正平三年（貞和四、一三四八）に入ると、中央と地方の両方において、歴史の動きが急にあわただしくなる。まず九州においては早々に以下の懐良令旨が発された。

所有着御当国《（肥後）》宇土津也、最前被馳参者、多年忠節之志、此時可顕歟、其間事、以経藤被伝仰之由、所被仰下候也、仍執達如件、

正平三年正月二日　　勘解由次官《（五條頼元）》　花押

阿蘇大宮司《（惟時）》殿

（「阿蘇家文書」、『南北三』二四一六）

右は、懐良が正平三年正月二日に肥後国宇土津に到着することを阿蘇惟時に伝え、忠節としての最前馳参を要請したもので五條頼元によって奉じられている。この令旨によって、懐良の宇土津到着が

正平三年正月二日であったこと、頼元は優柔不断の惟時に対していまだ一抹の期待をかけていることが知られる。

懐良の肥後転進にさいして惟時の助力が何としてもほしいという切なる願いは、頼元たちのみならず南朝の本拠吉野にも共有されていたらしい。惟時に対する期待が絶頂に高まるこの時期に、吉野の後村上天皇は正平二年一二月一九日付で惟時に三通もの綸旨を遣わして本領安堵・新恩給付を約束しつつ、味方に属し忠節を致すことを求めている（「阿蘇家文書」、『南北二』二四一四―一六）。南朝が惟時に大きな関心を払っていた様子がよくわかる。

懐良が谷山から宇土津にいたった経路は必ずしも明らかでないが、先に懐良を助けて島津軍と戦った熊野・瀬戸内海の海賊の海上輸送力に鑑みると、おそらくこの肥後への北進に彼らが関わった可能性は高い。懐良は彼らの力を借りて、宇土津への転進に成功したものとみたい。宇土津から肥後国に上陸した懐良一行は、当地の要害宇土城に入った可能性もある。現、八代市奈良木町宮園にある「高《こう》田《だ》御所」は、この間の一時期に懐良が滞在した場所である。懐良の呼称の一つ「高田宮」はこのことに由来している。

御船御所

懐良が宇土津に着いて一〇日目の正平三年正月一二日、五條頼元は阿蘇惟時にあてて左の書状を出して、懐良が宇土から出立する日が明後日一四日に決定したことを報じ、必ず参じて懐良に参謁することを惟時に強く勧めた。

出御（宇土出発）事、明後日十四日可為一定候、必可有御参候、被申候之間事、被召御前、直被仰下候、先御面目候也、於此事別可令沙汰候、御心安可被思食候、御忠節併異他候、争無御沙汰候哉、御中状賜置候了、可令申沙汰候、恐々謹言、

（正平三年）正月十二日　　　　（五條）頼元　花押

阿蘇大宮司（惟時）殿

（「阿蘇家文書」、『南北三』二四三三）

右の文中にみえるように、頼元は惟時を懐良に直接会わせることによって御方に引き入れるという、最高レベルの手段に出たのである。そのうえで、懐良側からは以下のような書状が惟時にあてて出されている。差出人の「左衛門尉季顕」とは懐良の側近グループの一人だろう。

為凶徒追罰、来廿六日可有出御筑後国候、彼日限以前、可被馳参候、但依御老躰、若可為難儀候者、可令差進恵良（惟澄）小二郎殿給之由、御気色候、相構以夜継日可有御参、今度於不参者、即時可被注進交名於吉野候、可有御早参候之由、被仰下候也、恐々謹言、

（正平三年）正月十九日　　　　左衛門尉季顕　花押

進上　阿蘇大宮司（惟時）殿

（「阿蘇家文書」、『南北三』二四三四）

来月二六日の懐良の筑後国征討にさいして、惟時もしくは惟澄の出陣を要請する内容のものである。

惟時についての「御老躰」表記が惟時と惟澄との年齢関係を考えるとき参考になることは先述したが、ここでは南朝側が惟時と惟澄とを対立関係においてとらえていない点に注意すべきであろう。おそらく両人融和のうえでの南朝への忠節を強く望んでいたことのあらわれである。

次の新しい御所は「御船御所」（現、熊本県上益城郡御船町）である。右でみたように、「御船御所」で懐良に面謁することを要請された惟時は、頼元の期待通り懐良と面謁することに応じ、この御所に出向いてきたのである。時間的にみて、正平三年二月の上旬ではなかったかと思われる。そのことは正平三年二月一五日五條頼元書状（「阿蘇家文書」、『南北三』二四四一）にみえる「先日於御船御所参会之時」という文言によって知られる。

このとき頼元は「日来之本意満足候、向後者無内外○可申承之由存候、御同心候者、（可脱）為本懐候」（一一八頁参照）と上機嫌であった様子だが、これは結果的には糠喜びに過ぎなかった。惟時の心はこれによってきっぱりと決まったのではなかった。惟時のその後の行動は懐良・頼元の期待に反し、なおも優柔不断であった。惟時は古い歴史を持つ阿蘇氏一門の惣領にして最長老、一門を舵取りする惟時にしてみれば一門の分裂は何としても避けたく、懐良との面謁は苦渋の行動であったとみるのが実態に近かろう。

このように、懐良・頼元らの辛抱づよい懸命の努力にもかかわらず、阿蘇氏の惣領惟時は南党に帰する態度を明確にせず、ために南朝のめざす嫡庶合体したかたちでの阿蘇氏掌握は実現のメドが立たなかった。早くから南党としての立場を鮮明にしている庶子惟澄のことも考慮しなければならなかったであろう。とはいえ惟澄の力だけで懐良の肥後入国を実現するのも難しかった。しかしこのような阿蘇氏の内部対立は、懐良の肥後阿蘇入りを断念させ、かわって同じ肥後の菊池氏へ傾かせる基本的な要因となったのである。

大和国吉野の陥落

懐良が肥後に入って九州計略の実質的な第一歩を踏みだそうとした正平三年（一三四八）正月末、後醍醐天皇亡きあとの吉野を本拠とする近畿の南朝軍は幕府軍の総攻撃によって大打撃を受けた。正月二八日の吉野の炎上・陥落である。その様子について「太平記」巻26のなかの「吉野炎上の事」に記事がある。消失前の吉野皇居の壮観なさまを描写したものとして貴重である。

二丈一基の笠鳥居、二丈五尺の金鳥居、金剛力士の二階の門、北野天神の示現の宮、七十二間の廻廊、三十八所の行化神、楽屋、宝蔵、竈殿、三尊光を和て、万人頭を傾し金剛蔵王の社壇まで、一時に灰燼と成りはて丶、烟り蒼天に立登る。浅増《あさまし》かりし有様なり。（『西源院本太平記』七四一頁）

吉野炎上については、当時の北朝公家で太政大臣の洞院公賢《とういんきんかた》（当時五八歳）もその日記に、「伝聞、吉野悉没落、全分無人、矢倉少々相残、懸火之処、件余焔移蔵王堂、悉成灰燼云々、冥慮尤可怖事歟」と記し、吉野御所が悉く燃え落ち、その精神的中心であった蔵王堂も類焼し灰燼に帰したことを生々しく伝え、「国家安危、為之如何《これをいかんせん》」と嘆息している（『園太暦《えんたいりゃく》』貞和四年二月三、一三日条）。

この事件には前段がある。これに先立つ同年正月五日には、いわゆる「四條畷《しじょうなわて》（現、大阪府四條畷市）の戦い」が生起し、この戦いで楠木正行（正成の嫡子）以下の南軍の驍将が戦死している。これに引き続いて同月末に吉野行宮が焼き払われたのである。南朝の主後村上天皇は難を避けていったん紀伊に没落した。

楠木正行以下の南朝主要武将戦死の報は、ただちに九州の幕府側武将たちに伝達された（貞和四年正月二二日足利直義御教書、「島津家文書」、『南北三』二四三二）。このことが南北両派に分かれて戦っている九州の武士たちの戦意や去就に少なからぬ影響を与えたであろうことは容易に想像がつく。

この動揺を鎮めるためか、正平三年二月六日付で一通の後村上天皇綸旨が出された。あて名は「中院前中納言殿」となっている。左掲の史料である。あて名の人物は中院《なかのいん》義定と比定されているが、義定は懐良に四年遅れて興国七年二月五日薩摩に「着岸」した南朝廷臣と考えられ（「阿蘇家文書」、『南北二』二一七五）、「阿蘇家文書」にみるように、懐良の取り巻きとして惟時説諭のための文書を度々出している。

鎮西事、連々得利候由聞食、其後籌策如何様哉、頼尚（少弐）参御方候条、無相違者、定猶令打開歟、可被注進候也、抑去月（正平三年正月）五日河州合戦（四條畷の戦い）、官軍依失利、凶徒襲申吉野之間、当山要害難義非一、仍被改御座、臨幸紀州候也、其後凶徒雖入彼山、衆徒堂衆郷人致合戦、無程令追出畢、此間事、定驚遠聞乎、然而御坐地堅確、為御籌策、非無其利、且河州・和泉本陣無相違、□（宇）陀宇智、紀伊衆、勢州等御方、同以所致忠節也、近日被召聚熊野以下勢、所被始合戦也、相当此時節、急速可立戦功之由、方々可令□（加カ）催促□（給カ）者、天気如此、仍言上如件、

　　正平三年二月六日　　　　　　　左少弁正雄（藤原）　奉

進上　中院前中納言（義定）殿（紙背に義定の花押あり）

（「阿蘇家文書」、『南北三』二四三七）

右の後村上天皇綸旨には、冒頭に九州方面戦線の好況についての記事があり、そこに少弐頼尚が味方に参じたとある。引き続いて、吉野山の衆徒・堂衆・郷人が侵入した幕府軍と戦ってほどなくこれを撃退したとか、天皇は紀伊に移ったが、その支持基盤は強固であるとか、とても事実とは思えない事柄も記されている。この綸旨では吉野が敵襲を受けたということが格段のウェイトを占めており、冒頭の件は以降の事柄の緩衝材的な役割を果たしている。

さらにこれを受けた中院義定は、翌月阿蘇惟時にあてて書状を遣わして、このことを伝えた。

「さためておほつかなく候らんとて、わさと申候、御在所ならハ合戦之事ふれ申へきよし被仰下候程ニ、綸旨案文遣之候、」

去月六日　綸旨（後村上天皇）御使皆吉彦三郎、をと、ひ十一日下着候、楠木正行兄弟（正行・正時）・わたのしんほち（和田新発意）・開住良円・あをやの形部（刑）是ハよしの、衆徒、以上廿七人、正月五日殞命事、実正にて候、然而正月廿七日、廿八日、二月八日合戦ニまいとうちかち（毎度打勝）候了、其間事、つかひ（使）ニくハしく仰含候ぬ、たすねきかる（可被尋聞）へく

候、

三月十三日《正平三年》　義定《中院》　花押

阿蘇大宮司《惟時》殿

（「阿蘇家文書」、『南北三』二四五五）

ここでは正月五日の楠木正行兄弟・和田賢秀ら二七人の討死を「実正」と認めながらも、同二八日吉野陥落の戦いなどでは「うちかち《打勝》」などと事実と異なる情報を流している。

右掲の後村上天皇綸旨といい中院義定書状といい、決して事実をそのまま伝えたものとは言い難い。こうした虚偽や強弁は、かえって南朝のこうむった痛手の大きさを物語っているとみてよい。惟時を味方に誘引している最中なので、南朝は事実のままを惟時に知らせるわけにはゆかなかったのである。

2　菊池武光の台頭

菊池氏の系譜と歴史

ここで話をもとの懐良の足取りに戻そう。懐良一行はまもなく「御船御所」を出て、正平三年二月中旬くらいには次の滞在地たる菊池武光の舘（現、熊本県菊池市の隈府城）に入ることになる。史料のうえでは「菊池御在所」と呼ばれている（「阿蘇家文書」〈正平三年〉一〇月四日五條頼元令旨副状、『南北三』二五三八）。右に見たように、同じ時期に南朝の本拠たる吉野では、吉野朝廷が陥落・炎上し、後村上天皇主従が失踪するという大事件が発生していた。

その菊池入りのまえに、菊池氏と南朝との関係をより深く知るために、これまでの菊池氏の歴史について概略みておくことにしよう。菊池氏には家相伝の文書が伝わっておらず、古い時代の菊池氏の事蹟を知るための素材に乏しい。その意味で、鎌倉後期の菊池武時の曾孫の武朝が残した弘和四年（一三八四）七月日菊池武朝申状（「菊池古文書」、『南北五』五八一六）が貴重である。これは武朝が「代々家業之事」を論《あげつら》い、その忠節の顕著なることを南朝天皇（後亀山天皇）に上申したものである。やや誇張のきらいなしとしないが、これによって菊池氏父祖の足跡をあらあらたどってみよう。

菊池氏の出自については、大宰権帥藤原隆家（中関白藤原道隆の子）の子孫とする説がかつては有力とされたが、近年では「刀伊の入寇」（一〇一九年〈寛仁三〉、沿海州の刀伊族の来寇事件。大宰府官人の奮戦により撃退）のさい、隆家とともに戦った大宰府官藤原政則の子孫といわれている。政則は菊池郡司系の肥後の在地豪族で、所領の寄進などによって隆家につながり、藤原姓を名乗るようになったという説が有力。肥後国北部の菊池郡を本拠に肥後の在地領主として武士化した。

源平の争乱期には当初平家に反抗しつつもやがて隆直のような平家方の有力武将も出す。鎌倉幕府下では能隆が承久の乱で京方につくなど波瀾もともなったが、菊池氏は御家人として本領菊池郡のほか周辺各地に所領を保持し、在地領主としての力を蓄えた。蒙古襲来のさいには「蒙古襲来絵詞」で知られるように、菊池武房ら一門が活躍したことは周知のところである。

鎌倉時代後期において最も著名なのは武時で、元弘三年三月一三日におなじ肥後の阿蘇惟直らとともに一族郎等を率いて筑前国博多の鎮西探題（鎌倉幕府の九州統治機関）を襲撃し、敗れて一族とともに梟首《きょうしゅ》された。いわゆる「菊池合戦」の主人公である。のちに楠木正成をして「忠厚尤も第一たるか」といわしめた（菊池武朝申状）。後述するように菊池氏は南朝支持勢力として活動するのであるが、その理由としては、この菊池合戦を通しての後醍醐天皇との関係から南朝とのつながりをまず考慮すべきであろう。

南北朝時代に入ると、その初期において菊池氏の動きは目立たない。この時期の菊池氏関係の文書を集めてみると、建武二年（一三三五）あたりから貞和四年（正平三、一三四八）ころにかけて、菊池一門の武重・武敏・武士といった武時の子息たちの起請文や請文などといった私的な文書が散見するのみで、軍事関係のものも含めて菊池氏が関係する公的な文書はいっさい見受けられない。そのなかに正平元年と推定される菊池武光が恵良惟澄にあてた七月五日書状が含まれており（これが武光関係文書の初見とされる。『南北二二二五』）、文中には少弐頼尚や五條頼元の名前が登場していて興味深い。ここで注意したいのは、こういう菊池一門のいわば「どんぐりの背競べ」的な横並び状況のなかから武光が出て、彼が一頭地を抜くかたちで懐良の九州南朝軍の主柱となってゆく過程である。

菊池神社（熊本県菊池市）

なお、菊池氏についての研究史について略述しておこう。中世の菊池氏についての研究として比較的まとまったものでは、菊池

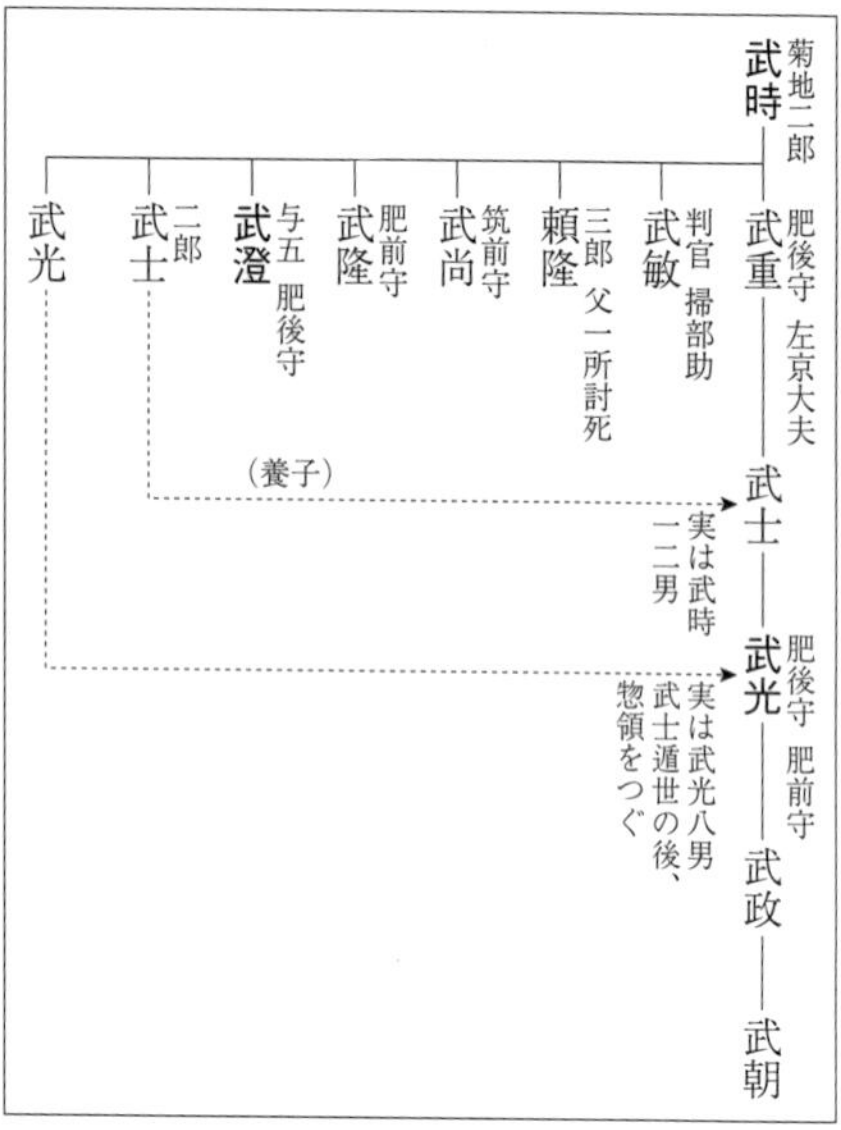

菊池氏略系図（『続群書類従』六下より）

氏のなかでも武光を中心にして武重・武敏・武朝ら一門の勤王事績を論じた平泉澄『菊池勤王史』（菊池氏勤王顕彰会、一九四一年）が先駆をなし、戦後になって史料実証の方法による本格的な菊池氏研究としての杉本尚雄『菊池氏三代』（吉川弘文館、一九六六年）、川添昭二『菊池武光』（戎光祥出版、二〇一三年。初版は一九六六年）が同時にあらわれ、近年では阿蘇品保夫『改訂新版　菊池一族』（新人物往来社、二〇〇七年）がある。ほかにも実証的な関係論文が数編出ている（参考文献参照）。このうち川添昭二『菊池武光』は、菊池武光を通して九州南北朝史を俯瞰し、阿蘇品保夫『菊池一族』は、菊池氏の政治・軍事のみならず文芸や宗教など文化的側面にもふれたところに特徴がある。

阿蘇氏の後退と菊池氏の台頭

結果的にみて、阿蘇氏にかわって懐良の九州制覇を軍事的に支える役目を果たしたのが菊池氏であった。その菊池氏の台頭の背景には、阿蘇氏内部の抗争において片方の領袖たる惣領阿蘇惟時が長い間の惟澄との綱引きを演じたのち、寄る年波には勝てずついに死去したことや、もう片方の惟澄も惟時の死後しばらくの間その消息を追えないほど存在感を失うなど、阿蘇氏の勢力が相対的に低下したことがあるとみられる。その間隙をぬって次第に台頭してきたのが菊池氏であった。ここではその間のいきさつについて述べる。

懐良が肥後菊池に征西府の本拠を置いた正平三年以降も、南朝は阿蘇惟時への熱い期待を断ち切っていない。たとえば、正平七年（文和元、一三五二）と推定される一一月三日南朝重臣洞院実世の惟時あて書状には「心中、毎事察申候」とあり（「阿蘇家文書」、『南北三』三四八三）、実世が惟時の心中を顧慮していることからも、依然として南朝は惟時に期待をかけている様子がわかる。こうして結局、南朝の惟時への期待は、惟時が没するまで続いた。では阿蘇惟時の没はいつかということになるが、ずばり惟時の没時について語る史料はいまだ知られていないようである。現在使用されている辞典類では文和二年（正平八、一三五三）とされるがその根拠は明確でない。

したがって推測するしか方法はないが、まず正平一一年六月の恵良惟澄申状に、惟時の筑前国下座郡の一族への配分に関連して、「而去正平八年、惟時為飯盛城（筑前国早良郡）退治、令在津《博多津》之時、配分之一族等、如元知行無相違之処、惟時他界以後…」（「阿蘇家文書」、『南北四』三八八〇）とみえ（前出）、惟時がすくなくとも正平八年から同一一年の間に没していることが知られる。次に惟時が受けた文書の残存具合からみると、惟時が受けた文書の最後は、正平八年（文和二、一三五三）三月六日付の洞院実世書状以下四通の書状（「阿蘇家文書」、『南北三』三五二七・三五二九・三五三〇—三二）である。右の二つの知見を考え併せると、通常いわれるように、惟時が没したのは文和二年（正平八）とみて大過ないように思われる。

惟時の行年もむろん不明であるが、おおよその推定はできる。すでに惟時と惟澄との関係について述べた箇所でふれるところがあったが、興国六年（一三四五）八月および正平三年（一三四八）正月の懐良親王令旨に惟時を指して「（御）老躰」（老体）、つまり老人だと書かれていることである（「阿蘇家文書」、『南北二』二一三五および『南北三』二四三四）。惟澄との年齢差はかなりあったものと思われる。惟時の没年と推測される文和二年（正平八、一三五三）はこれより数年後であるから、「老躰」とされた時点でもし七〇前後だと仮定すると、行年は七〇半ばとなる。この惟時没が九州南北朝史の展開に及ぼした影響は大きかった。

惟時が没したのであれば、立場的に対抗していた惟澄が阿蘇氏を統括する権力を握ったかと思ってしまうが事はそう単純ではなく、惟澄は暫くの間、その動向をうかがうための史料をほとんど残しておらず、その影はすこぶる薄い。具体的にいえば、正平六年から同一〇年の五年間はまったく発給した文書がみあたらず、これまで後村上天皇綸旨や懐良親王令旨など政治的に高いレベルの文書があてられていたのにもかかわらず、正平八年から同一四年にいたる六年間にはこうした文書の宛所になった例が認められない。こうしたことは、惟澄の勢威は惟時の没後しばし低迷したことの証とみるほかあるまい（前述のように惟澄は、こののち正平一六年二月にはすでに阿蘇大宮司として復権している『南北四』四二四五）。

南朝にとって頼みの綱であった阿蘇氏はこのような状況にあったから、懐良は大きく軍事的な方針の転換に迫られたとしても不思議ではない。しかしそれは見方を変えれば、九州南朝にとって新たな出発をするための画期となった、ということもできる。南朝の菊池氏への期待はこれまで以上に高まったものと考えられる。菊池氏台頭の背後には、阿蘇惟時死去にともなう、不可避ともいうべきこうした南朝の切羽詰まった軍事計画の路線変更があったものとみられる。

菊池武光の登場

ここで当の武光登場のプロセスについて少しふれておこう。菊池武光と南朝との接触のはじまりは右で述べた阿蘇惟時の死去を待つまでもなく、もっと早かったもようである。まず左掲の史料をみよう。吉野の南朝公家と思われる右馬権頭清長という人物から興国六年（貞和元、一三四五）に阿蘇惟時にあてられた、奉書の性格を持つ書状である。

以使節被申之趣、委聞食候了、抑両息（惟直・惟成）討死跡恩賞安堵事、大方者不可有子細候歟、而近年中絶事候ツ、被参御方之條無子細者、帯　宮（懐良親王）御吹挙・菊池（武光カ）状等、可被申之由、日野相公（邦光）在国之間、被約束候なり、而不帯彼等所見被申、猶御不審候、仍被尋両方候、急可被執進御返事（懐良の返事カ）幷武光（菊池）請文候、但不可事行之由、此僧被申候、然者、雖為私状、已被参御方之所見分明候者、可被散御不審候歟、大方自元弘之初忠節之次第、皆以御存知之上、山門臨幸之時、殊被承重事候之事など、更無御忘却候、然者、雖向後不可有御等閑、相構猶々被致忠節候者、可然事候之由所候也、

恐々謹言、

十二月五日（興国六年）　　右馬権頭清長　花押

阿蘇大宮司（惟時）殿

（『阿蘇家文書』、『南北二』二一六四）

菊池武光像（福岡県三井郡大刀洗町）

興国六年といえばまだ懐良の谷山滞在中である。右の文書は、簡単にいえば、吉野の南朝が立場不明確の惟時に対して、「両息（惟直・惟成）討死跡恩賞安堵」を申請するにさいしては、懐良親王や菊池武光の手になるところの、南軍に復帰したことを証明する文書を提出せよと要請したものである。この文書の内容からみると、惟時の南朝への忠節は「元弘之初」（元弘三年の討幕戦）より明白のことで特に後醍醐天皇の「山門臨幸」（建武三年）のさいの忠功など決して忘却されてはいないけれども、とあえて念を押すかたちを取っている。それは同時に南朝の惟時への気遣いでもあるわけだが（証拠文書は「私状」でもよいというのはその最たるもの）、しかし南朝の惟時に対する不信はこの時期においてもなおぬぐい去られていないことに注意すべきであろう。

ここで菊池武光との関係でもう一つ注意されるのは、「両息討死跡恩賞安堵」が惟時より後村上天皇の南朝に対して申請されていること、そのさい懐良推挙状の提出を要請されていることからうかがわれる跡地安堵権の所在をめぐる問題もあるが、「菊池状」「武光請文」というかたちで菊池武光の名が登場していることである。しかも南朝が関心を寄せている惟時の行状について武時の証言が南朝に重く用いられている事実である。このことは武光に対する南朝の深い信頼を抜きにしては考えられない（武光の軍事行動の初見は、興国四年五月の肥後田口城〈現、上益城郡甲佐町〉攻防戦。「阿蘇家文書」、『南北三』二五三六）。

懐良が谷山から菊池に移ることができたその背景には、右に述べたような、南朝―懐良―武光の三者間の事前の結びつきがすでに形成されていたという事情があったとみるべきである。かくして正平二年一一月二一日付五條頼元書状のなかに「今度菊池家事、武光同被下　勅約綸旨候了」とあるところをみると（「阿蘇家文書」、『南北二』二三九八）、南朝と菊池氏との関係はいっそう深まったとみられる。以下に述べる武光の任肥後守が同時期であることから、右の「勅約綸旨」とは武光を肥後守に叙任する綸旨のことでないかと推定されている（川添昭二『菊池武光』戎光祥出版、二〇一三年、九八頁）。

さらに、正平四年九月二六日付の恵良惟澄あて懐良親王令旨には「仍肥後守武光為御使、被催南郡之御勢候」（「阿蘇家文書」、『南北三』二六三四）とみえ、つまり懐良が菊池武光を使者として肥後南郡の軍勢を催させたと書かれており（武光の「肥後守」の史料的初見）、また正平七年一一月一六日付の阿蘇惟澄あて洞院実世書状には「於其境、偏憑存者也、菊地《池》幷御方輩所存多端歟、以天下之是非、於便宜之軍者、可被相談」（「阿蘇家文書」、『南北三』三四八七）とみえ、九州方面のことについてはひとえに惟時を頼りにしていると述べたうえで、菊池方と阿蘇方とでは考え方がまちまちであろうけれども天下の是非でもって合戦では相談してほしい、と述べている。この史料のなかの「菊地」とは菊池武光をさすと思われるから、この書状を遣わした南朝重臣の洞院実世は、菊池武光と阿蘇惟時とが合戦で協力するよう要請しているのである。ここにはすでに南朝が菊池武光という武将に軍事的に目を着けている様子がうかがえよう（後述のように武光は正平二年一一月ころ肥後守に叙任）。

こうして武人としての実力を次第につけてきた菊池武光が、本格的に歴史の表舞台に登場するのはいつからかというと、現存の史料による限り正平六年（観応二、一三五一）一〇月以降のことで、しかも将士が提出する軍忠状（合戦に参加した武士が、のちに恩賞をうけるために、自分の軍功を主将に上申して認定してもらう文書）への証判というかたちをとっている。具体的にいうと、正平六年一〇月一八日三池頼親軍忠状へ証判を据えたものである（「肥後三池文書」、『南北三』三二一八）。三池頼親は肥後の武士で、その軍忠状に書かれているように、同年に肥後国肥猪原および関城（ともに玉名郡）での合戦に参加して軍功をあげたことなどを認定してもらおうとしたのである。その軍忠状の奥に菊池武光の証判が据えられているということは、武光がこの合戦での軍事指揮を行っていたことになり、武光の地位と役割の向上がはっきりとうかがえるわけである。

この正平六年という年は北朝年号でいうと観応二年であるが、このころ丁度、中央政局で観応の擾乱が最も熾烈を極めたころにあたっており、その余波はたちまちのうちに遠く九州にも飛び火した。こうした戦乱の時代が、菊池一門を統括する惣領の地位を獲得した菊池武光の、歴史の表舞台への登場に道を開いたということもできる。

菊池御所

実は菊池氏内部にも阿蘇氏同様に惣庶間の対立・抗争があった。しかし興国五年ころに引退した兄の武士《たけひと》のあとを継いだ武光は、正平二年一一月、南朝から肥後守に任ぜられ、菊池氏内部の惣領権を確立したと考えられている（川添昭二『菊池武光』九八頁）。菊池氏の惣領武光は、阿蘇惟時の南朝に対する煮え切らぬ態度を後目に、懐良一行を積極的にその舘に招き入れようとしたのである。菊池氏にはその祖先の大宰府支配者としての栄光（という所伝）の再生を願う独自の思惑があったと考えられている。菊池氏は過去の栄華の時代の再来を希求したのであろう。むろん懐良―頼元と、武光との間の接触はこれより早くから始まっており、すでに正平元年には武光は、懐良―頼元との間で密接な連絡を取り合い、懐良の菊池入りは予定の日程に上っていたことも指摘されている。

一つの問題は、武光と懐良との接触はどの時期から開始されたかである。古い時代はさておき、南北朝時代における菊池氏の南朝への忠節については、先にふれた菊池武朝申状のなかに寿永・元暦の源平合戦以来の菊池氏歴代の功労・功績が書き連ねられているが、こと武光と懐良との関係については以下のように述べている。

> 興国（一三四〇―四六）以後者、武光奉成故大王（懐良親王）入御、最初於八代城（肥後国八代郡）、自令対治一色入道道猷（範氏・直氏）父子之後、申沙汰大小籌策、令服大友・少弐等於御方、廿余年之陣、鎮西一統之大功者也、
>
> （「阿蘇家文書」、『南北五』五八二六）

右の史料は、武光が興国年間より懐良親王との関係を開始し、懐良の「入御」（肥後菊池入りか）を実現させたこと、また最初に肥後八代城において北軍の九州管領一色道猷父子の軍勢を破ってより以降、大小となく籌策《ちゅうさく》を申沙汰して、豊後大友氏や筑前少弐氏を服従させ、二十余年間陣中にあって「鎮西一統」の大功労者としての役割を果たした、といっている。文中には具体的な軍功として一色道猷父子を対治したと書かれている。これについては（正平三年）八月一七日五條頼元書状（「阿蘇家文書」、『南北三』二五〇六）に「此堺（肥後国）道祐（一色道猷）罷向候」とあることから、菊池軍と一色軍との間の正平三年合戦のことと考えられ、その信憑性を確認することができる。

　ここにいう「廿余年」が具体的にどの時期をさすのか明確ではないが、終点が大宰府征西府陥落の応安五年（一三七二）とすれば、二十余年前の始点は正平年間初め（一三五〇年前後）のこととなり、実質的には正平三年の懐良の菊池入りを意識したものと思われる。

　しかしそれが何月何日であったかについては明確でない。しかしまったく見当が付かないわけでもない。以下に示す、正平三年二月一五日付の惟時あて頼元書状が直接的な参考となる。

先日於御船（肥後）御所参会之時、申承候之条、日来之本意満足候、向後者無内外○可申承之由存候、御同心候者（可脱）、為本懐候、抑将軍宮（懐良）此間御逗留菊池、諸方事、被廻御籌策候、彼左右已到来之間、来廿七日可有御進発筑後国候、仍被下　令旨候、御参候者、尤目出相存候、其子細以御使令申候、恐々謹言、

（正平三年）二月十五日　　（五條）頼元　花押

阿蘇大宮司殿《惟時》　　　　　　　　　　　　　（『阿蘇家文書』、『南北三』二四四一）

先述したように惟時が正平三年上旬に「御船御所」で懐良に面謁したこともこの史料によっているが、ここでは「抑将軍宮（懐良）此間御逗留菊池」の箇所によって、同年二月一五日の時点ではすでに菊池に逗留していたことに注目したい。したがって懐良の菊池入りは正平三年二月中旬くらいだったろうと推測される。こうして肥後菊池氏の舘が懐良の御所に定まり、右の文書の表現を借りれば「諸方事、被廻御籌策」ための拠点が構えられたことがわかる。こののち正平一六年（一三六一）八月少弐頼尚を追放して筑前大宰府に入って九州南朝王国を開幕させるまでの一三年半、この「菊池御所」が九州南朝勢力の中核たる懐良親王の居所であり、同時に九州制覇のための政治的・軍事的な本拠となったのである。その意味では、懐良の九州制覇の拠点たる「征西府」は実質的にはここに誕生したといって過言ではない。懐良にとって菊池時代は、菊池氏の軍事力に支えられて大宰府攻略のための力を蓄えた時期であった。

3　征西将軍の本格的な活動開始

懐良親王の成人と裁量権の強化

肥後菊池入りは懐良にとって重要な画期となった。次の史料は、正平三年（貞和四、一三四八）六月、五條頼元が阿蘇惟澄にあてた書状である。

御注進賜置候、忩可披露候、抑向州（日向国）間事、両条委細先日御使に申候了、此間定被伝承候、（歟脱）宮（懐良親王）御所依御願事候、自去十二日御参籠吾平山（肥後国山鹿郡）候き、其間如斯次第不及御沙汰候、廿日菊池え還御候、則可参申之由用意候、両条事御使にも如令申候、御成人の御事にて候間、毎事伺申入候、随仰申沙汰候、此事重事にて候、細々伺申入候、両条之間一事道行候之様、可申沙汰候、更不可有等閑之儀候、此間ハ依御物詣事、于今不及伺申入候ツ、筑後国一途出来事候間、いまゝて又此国ニ逗留候、於今者、忩可参申候、今四五日間、必々令申沙汰候て、態可令人（ママ）候也、先日も如令申候、直御沙汰ハ吉野ト国トノ御沙汰各別にて、且ハ国にて御沙汰候へき事を、自吉野御所御沙汰之時ハ被訴申、いまゝてハ吉野にて御沙汰候へき編目を、国にてハ無御沙汰候、就此一段始及御沙汰之条、可為重事之間、御所へ申合たてまつりて候、是非就両扁（篇カ）、一途可申左右也、いまゝて遅引ハ、依御参籠事候也、其子細定自僧都御房も、細々可被申歟、尚々無等閑候、付是非可申沙汰候也、恐々謹言、

（正平三年）六月廿三日　頼元（五條）花押

「正平三同廿六日申時到来」

恵良小二郎（惟澄）殿御返事

（「阿蘇家文書」、『南北三』二四八二）

右の書状で注目すべきは、①懐良の成人、②それにともなう補佐役五條頼元の役割の変化、および③懐良の管轄権の完結化である。

正平三年六月ころ、懐良は菊池で成人を迎えたのである。着袴・元服・成人といった中世人の通過

儀礼については個別に調査する必要があるが、成人の実年齢は身分階層によって多少ばらつきはあるものの、だいたい二〇歳ごろとみられる。右の五條頼元書状は単に懐良の成人のことを惟澄に知らせるために認められたのではない。その目的は、「いまゝてハ吉野にて御沙汰候へき編目を、国にてハ無御沙汰候、就此一段始及御沙汰」とあるように、簡単にいえば、これまで吉野御所にうかがいを立てるべきだった在地の事柄も今後は懐良に裁量権が認められるのを知らせることであった。それによって、これからはいっそう意にそう処置を下すことが可能となった。ついてはますます忠節を尽くすようにと、惟澄を説諭する目的もあったと思われる。

なぜこのようなことを惟澄に告げ知らせたかというと、惟澄に対する行賞の遅引で不満を募らせる惟澄の気持ちを宥め、その期待をつなぎとめたい一念からであろう。

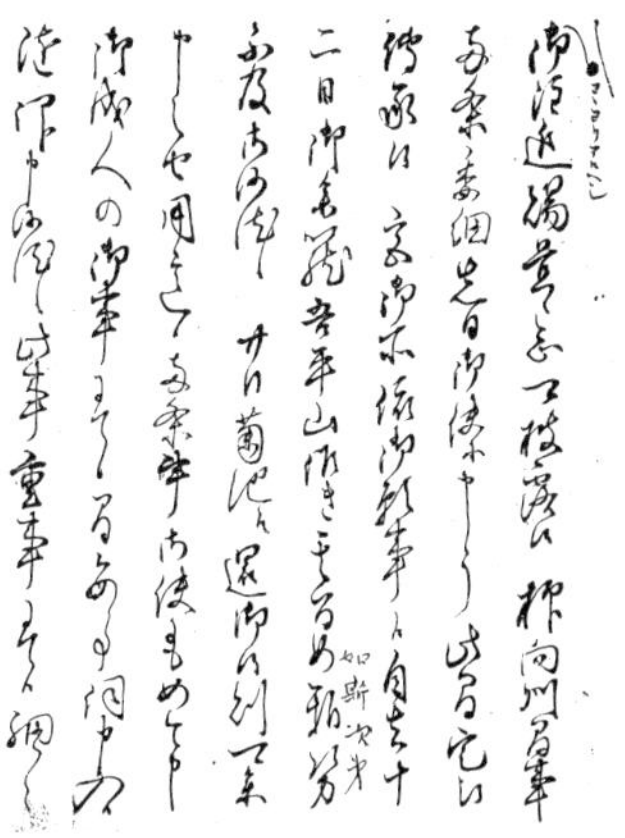

「阿蘇家文書」（正平３年）６月23日
五條頼元書状（部分）
（懐良の「吾平山参籠」「御成人」のことがみえる）

懐良の成人は頼元の役割を変化させた。右の書状のなかに「御成人の御事にて候間、毎事伺申入候、随仰申沙汰候、此事重事にて候、細々伺申入候」とあるように、これからは何事も懐良に伺い申し入れること、懐良の仰せに従い申沙汰することをあげ、そのことは「重事」だと述べている。頼元の懐良に対する役割が教導者から命令の奉者に変わったことを端的に表現している。したがって懐良の成人以降に出された令旨を考えるときは、そのことを考慮する必要がある。

ちなみに、懐良の誕生年を推測する手がかりになる唯一の史料はこの史料記事である。すなわち懐良が菊池で数え歳二〇歳で成人したとすれば、誕生年は逆算して元徳元年（一三二九）となる。その意味でも貴重な史料ということができる。

懐良が菊池に入ったのちも、懐良が惟澄に寄せる期待には想像以上のものがある。先述したように正平三年三月、南朝が懐良の推挙をうけて無位無官の小二郎「宇治《（恵良）》惟澄」を筑後権守に任じたこともその一つであるが、何といっても、正平三年六月の懐良成人以降、同年中の発給分として残る九通の懐良令旨がすべて惟澄にあてられていることに明瞭である。しかし内容についてみると、そのうちの七通が軍勢催促であることから、惟澄は度々の出陣要請にもかかわらず出陣を渋っている可能性が高い。おそらくこれまでの軍功に対して南朝―懐良が相応の恩賞を与えていないことに惟澄は強い不満と不信を抱いていたものと思われる。

征西将軍としての本格的始動

こうして成人を迎えた懐良は、吉野朝廷の期待を一身に背負って、これからは以前のように教導役五條頼元の手を借りることなく、自らの判断で九州計略の方策を進める決意を固めたものと思われる。

前掲した、惟澄あて（正平三年）六月二三日五條頼元書状にみえる、

宮(懐良親王)御所依御願事候、自去十二日御参籠吾平山候き、其間如斯次第不及御沙汰候、廿日菊池へ還御候、
則可参申之由用意候、

のくだりに、懐良親王が「御願事」によって、(正平三年の)六月一二日より二〇日にかけての間、「吾平山」に参籠して、二〇日に本拠菊池に戻ったと記されている。「吾平山」というのは現在熊本県山鹿市菊鹿町所在の相良寺《あいらじ》のことで、天台宗、吾平山医王院と号し、本尊は千手観音。弘仁五年（八一四）に最澄が開いたという所伝の古刹である。菊池にも近い。

何より注目すべきは、史料中の「御願事」が、このような場合の常としての戦勝のための祈願とみて間違いないことである。

このように考えて大過なしとすれば、懐良親王が吾平山に戦勝祈願のために一〇日ほど参籠したことになる。この間、懐良は吾平山に参籠しつつ、一心に戦勝祈願を行っていたのである。これが懐良の征西将軍としての固い決意の表明でなくて何であろうか。前項で述べた頼元の懐良に対する役割の大幅な変化は、こうした懐良の身辺事情と立場の大きな変動にともなうものであったのである。懐良にとってはいわば、父後醍醐天皇から託された征西将軍としての使命の始動であったといってよい。

吾平山相良寺（熊本県山鹿市）

これ以降の懐良の軍事的な活動は以前よりいっそう活発化したように思われる。そのことは五條頼元の書状のなかにほのみえている。たとえば、惟澄あて正平三年一〇月四日頼元副状（『阿蘇家文書』、『南北三』二五三八）に、「今度御敵下向当国《肥後》事ハ、以菊池　御在所為大綱候、仍初度之合戦可為鎮西之安否候歟、以夜継日可令馳参候」とみえ、また惟澄あて正平四年九月二六日懐良令旨（同、同二六三四）に、「為被発鎮西之大綱、被召当国《肥後》・筑後御勢候、仍肥後守武光《菊池》為御使、被催南郡之御勢候、被参御方候上者、今度定可被参候歟」などとあるのがそれである。

前者では、今度敵軍が肥後に攻め下る最大の目的は懐良のいる菊池御所を落とすことだ、この合戦の勝敗に鎮西の安否がかかっているので急いで馳参せよと惟時を励ましているし、また後者では、懐良が肥後・筑後の軍勢を召すにあたって、まず菊池武光をもって肥後南郡の軍勢を催したというあたり、いずれも懐良の征西将軍としての指揮権の本格的な発動とみられる。

征西事業の本格化と令旨の変容

懐良親王の菊池時代は、肥後菊池に征西の本拠を構えた正平三年（貞和四、一三四八）初から、正平一四年（一三五九）八月の大保原合戦（筑後川合戦）を勝利して同一六年（延文四、一三五九）八月に念願の大宰府を攻略してここに征西府を移すまでの一三年半に及ぶ。右では、このうち懐良親王が菊池において「成人」し、政治指導者としての見識が備わり、これまで幼主を教導してきた側近の上首たる五條頼元の役目も自ずから変化してくるまでのことを述べた。これを受けて、懐良親王の成長にともなう政治的役割の強大化が、その政治的意志の表現としての令旨の内容にどのようにあらわれているかについて述べよう。菊池時代全体の期間における懐良令旨については第四章第3節で述べることとし、ここでは、懐良の征西将軍としての本格的始動に随伴した令旨の変容という側面のみに触れるにとどめる。

むろん当時の全国的な戦時状況を反映して、軍勢催促とか軍略に関することとか、軍事的な内容のものが多いことはこれまで通りである。

変化の第一は、訴訟関係の内容の懐良令旨の登場である。一例をあげよう。

惟澄(恵良)申守富庄(肥後国益城郡)内甲佐社居合田事、申状副社家解状如此、子細見状歟、為事実者、任先例可被止其妨之由、
将軍宮(懐良親王)御気色所候也、仍執達如件、

　正平五年八月十八日　　勘解由次官(五條頼元)　花押

河尻肥後権守(幸俊)殿

（「阿蘇家文書」、『南北三』二八一三）

右の文書は、正平五年（観応元、一三五〇）八月、肥後国守富庄(益城郡)内甲佐社居合田のことにつき、甲佐社の解状とともに提出された訴人恵良惟澄の申状を、相手方たる論人河尻肥後権守幸俊に提示して、事実ならば幸俊の濫妨行為を止めさせようとした懐良親王の令旨である。河尻幸俊といえば、のちに述べるように、貞和五年（正平四、一三四九）九月に中国探題として備後鞆に赴任していた足利直冬の窮地を救い、本拠肥後河尻に導いた武将である。阿蘇氏一門内で惣領惟時と政治路線をめぐって抗争していた庶家恵良惟澄は肥後国守富庄内甲佐社居合田をめぐって河尻幸俊と激しい所領争いを演じて

いたのである。むろん菊池征西府内にこのような所領訴訟を受理して裁判を行う機関は整っていなかったであろうし、また惟澄は懐良との個人的な近さから懐良に訴えた可能性も高い。しかし懐良の征西府が九州という広域を支配する政治軍事機関として展開するうえでは、かかる訴訟処理機能を具備する必要性は不可欠といわねばならない。征西府のこうした訴訟機関的機能は、こののち征西府がその行政機能を充実させるに従いますます強大化することはいうまでもない。

さらにはその下した判決内容を強制執行するための遵行状が征西府より当該国の守護に遣わされ、下地（係争地）の渡付を命ぜられる段取りとなるが、右のケースではまだそこまで行っていない。そのためには守護制度の整備が必要なのである（ちなみに、「筑後木屋文書」正平一二年七月二日懐良令旨では、筑前国桑原庄のことにつき菊池武光が征西府より施行命令を受け、武光が筑前守護の役割を果たしている。『南北四』三九七五）。

変化の第二は、宛所の多様化である。これまでの懐良令旨のあて先は、ほとんどが阿蘇惟時・惟澄中心の阿蘇氏関係であった。しかし正平四年九月の例（「肥前正法寺文書」、『南北三』二六三二）を嚆矢として、翌五年（観応元）四月あたりから肥後をはじめその他豊後・肥前・筑後・薩摩・日向を含めたほぼ九州全域の国人や寺院に対して出されている。このことは、征西府の政治的・軍事的な視野が急激に開けて、これまでのように限られた地域にとどまることなく、九州全域に及んだことのあらわれとみなすことができる。なぜそういう劇的な変化が生じたかといえば、時期的には京都の中央政治の場で激化の度を加えていた、いわゆる「観応の擾乱」の影響によるものとみてよいと思う。観応の擾乱は簡単にいえば室町幕府内部の紛争であって、そうであるからには南朝にとってはまさに「漁夫の利」とでもいえる事態である。近畿の後村上天皇の南朝勢力と同様に、懐良親王の率いる九州南朝もその恩恵を被ったといって過言ではなかろう。懐良の征西府の成長・展開にとって、観応の擾乱はまたとない絶好のチャンスだったのである。

変化の第三は、奉者に関することである。懐良親王令旨は、忽那島時代・谷山時代を通じてほとんど全部といってよいほど五條頼元によって奉じられており、それだけに懐良親王を教導する頼元の役割の重さと近侍のさまを思わせるが、頼元は懐良が菊池に入った正平三年（一三四八）に数え五九歳に達していたため（『尊卑分脈四』一六一頁）、後継者を考慮したものか、子息の良氏を出仕させている。ところが良氏は、（正平三年）九月二九日懐良親王令旨（「阿蘇家文書」、『南北三』二五三三）を嚆矢にして正平一三年（延文三、一三五八）六月一八日懐良親王令旨（「薩摩樺山文書」、『南北四』四〇四八）までの全六通の奉者としての足跡を残して以降はあらわれなくなる。『続群書類従七輯上』におさめる「清原系図」の「良氏」の箇所（同書、四一五頁）をみると、「出家、法名信長、延文四年十月晦日卒」とあり、良氏は正平一四年（延文四、一三五九）一〇月三〇日に没している。良氏の奉ずる令旨がみえなくなるのはそのような理由による。良氏の奉者としての登場はちょうど懐良の新しい時代の始まりを象徴していたと考えられ、その旗手ともいうべき良氏を失った懐良および頼元ら主従の落胆と失望は察するに余りある。なお、五條良氏の活動は懐良令旨の奉者たるのみにとどまらず、九州南軍の軍事指揮官としての足跡も残している。それは正平八年から同一四年にかけての軍忠状証判であるが、良氏の活躍は大いに期待されていたものと思われる。

第四章　追風としての観応の擾乱

1　九州の観応の擾乱

九州の「天下三分」

九州の「天下三分」とは、京都を中心にした中央政治における観応の擾乱の時期に、日本列島の西端九州においては性格の異なる三つの勢力が三つ巴のかたちで抗争したそのありさまを示す表現であるが、その九州に降ってわいた激しい争乱は京都政局における観応の擾乱の地方版というべき性格を持っていた。

まず、この「天下三分」という言葉の出所を示そう。それは、南北朝の動乱をテーマとした軍記物語「太平記」巻28のなかの「太宰少弐《（頼尚）》奉婿君直冬《（足利）》事」という段である。関係箇所だけを左に掲出しよう。

右（左）兵衛佐直冬は、去年（貞和五年）の九月に備後を落て川尻肥後守幸俊か許にをはしけるを、可奉討の由、将軍（足利尊氏）より御教書を被成たりけれ共、是は只武蔵守師直（高）か申沙汰する処なり、誠に将軍の御意より事起りてなされたる御教書に非すと、人皆推量を廻らしけれは、後の禍を顧みて、欲奉討人も無りけり、かゝる処に太宰少弐頼尚（少弐）、如何か思けむ、この兵衛佐殿を聟に取て、己か館に奉置けれは、筑紫九国の外もその催促に随ひ、かの命を重んする人多かりけり、依之、宮（懐良親王）方・将軍（足利尊氏）方・兵衛佐殿（足利直冬）方とて、天下三に分れしかは、国々の忩劇いよいよ止むときなし、只漢代傾て後、呉魏蜀の三国、鼎の如くに立て、互に弐つを殞《おと》さんとせし戦国の始に相似たり、

（『西源院本太平記』七八七頁）

右の記事の後半部分に「天下三に分れしかは」とあるのがそれである。この記事の前半部分に書かれているように、「天下三分」という事態は、足利直冬が父尊氏に追われて、貞和五年（一三四九）九月長門探題として赴任していた備後国鞆から肥後国御家人の河尻幸俊に奉じられて、その本拠の同国河尻に移ってきたことに起因した。

あわせて右の記事には、直冬追討の命令が父尊氏の本意ではなく、執事高師直の沙汰するところだとの憶測がなされて、直冬を追討せよという命令を文面通り受け取る者はいなかったと書かれている。確かに貞和六年（一三五〇）一二月ころの直冬の軍勢催促状には「令追討師直（高）・師泰（高）、為奉息両殿（足利尊氏・直義）御意、所打立也、急速馳参、可致忠節之状如件」（「大隅禰寝文書」）などとあり、『太平記』の記述と

同様に討伐すべきは父尊氏ではなく高師直と高師泰だとはっきり書かれている。『太平記』の言はこのことと符合している。加えて『太平記』の「後の禍も顧みて」という言葉は、いまに直冬の天下到来の可能性を暗示しており、当時の直冬の勢力の強さを裏付けている。

観応の擾乱期の九州の政治情勢は、右のように「天下三分」の複雑な状況にあったが、その実態は必ずしも明らかとなっていない。このことについては、かつて一九七六年、藤田明『征西将軍宮』が文献出版より復刊されたさい村井章介が記した「書評と紹介」（『日本歴史』三四五、一九七七年）が参考となる。そこで村井は、一色道猷・同直氏や足利直冬の動向を足利尊氏との関係において検討して、「一般に観応擾乱期の九州の政治情勢はまだまだ不明なことが多く――直冬を忠実な直義方とみる常識にも私は疑問をもっている――、研究の余地はひろい」と述べている。この村井の指摘は的確であった。この指摘より四〇年余りたった現在においても観応の擾乱期の九州の政治情勢については十分には明らかとなっていない。ここではこの点について少し掘り下げよう。

足利直冬の政権構想

足利直冬の評伝についてはすでに瀬野精一郎『足利直冬』（吉川弘文館、二〇〇五年）があり、正確無比な全生涯の足跡と厳正な歴史的評価とがなされている。

足利氏略系図

同書「はしがき」において瀬野は直冬について「まさに波瀾に満ちた生涯であり、南北朝争乱期に突如として出現し、忽然として消え去った一彗星に過ぎなかった」と、どちらかというと直冬の日陰者的な側面を強く押し出した。

けれども、たとえ時間的には短く未完成のままに終わったとしても、直冬の野望というか政権構想らしきものがうかがえるのであれば、それを積極的にすくい上げ評価することもまた重要かと思われる。ここではそういう点に留意しつつ、直冬の野望とその挫折とについて考えてみたい

九州南北朝史における足利直冬の役割については、川添昭二「『鎮西探題』足利直冬―九州における観応政変―」(『九州中世史研究二』文献出版、一九八〇年)が最も包括的でまとまっているが、近年直冬の土地政策を通してその政治政権としての実質を一定程度認めようとする山本隆一朗「在府期足利直冬政権の当知行安堵・闕所政策」(『太宰府市公文書館紀要』一二、二〇一八年)がある。足利直冬の政治志向を積極的に認めようとした山本の趣旨は筆者の考えに沿うものである。

九州に下った直冬は国家レベルでの野望を心中にひそかに抱いていなかったのだろうか。直冬は、第三の天皇を奉じることはなかったけれども、使用済みとはいえ旧年号をあえて使用して北朝とも南朝とも政治的に一線を画したのであるから、その心中に第三の政権を構想したとしても特に不自然ではない。いまその直冬の心中をさぐってみよう。当時の史料には直冬の「心中所願」を垣間見せるものがある。それらを列挙する。

①貞和五年九月二〇日　足利直冬願文(「阿蘇家文書」、『南北三』二六二九)
②貞和五年九月二〇日　河尻幸俊願文(「阿蘇家文書」、『南北三』二六二八)
③貞和五年一〇月一八日　足利直冬寄進状(「阿蘇家文書」、『南北三』二六四九)

右のうち①は、直冬が「阿蘇大明神」に対して「心中所願」の成就を祈願したもの。叶えられたら所領を寄進するといっている。③は直冬が「阿蘇十二宮大明神」に対して「天下大平」・「両殿（尊氏・直義）御安穏」・「所願成就」を祈願して、肥後国阿蘇庄を寄進したもの。また②は直冬の有力な支援者というべき河尻幸俊の願文で、①③と内容的に深く関連しているところからみると、直冬と幸俊とは心中祈念するところをおなじくし、いわば一心同体の観を強くする。なかでも②でことさら「殊兵衛佐殿（足利直冬）御心中所願成就円満」をかかげているのは、幸俊が直冬の最有力の支援者であることの何よりの証左であろう。①〜③いずれも貞和五年九―一〇月のもので、直冬の肥後下着（貞和五年九月一三日のこと）ののち、さほど間もないころに出されている。ちなみに、③にみえる「両殿（尊氏・直義）御安穏」という言い方がやがて直冬軍勢催促状の「為奉息両殿御意」という大義名分へとつながる。その直冬の意識のなかにあったのは、「両殿（尊氏・直義）の御意」を煩わせている高師直・師泰を排除したいという宿願だったろう。

右にあげた直冬の文書において最も注目すべきはその使用された文言、特に「天下大平」という表現であろう。南北朝時代を通じて諸文書のなかのこの言い方を探してみると、天皇や将軍といった公武政治のトップクラスの人物たちが発給した文書にしか見いだせないし、この表現はそうした公武政治をつかさどる最高権力者しか用いることのできない言葉のように思われる。

このように考えて大過なしとすれば、③の寄進状に「天下大平」の実現を阿蘇大明神に祈願した直冬の心中には、将軍尊氏と比肩するような国家レベルの野望があったものとみなさざるをえない。この直冬の野望こそ、一時的にせよ九州で急速に盛り上がって京都の幕府の心胆を寒からしめた「兵衛佐直冬於鎮西猛勢」（「園太暦」貞和五年一二月六日条）という状況を作り上げた所以《ゆえん》のものであったろう。

河尻幸俊と足利直義・直冬

直冬の九州下向は京都における観応の擾乱のあおりであった。この直冬の九州下向を手助けしたのが肥後国人河尻幸俊である。河尻氏は、肥後国飽田郡河尻荘（現、熊本市）を本拠とする武士で、代々源姓を称した。鎌倉時代の幸俊の祖父と考えられる泰明は押領使をつとめ、曹洞宗寺院大慈寺を開いた。

南北朝時代の河尻幸俊については、すでに柳田快明「河尻幸俊の足利直冬との『出会い』をめぐって」（『地域史研究と歴史教育』熊本出版文化会館、一九九八年）、同「足利直冬の九州（肥後）下向と河尻氏」（『乱世を駆けた武士たち〈中世〉』熊日出版、二〇〇三年）があり、後者において幸俊が「京都高辻高倉高辻以南東頬の敷地、口南北六丈二尺五寸・奥東西十五丈八尺余」の地を所有する、経済的にも富裕な幕府要路に近い武士像を描き出している。この地が観応元年（一三五〇）七月には「河尻肥後守跡」と当時の文書に記されているところから（観応元年七月一〇日僧源聡書状、国立歴史民俗博物館所蔵「田中穣氏旧蔵典籍古文書」）、このとき同地はすでに幕府によって点定《てんじょう》されていたことがわかる。また『太平記』の記事や河尻氏の拠点が肥後河尻津（現、熊本市）であることから、河尻氏がかなりの水軍力を持つ海の武士団である可能性が川添によって指摘されている。また川添は、京都の公家洞院公賢の日記『園太暦』にみえる、貞和元年（一三四五）三月一九日の小除目で「源幸俊」という人物が

「鴨社造営功」によって「肥前《後カ》権守」に任ぜられ、あわせて「従五位下」に叙されたことについて（「園太暦」同二〇日条、『園太暦 二』二四八―九頁）、この「源幸俊」とは実は河尻幸俊ではないかと指摘した（川添「『鎮西探題』足利直冬」、二三二頁）、その蓋然性は高く、そうなると河尻幸俊の政治的立場を考えるうえで足利直冬との関わりは極めて重要といわねばならない。加えて柳田は、この時期に頼尚と幸俊との間に信頼関係のあったことを推定し、これに頼尚と旧知の足利直義の関わりを考えあわせることによって、直冬の肥後下向を立体的に説明している。

筆者がいま一つこれに付加したいのは、河尻幸俊の右の叙任の事実と直冬の養父足利直義との関係である。先述したように河尻幸俊は貞和元年三月に「鴨社造営の功」によって「肥前《後カ》権守」に任命されているが、このとき幸俊はこの官途獲得にあたって誰か幕府の有力者の推挙を受けたのではないか。こう考えるとき足利直義との関係が想定されるのである。結論的にいうと、筆者はその推挙者こそ足利直義ではないかと推測する。

その根拠は、いわゆる「二頭政治」の時期（筆者は暦応元～貞和五と考えている）において、御家人武士をその所望する官途へ推挙するための御教書（官途推挙状）は専ら足利直義の発給するところであったことからみて、官途推挙権は直義の手中にあったと考えられることである（拙著『足利直義』七〇―一頁。角川書店、二〇一五年）。この推定に大過なしとすると、河尻幸俊―足利直義の連携関係が想定されるから、直義養子の直冬を危機から救うという幸俊の行動も自然に理解することが可能となる。あるいは、柳田の推定のように、直義の発案で直冬が「中国探題」として備後に赴任するさい、幸俊は直冬に随行していたのかもしれない。

かくして、河尻幸俊が足利直冬を本拠の肥後へ連れ帰ることになるわけだが、肥後河尻津着は貞和五年九月一三日のこととされている（瀬野精一郎『足利直冬』二〇五頁）。翌月一〇月、実父尊氏は肥後の阿蘇惟時や豊後の田原正曇に対して「兵衛佐（足利直冬）事、可出家之由、仰遣之処、落下肥後国河尻津云々」と報じ、その動向を監視せよと命令し、直冬は要注意人物としてのレッテルが貼られた（貞和五年一〇月一一日足利尊氏御判御教書（「阿蘇文書」・「大友文書」、『南北三』二六四七・二六四八）。直冬の九州下向のいきさつについては「太平記」巻27に記事がある（『西源院本太平記』七七一頁）。

足利直冬と阿蘇惟時

足利直冬は九州に下向するにあたって阿蘇氏、特に惟時に期待するところがあったもようである。その証拠は左の足利直冬御教書である。

自京都依有被仰候旨、所令下向也、早々馳参、事子細承、可被存其旨之状如件、

貞和五年九月十八日　（足利直冬）花押

阿蘇（宇治惟時）三社大宮司殿

（「阿蘇家文書」、『南北三』二六二六）

直冬が貞和五年九月一八日、阿蘇大宮司惟時に対して馳参を呼びかけたものである。さらにその二日後の九月二〇日には、阿蘇惟時および阿蘇大明神にあててもし馳参して所願成したら社領等を安堵し所領を寄進しようという書状と寄進状とを遣わしている（『南北三』二六二七、二六二九）。

しかし惟時は直ちにその直冬の要請には応えることはなかったようであるが（観応元年一〇月二一日足利尊氏感状、『南北三』二八八五）、直冬はそのあとまたすぐの同年一〇月二六日付でしかも今度は惟時・惟澄の両人にあてて別々に軍勢催促の御教書を遣わしている（『南北三』二八九一―二）。現在のところ直冬が惟澄に対して出した文書はこれだけしか知られていないが、阿蘇氏のなかで明確な南朝派と目されていた惟澄に直冬から軍勢催促がなされたことは注意してよい（むろん惟澄は応じていない）。この直冬の誘いに対して阿蘇惟時と惟澄がどのような反応を示したか不明であるが、直冬は翌年（貞和七、一三五一）四月二八日にも惟時に対して軍勢催促した事実がある（『南北三』三〇七五）。

そこで思い当たるのは直冬の養父足利直義の関与である。左の足利直義御教書をみよう。

左兵衛佐《（足利直冬）》下向之間、参御方致忠節候条、殊以神妙也、爰師冬《（高）》去月十七日於甲州須沢《（巨摩郡）》被討取畢、師直《（高）》・師泰《（高）》令没落于丹州、自播磨路擬令上洛之処、畠山左近大夫将監《（国清）》・石塔中務大輔《（頼房）》・小笠原遠江守《（政長）》等、於打出浜《（摂津国）》誅戮数百人士卒、逐帰湊川《（八部郡）》了、不日馳参可致軍忠、若又有九州難儀事者、随彼下知、可抽忠勤之状如件、

観応二年二月十九日　（花押《（足利直義）》）

阿蘇大宮司《（惟時）》殿

（「阿蘇家文書」、『南北三』三〇一〇）

観応二年（一三五一）二月一九日、「虎の威を仮り、重代の武士を陵轢《りょうれき》（あなどりさげすむこと）」し

た「家僕」(『関城書」、『群書類従21輯』六三七頁)たる宿敵高師直一門と戦って勝利をおさめた足利直義が、肥後の阿蘇社の大宮司阿蘇惟時に対して、師直・師泰・師冬ら高一門の中心メンバーを誅伐したことを伝え、あわせて軍忠を致すようにと諭した御教書である。

いったい何のために直義が惟時に対して、このような幕府周辺の政治と軍事の状況を知らせたのか、という疑問が湧いてくる。右の文書の冒頭で、直義が直冬の九州下向のことにふれ、それに対する惟時の馳参・忠節が殊勝だとねぎらっているところからみて、この書状は惟時を誘引しようとする直冬に対する梃子入れの意味があるといわねばなるまい。

そもそも足利氏と阿蘇氏との本格的な接触は、元弘三年四月に足利尊氏が阿蘇惟時に後醍醐天皇の鎌倉幕府討伐の勅命を伝えて合力の要請をしたのに始まる(『阿蘇文書一』七三頁)。その後、観応の擾乱以前においては尊氏、直義ともに惟時あての発給文書を若干残しているが、いわゆる二頭政治期では、幕府の宗教行政を主管する直義と幕府のために祈禱を行う阿蘇社大宮司惟時との接触があった。「阿蘇家文書」に収める貞和四年(一三四八)七月二五日足利直義奉行人連署奉書(『阿蘇家文書」、『南北三』二四九三)は、惟時が「天下静謐御祈禱」のための祈禱巻数を幕府に対して送付したことへの返事であり、これによって惟時の誘引をめぐって南北双方でしのぎをけずっている矢先、惟時はここでいったん幕府側への傾きをみせたことが知られる。ちなみに、尊氏および直義が惟澄にあてて発給した文書は一点もない。惟時と惟澄との社会的立場の違いをきわだたせる事実でもある。

少弐頼尚の「公方」足利直冬与同

右にみたように肥後の有力国人河尻幸俊も直冬に懸けるところが大きかったことが知られるが、さらに注目すべきは直冬と鎌倉時代以来筑前国を地盤とする有力守護少弐頼尚との関係である。

少弐氏とは、鎌倉時代初期から戦国時代末期に及ぶ長期間にわたり、古代律令国家の九州支配の官衙で対外交渉の窓口たる大宰府を本拠として北部九州に勢力を誇った雄族。武蔵国を本貫地として、元来「武藤」を称した。父祖資頼が鎌倉御家人となり、九州支配のために建久末年九州に下って嘉禄二年（一二二六）大宰少弐となったが、彼は鎮西奉行と呼ばれ、筑前・豊前・肥前・対馬の守護となり一門の発展の基礎をつくった。同氏は大宰府の現地最高責任者たる大宰少弐のポストを世襲したため、以降「少弐」氏と呼ばれるようになった。資頼に続く資能・経資は文永・弘安の蒙古襲来のさい防衛軍の軍事的指揮をとるなどその存在感を強め、盛経を経て貞経（頼尚の父。法名妙恵）のとき大友貞宗・島津貞久らとともに鎮西探題北条英時を攻め滅ぼした。

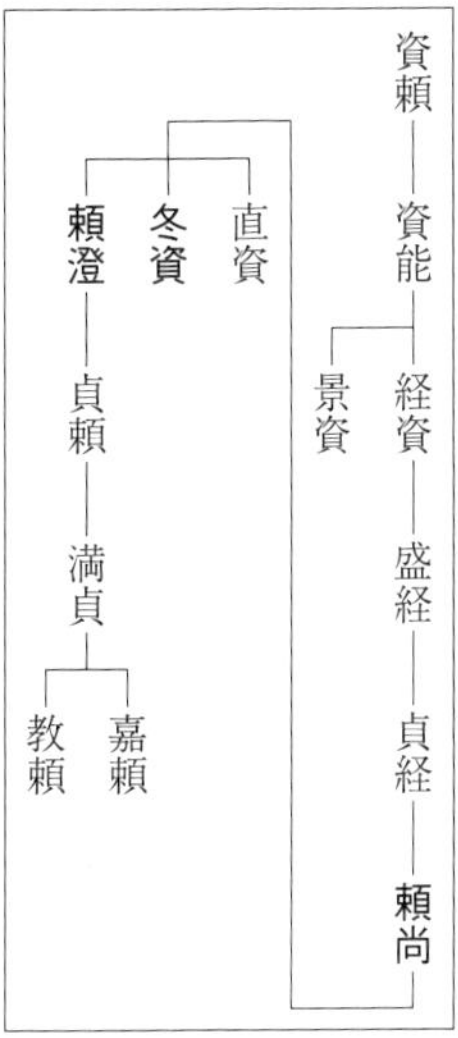

少弐氏略系図

頼尚は貞経の子で、生年は永仁二年（一二九四）と考えられる（「光浄寺文書」、『佐賀県史料集成古文書編五』。『太宰府市史中世資料編』二〇〇二年、口絵に写真）。後醍醐天皇の建武政権下、父貞経のあとをうけて、筑前・豊前・

肥後・対馬の守護職を継承し、建武三年（一三三六）三月には多々良浜合戦で足利尊氏軍の主力を担って同軍を勝利に導き、また同年一一月には建武式目の起草に参画するなど、室町幕府の成立に大きく貢献した武家側最大級の功労者であった。

すこし遡っていえば、足利直冬は少弐頼尚との接触もすでに済ませていた。左の少弐頼尚施行状をみよう。

紀州凶徒退治事、如去月廿五日御教書《（足利直義）》者、就　院宣《（光厳上皇）》、所差遣左兵衛佐《（足利直冬）》也、早相催一族幷筑前・豊前・肥後三ヶ国勢、可馳参云々、任被仰下之旨、急速可被馳参候、仍執達如件、

貞和四年五月廿七日　　大宰少弐《（少弐頼尚）》（花押）

榊右衛門次郎《（貞康・定禅）》殿

（「筑前榊文書」、『南北三』二四七五）

貞和四年（一三四八）四月、幕府の執政足利直義は紀伊南軍の攻撃を企図し、その総大将に足利直冬を据えた。養父直義には直冬にこの任務を成功させて華々しく幕府政治へ参画させようという目論みがあったものと思われるが、直冬はこの紀伊南軍との戦いで勝利はしたものの苦戦を強いられた。右掲の文書はその合戦のさい、足利直義から筑前・豊前・肥後三ヶ国の軍勢をこの合戦に差し向けよとの命令をうけた少弐頼尚が、それを筑前早良郡の国人榊貞康に伝えた文書である。この文書によって、頼尚がこの三ヶ国の守護であることが知られるとともに、紀伊南軍追討の戦いを通じた頼尚と足

利直義・直冬との関係がうかがわれる。すでに頼尚は、直義とはもちろんのこと、直冬とも知己であったとみなくてはならない。

さて本論に戻ろう。その少弐頼尚の直冬与同については先の「太平記」巻28の記事のなかで以下のように述べられている。

かゝる処に太宰少弐頼尚（少弐）、如何か思けむ、この兵衛佐殿（足利直冬）を聟に取て、己か館に奉置けれは、筑紫九国の外もその催促に随ひ、かの命を重んずる人多かりけり、

右の史料記事は、①少弐頼尚は足利直冬を聟にとり、（筑前国の）自分の舘に住まわせた、②このため頼尚の威光によって九州の他の国の武士たちも直冬の軍勢催促に従い、直冬の命令に応ずる人も多かったことを述べている。

ではいったい頼尚が直冬に与同したのはいつからであろうか。左の少弐頼尚軍勢催促状をみよう。

自京都被仰下子細候之間、参佐殿（足利直冬）御方候、御同心候者、悦入候、恐々謹言、

（貞和六年）九月廿八日　頼尚（少弐）（花押）

重富二郎四郎殿（正雄）

（「筑前由比文書」、『南北三』二八六二）

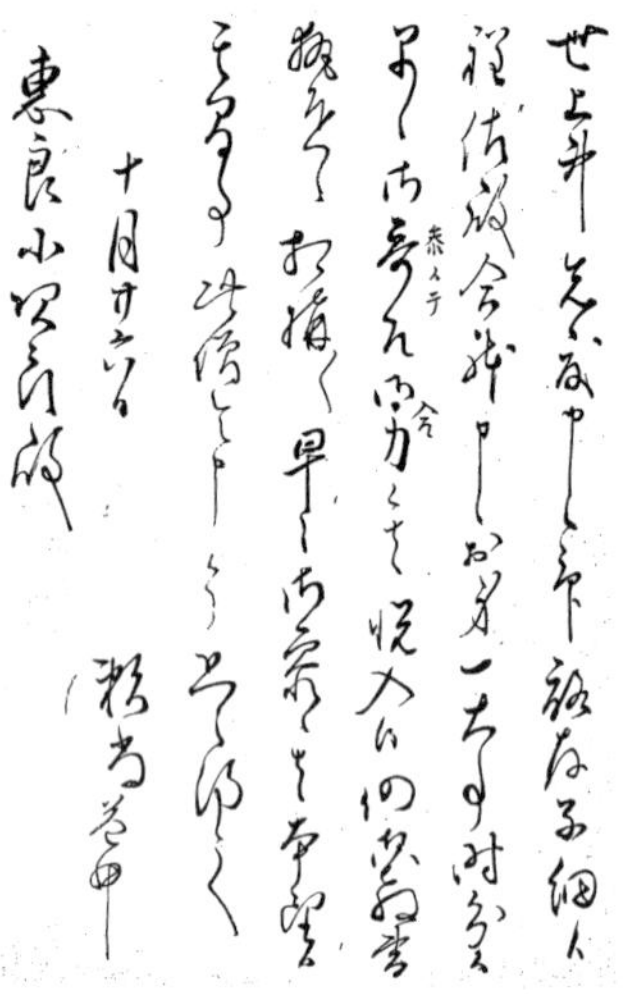

「阿蘇家文書」（貞和６年）10月26日
少弐頼尚書状
（「聊存子細候程…」とみえる）

頼尚が筑前国早良郡の国人重富氏に対して軍勢を催促する内容のものであるが、自分が直冬の味方となったのは京都の幕府から仰せ下されたからだと説明している。『南北三』にはこれを含め同様の文書が三通収められている。これによってわかるのは、頼尚が直冬に与同したのは貞和六年（観応元、一三五〇）九月二八日以前であるということである。すこし遡ってみると、同年五月の時点では頼尚は直冬と合体していないと考えられるので（「豊前成恒文書」同年五月日成恒種定軍忠状、『南北三』二七六九）、両者の連携は貞和六年五月～九月の間となり、直冬が肥後河尻に着くのは貞和五年九月であるから、両者の合体はそのほぼ一年後ということになる（瀬野『足利直冬』三七―三八頁）。

頼尚がいかなる理由・目的で直冬に与同したか知りたいところであるが、それは明確ではない。貞和六年の時点で頼尚は数え五七歳と考えられ（「光浄寺文書」所収「少弐氏歴世次第書」、『佐賀県史料集成古文書編五』）、権謀術数にもたけた武将なので何らかの野心があった可能性も高い。左にあげる少弐頼尚書状はそのことをうかがわせる。

世上事、先度申候畢、聊存子細候程、佐殿（足利直冬）合躰申候、於身一大事時分候、早々御参候て、御○《合》力候者、悦入候、仍御教書（足利直冬）執進候、相構〳〵早々御参候者本望候、其間事、此僧令申候了、恐々謹言、

（貞和六年）十月廿六日　　頼尚（少弐）（花押）

恵良小次郎殿（惟澄）

（「阿蘇家文書」、『南北三』二八九三）

この文書は少弐頼尚が肥後の恵良惟澄にあてて、「御教書」を執り進め惟澄の戮力《りくりょく》を要請するものである。冒頭に「世上事、先度申候畢」とあるところからみると、頼尚は惟澄に対して「世上事」、すなわち世間の動向に対する一定の見解をすでに示している。そのうえで「聊か存ずる子細候ほどに、佐殿（足利直冬）と合体申し候、身において一大事の時分に候」と続けているから、頼尚が直冬に味方したのは迎合主義ではなく、自らの確固たる目的がまずあって、その実現のために直冬と合体したのだといっている。だから「身において一大事の時分」、つまり自分にとっては一大事なのである。

右の文書で最も興味深いのはこの点であり、こうした頼尚のこころの内にあるものは直冬を擁して一つの政治政権を樹立しようという野心にほかなるまい。また文中の「御教書」とは足利直冬の直接的な命令書、つまり足利直冬御教書であることは疑いない。

こうして九州を代表する筑前守護少弐頼尚が足利直冬に与同したことで、直冬の勢威はさらに高まったに相違ない。先の『太平記』が「筑紫九国の外もその催促に随ひ、かの命を重んずる人多かりけり」と述べる通りである。直冬は、左のように、阿蘇一門に向かって軍勢催促をかけている（「阿蘇家

文書」、『南北三』）二八九一—九二）。

御方馳参、致忠節者、可有抽賞之状如件、

貞和六年十月廿六日　（花押（足利直冬））

阿蘇大宮司（惟時）殿

御方馳参、致忠節者、可有抽賞之状如件、

貞和六年十月廿六日　（花押（足利直冬））

恵良小次郎（惟澄）殿

足利直冬が、阿蘇一門内で競合関係にあった惟時と惟澄の両人に対して同文の軍勢催促状を出したということは、阿蘇氏内部が結束していなかったため一挙両得を期待したのであろうか。ほどなく頼尚は直冬のことを「公方」と呼ぶようになる。それも頼尚にとっては自然な流れであったろう。左は、貞和六年（観応元）と推定される一一月一六日に阿蘇惟時にあてた少弐頼尚書状である。

一日令申候之処、委細承候事、殊々悦入候、就其豊後国凶徒退治事、自公方（足利直冬）被成御教書候之間、

取進候、同候者、急速御発向候（ママ）、厳蜜（密）御沙汰候者、悦存候、
一、中国事、高越（師泰）州岩（石）見被追落候て、安芸国被出候けるか、上洛之由令風聞候、為御不審令申候、
如此候へハ、弥目出存候、
一、当国（筑前国）合屋一族等成御敵候之間、即時ニ押寄彼等在所追落候、宗との一族合屋河内守と申候仁、
同一族等数輩討取候了、同為御不審令申候、
一、大友兵部（氏時）大輔殿方へも、豊後国凶徒等対治事、被成御教書候、同御談合候て、急速可有御退治
候者悦存候、尚々頓速御沙汰候者、可目出候、恐々謹言、
（貞和六年）十一月十六日　　頼尚（少弐）花押
阿蘇大宮司（宇治惟時）殿

（「阿蘇家文書」、『南北三』二九二二）

そもそも少弐頼尚と阿蘇惟時とはすでに知己の関係にあった。康永四年、貞和三年の足利直義の文書のなかに少弐頼尚が阿蘇惟時の合戦における軍忠を注進したという文言がみえ（「阿蘇家文書」、『南北二』二二〇八）、この両人は合戦を通じて互いに誼《よしみ》を通じていたものと思われる。頼尚が惟時に対して前掲の書状を送ったのにはそのような背後関係があった。

右の書状の冒頭部分で、頼尚は惟時に対して豊後国凶徒退治について「公方」より御教書がなされたことを報じ、急速の出陣を要請している。この「公方」が足利直冬であることは明らかであろう。頼尚は「公方」足利直冬の近仕者としての役割を果たしているのである。一つ書きの部分では中国方

面の高師泰の動きや筑前国の合屋《ごうや》一族の状況を告げ、豊後国の凶徒退治については大友氏時へ討伐を命ずる直冬の御教書をなしたことを報じて戮力を要請している。まるで直冬の執事のような役回りである。

室町幕府の下部機関たる鎮西管領一色道猷と宿命的な対立関係にある筑前守護少弐頼尚と、幕府の将軍足利尊氏から指名手配を受けていた直冬との利害関係が一致し、両者はともに手を携えて幕府に対抗しようと考えたとしてもいっこうに不自然ではない。

こうした政権構想はある程度の期間は順調に進んだもようである。約三年間にわたる九州時代の足利直冬の最盛期は、おおよそ貞和六年九月末から翌七年三月までの半年間であった。軍勢催促に応じて合戦に参加し軍功をあげた武士たちが個々の手柄を書き上げて指揮官に提出する文書を軍忠状という。指揮官はその軍忠状に認定したという印としての花押を据えて（これを証判という）提出者に返し、のちの論功行賞の証拠文書とするというやりかたが行われていた。したがって武士たちがその軍忠状を誰に提出したかを調べると、誰の軍勢催促に応じたかが知られるのである。そのようなわけで、足利直冬が証判を据えた事例を編年に並べてみると、右の半年間に集中していることが知られる。ようするに直冬に対する武士たちの政治的、軍事的な期待は同時期に最も高まったということができる。

足利直冬の鎮西探題就任と政権構想の頓挫

九州における直冬勢力の隆盛のさまを目のあたりにした将軍足利尊氏の脳裏には、これをむしろ幕府勢力内にいったん取り込むという一策が浮かんだのではないか。ここに直冬政権構想の頓挫が始まったということができる。

京都の室町幕府と対抗して九州に新たな武家政権を打ち立てようとする足利直冬であったが、観応二年三月、突然大きく転身を遂げることになる。幕府の九州統治機関たる鎮西探題のポストに就任するのである。北朝公家洞院公賢の日記「園太暦」観応二年（一三五一）三月三日条に以下の記事がみえる。

又聞、鎮西探題事、可為直冬（足利）旨治定云々、

（『園太暦三』四二六頁）

この措置はこれまで直義・直冬が政治的に厳しく対立してきた将軍執事高師直・師泰兄弟、および師冬の幕府政治からの撤退という歴史事実を背景としている。高一門が観応二年二月うちそろって討たれ、歴史の舞台から姿を消して間もない時期である。

先に示した、阿蘇惟時あての観応二年二月一九日足利直義御教書（「阿蘇家文書」、『南北三』三〇一〇。本書一三七頁参照）には幕府中枢に復帰した直義の政治意欲が如実にあらわれていた。しかしこの直後の二月二五日、直義の愛児如意王が数え年五歳で夭折する。直義が将来を託そうとした如意王の死去は直義をひどく落胆させ、その将来計画に大きな影を落としたであろう（拙著『足利直義』角川書店、二〇一五年、参照）。うがった見方をすれば、これを契機とした直義の政治意欲の喪失と直冬の鎮西探題就任とは関係しているのではないか。つまり、直冬は、これまで自分を支えてくれた直義がその意欲も権力も失ったこと、加えて宿敵高師直・師泰の兄弟が排除されて幕府政治の環境が変転したこと

もあって直冬の心境が変わり、次第にもとのサヤに収まる考えを持ち始めたのではないか。

かくして足利直冬は観応二年三月三日に幕府の地方支配機構の一つである鎮西探題のポストに就任して、その年の六月一〇日には年号も貞和七年を改めて観応二年を用いている。簡単にいえば幕府に取り込まれたのである。その将軍尊氏の配下としての鎮西探題足利直冬が、将軍の命令を受けてこれを九州管内の肥前国守護河尻幸俊に施行させた史料がある。

①足利尊氏書状案

あか松の□□(妙善カ、則祐)せつ(摂津)、にせめのほり候□もよおして□猶々おそく□(候ハ、大事)□

□いそき〳〵よ(夜)を□(日につきカ)□妙せん律□(師)□、

(観応二年)七月廿七日　□(足利尊氏)

兵衛佐(足利直冬)殿

（「肥前深堀文書」、『南北三』三一三八）

②足利直冬書下案

去月廿七日　将軍家(足利尊氏)御書如此、任仰下之旨、所発向也、肥前国□(地頭御家)人等、早速可馳参之旨、

可相触之、至難渋輩者、可令注進交名之状如件、

観応二年八月廿七日　御判(足利直冬)

河尻肥後守(幸俊)殿

（「肥前深堀文書」、『南北三』三一七一）

このうち①は、この段階で南朝方の赤松妙善（則祐。円心の子息）が摂津に攻め上るので、兵衛佐足利直冬に援軍を派遣せよと命ずる足利尊氏の書状。また②は①（文中の「去月廿七日将軍家御書」のこと）を受けた直冬が、発向するにさいし肥前国地頭御家人等を動員しようと、宛名の河尻肥後守幸俊に早速の馳参を呼びかけさせた書下。直冬は鎮西探題の地位にいたものと考えられる。命令の伝達経路からみて、②を受けた河尻幸俊は肥前国守護と考えられる。なお幸俊には②のほかに二ヶ月まえの観応二年六月に肥前守護に在任した明証がある（「肥前高城寺文書」、『南北三』三一一五）。ようするに、足利直冬は将軍尊氏より軍勢催促の命令を受けて、それを肥前国守護河尻幸俊に伝えたわけである。

ちなみに、貞和六年足利直冬に与同して以降（頼尚は建武三年より幕府任命の豊前守護であった）、直冬の御教書を執進するなど直冬任命の豊前守護としての役割を果たしていた少弐頼尚は、観応二年九月五日に同国守護として「去七月九日御教書」（足利尊氏もしくは義詮の御教書）を施行しているので（「豊前到津文書」、『南北三』三一七八）、直冬の幕府帰降とともに幕府公認の豊前守護へと切り替わったことが知られる。

足利直冬の幕府再離脱

この直冬の政権構想は、嫡子義詮を後継者に据えようとする尊氏の警戒するところとなった。尊氏は観応二年三月に直冬を鎮西探題に据える局面もあったが、しかし半年後の観応二年九月には左の史料が示すように、尊氏は直義とは和睦するも直冬はなお誅伐の対象になっている。そこまで尊氏が直冬を憎んだのは、そうした後継者の地位をめぐる尊氏の警戒心からであろう。換言すると、九州の直冬は京都の将軍尊氏をそこまで脅かすことのできる存在だったのである。

高倉禅門《足利直義》事、就被申子細、所合躰也（直義との一時和睦のこと）、可存知其旨、次直冬《足利》事、不可依彼落居、任先度御教書之旨、不日可誅伐之状如件、

観応二年九月廿四日　（花押《足利尊氏》）

豊後六郎蔵人《田原貞広》殿

（「豊後古文章」、『南北三』三一九一）

現に、直冬の文書発給の状況をみると、恩賞給付の下文を依然として出し続けている。恩賞給付の下文発給は、幕府では将軍の専権事項である（ただし観応の擾乱以降、将軍職見習としての義詮の下文が多く残っている）。こういう直冬の越権行為を尊氏は見逃すことができなかったのであろう。

村井章介はかつて藤田明『征西将軍宮』の書評において「直冬を忠実な直義方とみる常識」は疑問だとしたが（『日本歴史』三四五、一九七七年）、その通りである。直義が養父として直冬に対して絶大な影響力を持ったのは主として直冬が九州に下る以前のことであったろう。直冬が九州に下り九州の在地勢力に支持されつつ強大な勢力を築く過程で、また高師直・師泰に勝利した観応二年二月以降にあっては、幕府に復帰した直義の政治力の低下、足利義詮の台頭という新たな時代の始まりのなかで、直冬は次第に直義のもとから離れ、自らが志す政治路線を歩み始め、ために尊氏の警戒するところとなったとしても決して不自然ではない。

こののち直冬は翌文和元年（観応三）一二月には南朝に投降することとなるが、尊氏と袂をわかった観応二年九月から南朝への投降までの一年余の間、どのような動きを取っているか。この期間にあっては、幕府方にも南朝にも属していないからまさに第三の勢力ということになる。鎮西探題に就任した観応二年三月より以前の状態に戻ったわけである。ここで恩賞給付の下文についてみると、直冬は観応二年一〇月五日付（「二階堂文書」、『南北三』三二〇六）を初めとして、現存する最終事例としての観応三年六月二九日付（「日向記」、『南北三』三四二七）まで全一八通もの下文を九州管内の武士に対して遣わしている（要検討の以下三通を除いた。『南北三』三四七四・三四七五・三四七七）。

直冬が再度幕府に敵対して第三の勢力となったこの期間、直冬は恩賞給付を内容とした下文を乱発なみに多く出している。しかも直冬が使用しているのは北朝の観応年号であり、直冬の立場は幕府から完全に脱却したものではない。先の観応三年六月二九日の事例が現存する史料では直冬下文の終見であることから考えると、この期間は直冬にとっては隆盛を誇った九州時代の最後の一幕というべき時期であって、その劣勢状況は推して知るべしである。こういう窮地を脱するために直冬の迷走はなおも続く。

ちなみに、直冬の与同者たる少弐頼尚の守護職務についてみると、観応二年一〇月から翌三年四月にかけて依然として直冬任命の筑前・豊前守護として動いている（『南北三』三二二二・三三〇〇・三三二〇―一・三三九二）。直冬と頼尚のきずなの固さを痛感させる。

足利直冬の南朝帰降

直冬はまたまた政治的立場を変転させる。すでに述べたように直冬が尊氏から誅伐の対象とされたのは観応二年九月末であったが、さらに今度は南朝への帰降である。いったいどんな事情があったのか。まず直冬の南朝への帰降についての関係記事をみておこう。北朝公家洞院公賢の日記「園太暦」文和二年正月一〇日条（『園太暦四』二七三頁）である。

入夜五辻宰相入道来、於大納言（実夏）方謁之、聊勧白散、其次語曰、直冬（足利）降参南方、窮冬被下綸旨〳〵、以種々告文申所存云々、十一月（文和元年）十二日合戦敗績、暫隠長州豊田城、潜通菊池（武光）・少弐（頼尚）、同相憑菊池（武光）、廿五六日之間、彼輩攻一色（道猷）、乗勝〳〵、其間直冬自長州進使吉良（満貞）・石塔（頼房）等勢之間、有許容、被下綸旨、是朝光朝臣青侍男、自西国上洛、所語如此云々、

五辻宰相入道が語ったという右の記事は実に興味深い内容を持っている。まず直冬は、文和元年（観応三）一一月一二日の合戦（筑前国椿《つばき》・忠隈《ただくま》〈現、福岡県飯塚市〉での戦い。瀬野精一郎『足利直冬』一〇六―八頁参照）で一色道猷に敗北してしばらく長門国の豊田城に潜んでいたが、ひそかに菊池武光・少弐頼尚と潜通したこと、二五―六日の戦（大宰府合戦）では菊池武光の援軍を得て一色道猷に勝利したこと、この間に直冬は長門より自党の吉良満貞・石塔頼房を（南朝の後村上天皇のもとに）遣わして帰降を申請し、これを許可する後村上天皇の綸旨を得た、ということが知られる。記事にみえる「直冬降参南方、窮冬被下綸旨」はそういういきさつを集約的に表現している。つまり直冬が南朝

に下ったのは、文和元年（観応三）の「窮冬」、つまり一二月ということになる。なお直冬の南朝への帰降については「太平記」巻32にその段がある。

足利右兵衛佐直冬の、九国の者ともに背き出されて、安芸・周防の間に漂泊し給けるを招請し奉て、惣大将とそ仰きける。但し是も将軍に対すれは、子として父を責る咎あり、帝王に対すれは、臣として君を悩し奉る恐あり、さらは吉野殿へ奏聞を経て、勅免を蒙り、宣旨により、都を傾け、将軍を殞《ほろぼ》し奉ては、天の忿、人の誹もあるましとて、即、直冬の許より使者を吉野殿へ奉て、尊氏卿・義詮朝臣以下の逆徒退治すへきの由の綸旨を下賜て、君の宸襟を休め奉るへきとそ申したりける、…直冬か申請旨に任て、則、綸旨をそ成れける、

（『西源院本太平記』九〇九頁）

他方、直冬の発給文書における年号使用の状況をみると、いまのところ、観応三年を使用した最後は観応三年一〇月三〇日足利直冬感状（「萩藩閥閲録」、『南北三』三四八二）であり、以降は使用していない（直冬の正平年号使用の初見は、正平八年五月一三日御教書。「正法寺文書」、『山口県史史料編中世三』七七四頁）。さきの「園太暦」の記事に矛盾していない。なお直冬の同志ともいうべき少弐頼尚が直冬と同じような年号の使用状況であるところからみると、直冬との関係はなお継続していたものとみられる。頼尚の南朝方筑前守護の史料所見は正平九年まで、豊前守護のそれは同一二年まで認められる（『南北三』三六五五、『南北七』七〇七八）。

ここで指摘しておかねばならないことは、直冬が文和元年末に九州を去り長門へ移って以降も、九州、特に南九州の地域には依然として、守護島津氏も自力での鎮定が難しく、武家政権の中枢部に報告しなければならないほどに強力な直冬与同勢力が温存していた事実である。そのことは、文和二年の島津氏久交名注文（『南北三』三六一四）、および翌文和三年の足利直冬方交名注文（『南北三』三七〇六）によって知ることができる。こうした南九州における直冬方勢力の隆盛は、直冬方の驍将として長い間薩摩・大隅・日向の辺で軍事行動に専念していた畠山直顕の功績によるところが大きかろう。

一色道猷・直氏の動向

一色氏は足利氏の庶流で、足利泰氏の第五子公深が三河国吉良荘一色を本拠とし一色を名乗った。道猷（範氏）は公深の子で、足利幕府誕生前の争乱のさい建武三年（一三三六）いったん九州へ下り勢力を挽回して東上した足利尊氏が九州統括のために博多に鎮西管領をおいたとき、道猷はその任を負った。その権限は「幕府方の武士に対する軍事指揮権を中核とし、民事関係の訴訟については、相論の内容を調査して幕府に注進し、これを施行することにあった」（川添昭二「一色範氏」『国史大事典』1、一九七九年、六七七頁）。他方直氏《なおうじ》はその子息で、貞和二年（一三四六）八月父道猷を補佐するかたちで九州経営に関わった（「青方文書」貞和二年八月一一日足利尊氏御判御教書、『南北二』二二二七）。

九州南北朝史の展開のなかで鎮西管領一色氏を取り扱った研究では、古く管領府の構成員・権限内容を中心に総括的かつ徹底的な検討を加えた川添昭二「鎮西管領一色範氏・直氏」（森貞次郎博士古稀記念『古文化論叢（下）』同事業会、一九八二年。もとになった論文は一九六五年）が決定版であるが、近年、建武期に絞って鎮西管領一色道猷の軍事行動を周辺の事情と関連させつつ論じた小澤尚平「建武年間の九州情勢と鎮西管領一色道猷の軍事活動」（『七隈史学』二〇、二〇一八年）が出た。

九州の南北朝動乱は在地の武士層の領主制的成長に向けての勢力争いという土壌のうえに、この幕府配下で博多の鎮西管領一色氏と、康永元年（興国三、一三四二）九州制覇の任を負って薩摩に入った懐良親王とを南北二つの結集の核として展開するが、さらに貞和五年（一三四九）第三の核としての足利直冬が九州に入るに及んで「天下三分」の政治情勢になったことは前述した通りである。ここではこのうち一色氏の九州の観応擾乱期における動向について粗々述べることにしたい。

一色道猷（範氏）と直氏の発給文書の概要をまず示しておこう。道猷のものでは年次を持つもので、建武三年（一三三六）五月八日巻数返事（「武雄神社文書」、『南北二』六〇六）を初見とし、文和四年（一三五五）一一月日挙状《きょじょう》（「日向押領司文書」、『南北四』三八四三）を終見とする約二〇年にわたる約四〇〇点に及ぶ（無年号文書や証判等を含む）。文書形式でいえば、一番多いのが「…仍執達如件」の書止めで終わる書下《かきくだし》で、次に書状もかなりある。このうち重要な内容には書下が用いられており、署判の仕方も書下の場合、日下に「沙弥（花押）」が常例である。この点「恐々謹言」で終わる書状では日下に「（沙弥）道猷（花押）」と記している。

道猷の書下の内容にそくして示そう。まず中央幕府との関係でいえば、幕府の命令を伝達する施《し》行《ぎょう》状がある。鎮西管領設置の建武三年（一三三六）から同五年くらいまでは毎年一〇点くらい出ていたものがその後大幅に減り文和二年（一三五三）にはみえなくなってしまう。これはおそらく幕府が九州経営を進めるうえでの九州管領の裁量権を認めた結果と思われ、依拠する法的根拠は貞和二年（一三四六）一二月に出された幕府法「鎮西沙汰條々」であるかもしれない（『中世法制史料集二』一九頁）。次に数的に最も多いのが鎮西管領の職務的特質を象徴するように、軍勢催促や所定の場所の警固・警備関係のものである。道猷のものとして建武三年から観応三年のものまで残存している。鎮西管領一色道猷の権限で注目されるのは書下による新恩給与である。この権限を行使した形跡は建武四年二月ころから萌芽的にみえはじめるが、暦応・観応・文和年間にさらに多くの事例が認められる。これは幕府の将軍の恩賞宛行権を委任されたものと思われ（「仍執達如件」の書止め文言がそれを象徴する）、鎮西管領にとってはいわば「伝家の宝刀」であったといってよい。加えて管領府の訴訟機関としての機能を示す、訴訟の判決を執行するために出された道猷の書下も少なくない。

その他、一色道猷の注進状も数点残存している。一、二例をあげれば、康永二年七月二五日注進状（「青方文書」、『南北二』一九四六）は、幕府の執事高師直にあてて肥前松浦定の本領安堵を申請するもの、あるいは文和三年二月二五日注進状は幕府の担当窓口（史料表現は御奉行所）にあてて薩摩守護島津道鑑（貞久）の勲功配分地を安堵申請したもの（「薩藩旧記」、『南北三』三六九〇）などがある。これらによって推察すると、所領の安堵権は道猷にはなく、武士から安堵の要請を受けて道猷はこれを幕府に注進したものと思われる。

さらに子息直氏についていえば、直氏は貞和二年（一三四六）八月父道猷を補佐するべく尊氏によって九州に派遣されたが（「青方文書」、『南北二』二二二七）、翌貞和三年一一月二二日書下が現在知られる直氏発給文書の初見である（「歴世古文書」、『南北二』二四一八—九）。それ以降、延文二年（一三五七）五月一九日書下（「薩摩大和文書」、『南北四』三九六九）まで、総計約七〇点の文書を残している。当初は軍事関係の内容が主であったが、やがて文和二年ころから勲功地の充行にも関与するようになる。父道猷に代わるかたちで次第に職務を重くしていったのであろう。

観応の擾乱期の一色道猷・直氏

以上、一色道猷の発給文書全般について説明してきたが、ここでの関心事は、九州の観応の擾乱においてめまぐるしく変転する政治情勢のなかで、鎮西管領一色氏がどのような行動を取ったかである。そのような視点から特に観応二年三月に鎮西探題に任命された足利直冬との関係を中心に調べてみよう。

前述のように足利直冬が河尻幸俊に導かれて肥後に下ったのが貞和五年（一三四九）九月、また幕府管下の鎮西探題に就任したのが観応二年（一三五一）三月であったから、この間の一年半のあいだ、道猷と直冬は幕府における尊氏と直義の代理戦争のなかにあったといえるが、鎮西探題に就任して以降はそれまで尊氏の息のかかった道猷が中央の政争のあおりで場外にはじき出された格好となるわけである。

これも前述したように、直冬の幕府帰順は長くは続かず、すでに観応二年九月二四日には直冬は尊氏から討伐令を受ける身となる（本書一四九—五〇頁参照）。実質的には直冬の鎮西探題在任はわずか半年だったのである。ではこの半年の間、道猷の文書発給はいかなる状況であったかについてみると、依然として観応二年の年号を使用し、通常通りの恩賞宛行の書下を出し続けている（『南北三』三〇二

九、三〇三三、三一三一)。

このことは直冬の鎮西探題就任は道猷の職務にさほどの影響を及ぼさなかったことを意味している。しかも先の尊氏による直冬誅伐の指令が出される観応二年九月二四日より一〇日以上も前に、道猷は日高八郎という武士(肥前か)に感状を遣わし、「直冬已下凶徒退治事」についての忠節を褒め、幕府に注進すると伝えている。むろん京都—九州間の情報伝達の時間差を考慮すべきであるが、状況的にみると道猷は従来の鎮西探題の職務を粛々と果たしていたと考えるほかはあるまい。かくして直冬が再び幕府から離脱すると、道猷はもとの鎮西探題に居ながらにして戻ったわけである。このようにみると、直冬の鎮西探題就任は大勢には影響しない、あくまで便宜的な一過性の措置だったことが知られる。

ちなみに、一色道猷および直氏に文書発給上の影響を多少とも及ぼしたのは、観応二年(正平六)一〇月末から翌三年(同七)閏二月にかけてのいわゆる「正平の一統」(足利尊氏・義詮が南朝に降伏)の時期である。尊氏・義詮が正平六年一〇月から翌七年三月ころまで北朝の観応年号を止め、南朝年号正平を用いたのに合わせて、道猷・直氏も正平七年一月から三月までは正平年号を用いている。一色氏が南朝年号を用いたのはこの時期だけに限られる。この時期には道猷は、南朝の後村上天皇綸旨に任せて、直冬・頼尚以下の凶徒を退治するための軍勢催促を盛んに行っている。これは尊氏・義詮の立場にたった行動であることはいうまでもない。

以上をようするに、観応の擾乱期、九州の一色道猷父子は直冬の鎮西探題在任に影響されず本来の職務をこなし、また正平の一統でも中央の足利尊氏・義詮とおなじ立場で動いていることが知られた。

九州南朝の展望開く

本節では、観応の擾乱の九州への波及という視点から足利直冬の下向が九州南北朝史に及ぼした波紋を中心に述べてきた。観応の擾乱は、基本的に室町幕府の内訌という性格をもっていたので、九州の政治と軍事に影響を及ぼしたその波紋が結果的には南朝側に有利に働いたことは否定できない。ここでは、直冬が九州に滞在した貞和五年（正平四、一三四九）九月より文和元年（正平七、一三五二）末までの三年余の期間を中心にして、この間に九州南朝をめぐる政治軍事的な客観情勢がどのように変わったか、また九州南朝が右のような武家社会の政治的混乱の余慶を享受するようなかっこうで、どのような新たな政治軍事的な展開をみせたかについて考えてみたい。そのようなことを調べてみようとするとき、好個の素材は懐良親王の令旨である。

すでに第三章第3節でほんの少し触れたことだが、この時期から懐良親王令旨の宛所がいきなりバラエティに富むようになる。つまりこの時期から懐良親王令旨がそれまでのように阿蘇氏中心ではなく、それ以外にも比較的広範囲の地域の、以前までに例をみない武士や寺院にあてられる傾向があらわれはじめる。これは簡単にいえば、菊池の征西府が次第に九州諸勢力の支持するところとなり、それが彼らの政治軍事的な結集の核になりはじめたことを意味するとみてよいであろう。

具体的に示そう。便宜的にこの三年余の間に出された懐良親王令旨を調べると、正平四年九月二四日付（「肥前正法寺文書」、『南北三』二六三二）より同七年一一月二七日付（「肥前高城寺文書」、『南北三』三四九七）まで全二一五通をあげることができるが、それらのあて先は、個人では田原直貞・貞広（豊後）、松浦披（肥前）、山門彦七郎（薩摩）、和泉右衛門某（日向）、また寺院関係では、正法寺・妙法寺・高城寺（肥前）、法輪寺・寛元寺（筑後）、清源寺（肥後）などがある。むろんまだ人的にも地域的にも本格的とはいえないが、征西府を取り巻く世界が広がったこと、換言すれば九州南朝の勢力範囲の拡大を予知させる現象である。これも前述したことだが、懐良親王令旨の内容にも変化があらわれ、所領訴訟に関するものが登場したこともその一つだった。

こうした変化の原因として、観応の擾乱にともなう武家中枢の分裂に起因する相対的弱体化をその要因の一つに数えてよいであろう。まさに懐良親王の征西府は観応の擾乱によって「漁夫の利」を得たといって間違いなかろう。

2　大宰府攻略へのみちすじ

幾多の苦難と一陽来復

観応の擾乱が終結する文和元年（正平七、一三五二）は室町幕府にとっては、いわゆる「二頭政治」を克服したうえで専制権者たる将軍を中心とした新しい政治体制を構築するためのスタートの年にあたっていた。九州南北朝史にとってもほぼ同様で、この年末に足利直冬が長門に去ったため、懐良親王の征西府は幕府配下の鎮西探題に結集する武家勢力と対峙しつつ、九州統治の構想を現実のものとするために苦難を余儀なくされたけれども、菊池武光の軍事力に依拠しつつその征西の事業は力強く推進された。

懐良親王が大宰府を本拠とする少弐頼尚を駆逐し、この地に征西府を移したのは、正平一六年（康安元、一三六一）八月であったが、この間の約一〇年に度重なる合戦が展開した。こうした合戦に勝利した懐良はついに念願の九州の中心地、大宰府を攻略し、ここに征西府を置くことに成功するのである。九州の南端薩摩上陸が興国三年（一三四二）五月であったから、九州を縦断するのにかれこれ一九年かかったことになる。延元三年（一三三八）の吉野出発から数えると何と二三年の歳月を経ていたのである。

本節では、京都を中心とした政権中枢部での観応の擾乱が終息し、その余波としての九州の「天下三分」が変質して、新たな展開を遂げる約一〇年間の懐良親王の周辺について述べることとする。結果的には観応の擾乱の「漁夫の利」を得て、この期間に九州南朝はさらに大きく成長することとなる。それは中央の幕府政治のありようとも深く関連している。この約一〇年は、幕府にとっては初代将軍足利尊氏から二代目将軍足利義詮（尊氏の嫡子）への将軍職の代替わりの時期にあたっており、それだけに幕府の周辺では種々の波風が立った。幕府政治の混乱は結果的に九州南朝には有利に作用し、この混乱を「対岸の火事」として九州南朝は勢力をたくわえることができたといって過言ではない。

九州南北朝史が中央の幕府の政治史と密接な関連があることの具体例を一つをあげよう。たとえば、初代将軍として幕府を成立させた足利尊氏が五四歳の生涯を閉じるのは延文三年（正平一三、一三五八）四月三〇日のことであったが、彼は三年ほど前の文和四年（一三五五）にはほぼ将軍としての権限を跡継ぎの義詮に譲渡していた。同じ年に九州では約二〇年間鎮西管領として九州経営の任にあたってきた一色道猷とその子直氏がともに任務を放棄して長門に遁走している事実がある。この尊氏と道猷との二つのできごとは一見何の関連もないようにみえるが、実は尊氏の時代の終焉を象徴するという意味で深く関連しているように思えてならない。一色道猷を鎮西管領に任命したのは足利尊氏であったし、道猷は鎮西管領在任中の暦応三年（一三四〇）五月に尊氏に職務遂行上の歎願書を出した経緯もある（「祇園執行日記紙背文書」、『新修福岡市史資料編中世2』福岡市、二〇一四年、三四八―九頁）。このことから知られるように尊氏と道猷の間にはある種のきずなのようなものがあり、尊氏の事実上の引退が道猷の遁走を招く契機だった可能性も十分に考えられる。

度重なる合戦

懐良親王の大宰府攻略への道程には幾多の合戦が待っていた。いわば、懐良はそれらの合戦を切り抜けることによって大宰府へのみちすじを自力で切り開いていったのである。懐良親王の菊池時代一三年半において北部九州で生起した幾多の合戦のうちの主たるものとしては、正平六年（観応二、一三五一）九月二八日の筑前国月隈《つきぐま》・金隈《かねのくま》（現、福岡市）合戦があり、この合戦では足利直冬配下の驍将今川直定が一色道猷の子息範光の軍を破った。

また、正平七年（文和元、一三五二）一一月二四日の大宰府（現、福岡県太宰府市）合戦では、直冬の南朝帰降について「園太暦」文和二年正月一〇日条の記事によってみたように（一五二頁）、直冬は同志頼尚のほか菊池武光とも秘かに通じ、武光が頼尚を救援したため直冬と頼尚の連合軍は一色氏軍に勝利した。この合戦以降、直冬と頼尚は南朝年号を使用している（明確な南朝年号使用の最初は、直冬が正平八年、頼尚が正平九年。『山口県史史料編中世三』七七四頁、『南北三』三六五五）。したがってこのころより、足利直冬も少弐頼尚も南朝方の立場で動いていることになる。

これらに加えて、懐良親王の軍事活動の展開にとって大きく影響したのは、正平八（文和二、一三五三）二月二日の筑前国針摺原《はりすりばる》（現、福岡県筑紫野市）合戦である。この合戦で、菊池武光・少弐頼尚の連合軍は鎮西探題一色道猷の軍勢を破り、一色氏の勢力を大きく減退させた。鎮西探題勢力の減退は、同時に幕府の九州支配の後退を意味し、一色氏以降の鎮西探題の派遣とその任務遂行を困難にした。この針摺原合戦の勝利が、征西府の行く手に大きな希望の光を投げかけたことは以下に述べる通りである。

なお、正平一四年（延文四、一三五九）八月六―七日の、筑後国大保原《おおほばる》合戦（別名、筑後川合戦）については以下に詳述することとする。

菊池武光の軍事活動

懐良親王を首班とする征西将軍府の全盛時代は、筑前国大宰府に征西府がおかれた時期、つまり大宰府時代である。先に述べたように大宰府は鎌倉時代以来九州の三大有力守護の一、少弐氏の本拠であり、少弐氏は代々大宰府を拠点にして北部九州に強力な勢力を誇っていた。ここでは幾多の苦難をかいくぐって懐良親王がこの少弐氏を大宰府から駆逐し、征西府を菊池から大宰府に移すまでの経緯について述べることにしたい。征西府を支えた最大の軍事力は菊池氏のそれで、菊池氏がどのように征西府を支えたかについて考えるとき、特に菊池武光、それに加えて兄弟と思われる武澄について具体的に調べる必要がある。

征西府が本格的に菊池氏の軍事力に頼るようになったのは、懐良下向の当初より頼みの綱とされた

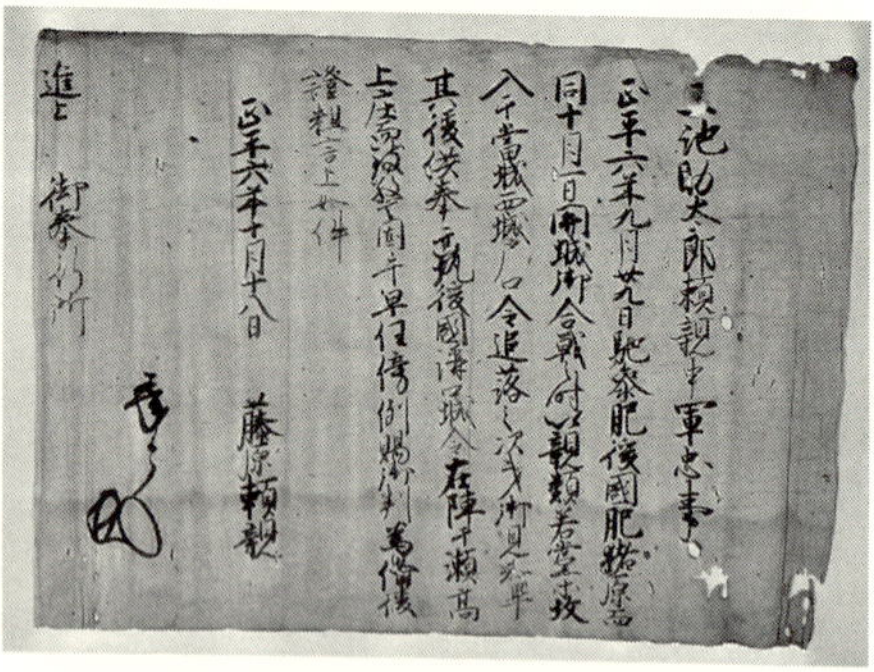
三池助太郎頼親申軍忠事

正平六年十月十八日　藤原頼親

進上　御奉行所

「三池文書」正平6年10月18日三池頼親軍忠状
（菊池武光の証判あり）

阿蘇惟時が没したと推定される正平八年（文和二、一三五三）あたりからと考えられる。征西府と菊池氏との接触はむろんそれより早く、菊池武光が肥後守に叙任されたと考えられる正平二年末にはある程度の連携がなされたものと思われるが、南朝側からの阿蘇惟時に対する大きな期待が依然として続いており、阿蘇氏から菊池氏への舵の切り替えは明確になされたとは思えない。惟時の没が転換の契機になったとみるのはそのような理由からである。

　その菊池氏一門のなかで南朝支持で頭角をあらわしたのが武光であるが、武光の発給文書の初見は恵良惟澄にあてた（正平元年）七月五日書状である（『阿蘇家文書』、『南北二』二二一五）。武光の軍事活動がみえ始めるのはその数年後の正平六年からである。その初見は、肥後の武士三池頼親が正平六年一〇月一八日付で提出した軍忠状（内容は、同年中の肥後国内合戦での三池頼親の軍功を認定してほしいというもの）の奥に証判を加えている事例である。この事例によって武光が軍事的に動き始めたことが知られる。他に、おなじ正平六年と推定される豊後の田原貞広あて一〇月二九日付武光書状も残っているが（『南北三』二二三三）、この書状の差出書は「肥後守武光」となっている。

武光の軍事的活動が本格化したのは先の「足利直冬の南朝帰降」のところで述べたように、文和元年一一月末に少弐頼尚を救援するかたちで一色道猷と戦い勝利した大宰府合戦以後であった（一五二頁参照）。さらに、この大宰府合戦の翌年、文和二年（正平八、一三五三）の二月二日には、菊池武光と少弐頼尚の連合軍が一色道猷の軍を破った筑前国針摺原合戦が起きており、この合戦でも菊池武光は筑後国武士の草野永行、肥前国武士の安富泰重の軍忠状の奥にそれぞれ証判を加えている（『南北三』三五一八、三五二〇）。これ以降も武光の軍忠状への証判の事例は散見しており、武光の広範囲にわたる戦績を物語っている。

菊池武澄の軍事活動

ここで言及すべきは武光の兄と目される武澄の存在である。菊池氏の軍事指揮について考えるとき、武澄のそれを逸することはできない。次の筑後国人草野永行軍忠状に注目したい。

筑後国草野孫次郎永行申軍忠事、
右、去正月廿二日一色五郎範光以下凶徒等楯籠肥前国千栗（三根郡）・船隈（三根郡）、致合戦之間、打渡大久保瀬（佐嘉郡）、自高田陣以来、今月二日筑前国針磨（摺）原合戦之時、抽軍忠之条、肥前守（菊池武澄）殿御見知訖、早給御証判、欲備後証、以此旨可有御披露候、以此旨可有御披露候、恐惶謹言、
正平八年二月　日
「承了（証判）、（花押）（菊池武光）」

（「草野文書」、『南北三』三五一八）

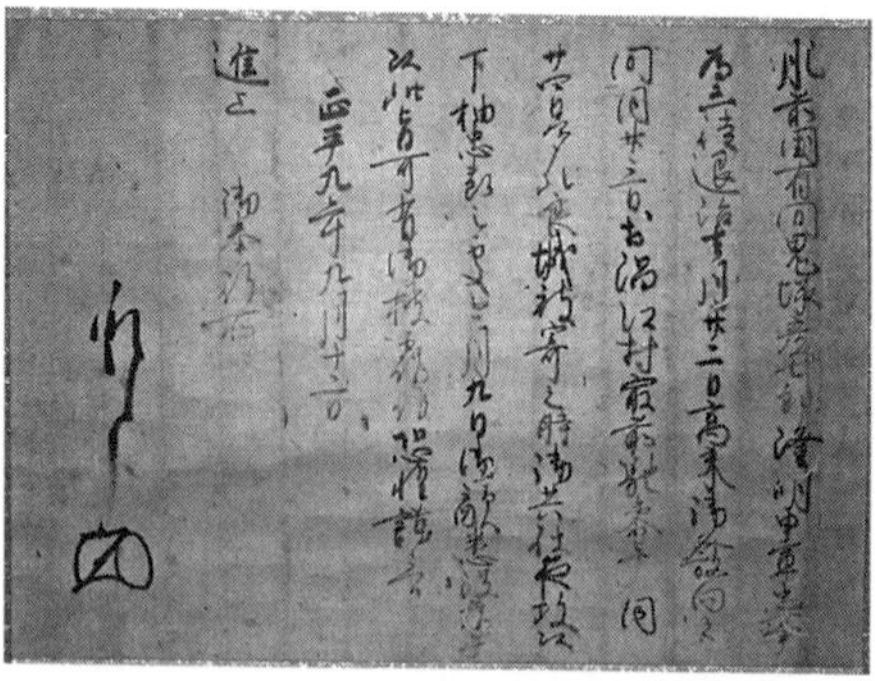

「肥前有馬文書」正平９年９月12日有馬澄明軍忠状
（菊池武澄の証判あり）

右の文書は、筑後の草野永行が正平八年二月二日筑前国針摺原合戦にいたる一色範光（鎮西管領一色道猷の子息）の軍勢との間の一連の合戦で軍忠を遂げ、そのことを軍事指揮者たる菊池武光に報告して武光から戦功を認定してもらおうとして提出した軍忠状である。この文書のなかにみえる「筑前国針磨原合戦」については後述することとして、注目すべきは「肥前守殿《（菊池武澄）》御見知訖」の箇所、つまり草野永行の軍功の中間的な認定者としての武澄の存在である。軍功認定の順序から軍事指揮権の統属性を勘案すると武澄のうえに武光がいたことになり、この合戦の軍事指揮では武澄は武光の下に位置付けられていたことになる。これによって菊池氏の軍事的行動に一定の指揮系統のあったことを認めることができよう。とはいえ、武澄はすでに「肥前守」を称する地位にランクされていたし、「肥後守」武光とともに菊池軍の中心的な有力武将であったことは想像に難くない。

菊池武澄が先の草野永行のような将士からの軍忠状に単独で軍功認定のための証判を加えた例は、正平九年から翌一〇年にかけて肥前国関係で二点ほど残存している（『南北三』三七二七、『同四』三八三五）。以下はそのうちの一点、有馬澄明軍忠状である。この文書は、菊池武澄の軍事活動の実態とそのフィールドをよく示しているとともに、内海交通ルートとしての有明海の存在に着目する必要性を強く感じさせる。

肥前国有間鬼塚彦七郎澄明申軍忠事、為凶徒退治、去月廿二日高木（肥前国高来郡）御発向之間、同廿三日湯江村（肥前国高来郡）最前馳参畢、同廿四日多比良城（肥前国高来郡）被寄之時、御共仕、夜攻以下抽忠節之処、今月九日御敵悉没落畢、以此旨、可有御披露候、恐惶謹言、

正平九年九月十二日

進上　御奉行所

「承候了（証判）（花押）（菊池武澄）」

（「肥前有馬文書」、『南北三』三七二七）

右は、肥前国島原半島（高来郡）の武士有馬澄明が正平九年（文和三、一三五四）八月二二日から翌九月九日までの島原半島での忠節・軍功について具体的に書き上げて軍事指揮者に認定してもらおうと提出した軍忠状である。なかに「湯江《ゆえ》村」・「多比良《たいら》城」（現、島原市・雲仙市）など現在の島原半島北部の地名が登場し、軍勢の動きが具体的に知られる。注目すべきは、この軍忠状の奥に据えられた指揮者の証判《しょうはん》である。この花押はその形状からみて菊池武澄の花押とみて間違いない。武澄はこの時期、主に肥前方面の合戦を指揮していたものらしい。肥後から肥前に渡る場合、陸路を使い筑後を経由するのに比べたら、船で有明海を渡ったほうがはるかに手っ取り早い。菊池氏は海運力にも優

れていたといわれるが、その菊池氏が肥前国を支配するうえで船を使った有明海航路を利用しない手はないであろう。特に肥前方面へ往き来したであろう武澄およびその軍勢はそれこそ頻繁に有明海を交通路として活用したにちがいない。今後の九州中世史研究を活性化する一つの有効な方法は、環有明海の交通ルートのような、内海を利用した海上交通路を想定したうえで人とモノの移動を考えることであろう。

菊池武澄の関係文書としてはこのほかに、関係の深い肥後広福寺《こうふくじ》に願文のほか書状数点が残っているが、武澄は正平一一年六月二九日をさほど下らない時期に没しているので（「広福寺文書」、『南北四』三八七九）、関係史料を多く残してはいない。武澄の没によって菊池氏では武光の主導する態勢がいっそう強化されたものと思われる。この菊池氏の軍事態勢こそ懐良親王の大宰府入りを支えた強力な九州南軍の屋台骨であり、これなくして懐良親王の九州制覇は叶わなかったであろう。菊池武光は左の阿蘇氏にあてたと思われる書状のなかで武澄の死にふれているが、菊池氏における武澄の存在感の大きさがよくあらわれている。

御札委細承候了、抑依武澄（菊池）他界事候て、是□之態御使、無申計候、委細之旨、御使可被申候、恐々
謹言、

（正平十二年カ）七月十七日　　肥後守武光（菊池）

（「阿蘇家文書」、『南北四』三九七七）

なお、武人・文化人たる菊池武澄の政治・軍事面、それに信仰や宗教といった側面を加えた総合的な研究としては、先に紹介した阿蘇品保夫『改訂新版　菊池一族』（新人物往来社、二〇〇七年）の第四章「惣領を補佐した三人」が最も詳しい。

菊池武光文書発給の変化

武澄が没した直後の正平一二年（延文二、一三五七）になると、武光の発給する文書に大きな変化があらわれる。それまで武光の直接史料の中心は軍忠状証判など軍事的なものであったけれども、それ以降になると申入れとか訴えとか、広義の訴訟に関わるような、従来とは質的に違った要素が加わるようになる。その代表的な具体例をいくつかあげよう。まず一つめは、菊池武光挙状である。

（端裏書）「進上　御奉行所」
肥後国藤崎（飽田郡）八幡宮可被遂造営之由事、当社神官等申状副具書如此候、謹進上之、子細載于状候歟、
以此旨、可有洩御披露候哉、恐惶謹言、
　　正平十二年十一月十七日　　肥後守藤原（菊池）武光　上（裏「御在判」）
（「藤崎八幡宮文書」、『南北四』四〇一〇）

この文書は、菊池武光が、肥後藤崎八幡宮の造営を遂げようとする同宮神官等の申状（訴状）を受理し、これを「奉行所」に上申することを行ったもので、文書名を付けると挙状ということになる。

「奉行所」とは、整備の度合いは別として征西府の担当機関のことであろう。

挙状とは推挙状のことで、ある者の所望を上部の個人や機関に上申する機能を持つ手続き文書である。挙状は京都の公家や寺家の社会でよくみられ、たとえばある配下寺院の僧侶たちからの申状を受けた権門の長がそれを朝廷の裁判所に受理してもらうときなどに付ける付属文書である。そういう手続きをとらないと申状は裁判所に受理してもらえなかった。

ようするに武光は、藤崎八幡宮神官等から受け取った同宮の造営に関する申状を征西府の担当窓口に上申しているのである。これは武光の社会的地位の上昇を想定しないと理解できない。

二つめは、菊池武光遵行状である（遵行という行為については二〇二―三頁参照）。

恵良《(阿蘇)》筑後守惟澄申、兵粮料所肥後国守富庄《(益城郡)》半分地頭職事、如去月十三日重御教書《(懐良親王)》者、河尻七郎代官不避退云々、早任被定置之法、厳密可被沙汰付下地於惟澄云々、任被仰下之旨、窪田越中介《(早岐武宗)》相共莅彼所、遂其節、載起請之詞、可被注申之状如件、

正平十三年九月十七日　武光《(菊池)》（花押）

守護代《(菊池武貫)》

（「岡田文書」、『南北四』四〇六七）

この文書は、恵良惟澄と河尻七郎との肥後国守富荘半分地頭職をめぐる訴訟において、「去月十三日重御教書」、つまり懐良親王の令旨に任せて河尻七郎の代官を退去させ、下地を惟澄に渡付させる

ことを守護代に命じた菊池武光の遵行状である。文面からわかるように、武光の遵行状はもう片方の使節窪田越中介（武宗）にも遣わされた。こういう遵行状を出す武光の立場は肥後守護である。しかもその任命権者は懐良親王とみるべきである。したがってすでにこの時点では、武光は南朝方の肥後守護として懐良親王の政務関係の命令を執行する立場に立っていたわけである。武光が征西府の主柱となっていた様子がよくわかる。同様の武光遵行状は、懐良が大宰府に入る正平一六年に多く残っているものの、大宰府征西府の時代に入ると急速に減少している。

武光が南朝方肥後守護として在職した期間は、現行の辞典類では、正平一二年（延文二、一三五七）以前から正平二四年（応安二、一三六九）一一月以降までとされている（たとえば『岩波日本史辞典』岩波書店、一九九九年、一四八四頁）。その根拠となった史料は、初見では前掲の『南北四』四〇一〇、終見では『同四』四七九七、「阿蘇家文書」に収める武光あて正平二四年一一月一三日懐良親王令旨と思われる。このうち初見については、これを肥後国司の立場からとする意見もある。

なお、武光が南朝方の守護を務めたのは、ほかに肥前と筑前とがある。このうち肥前については正平一六年（康安元、一三六一）以前から正平二二年（貞治六、一三六七）以降までの足かけ七年にわたる（根拠史料は同様に『南北四』四三一七と四六八八と思われる）。武光の肥前守護在任期間はわりと長く、その支配は比較的に安定していたのかもしれない。

いま一つの筑前については、「筑後木屋文書」正平一二年（延文二、一三五七）七月二日懐良親王令旨〈菊池肥後守〈武光〉に命じて、筑前国桑原荘への志摩郡代官の濫妨を止め、下地を木屋幸実に渡付せしむ。

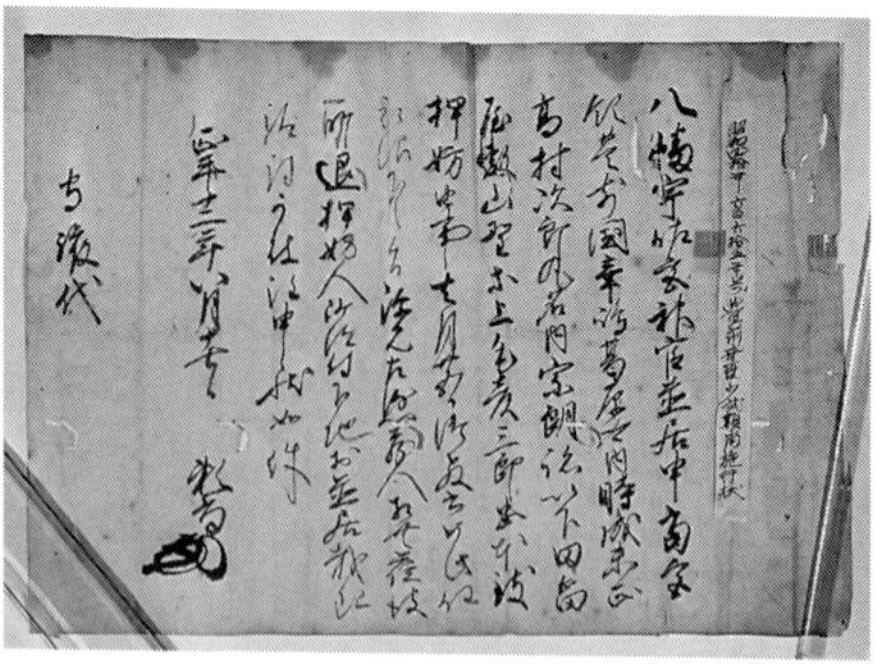

「豊前辛島文書」正平12年8月17日少弐頼尚遵行状

『南北四』三九七五）がその根拠史料であり、これによって菊池武光が、少なくとも正平一二年七月前後の時期に南朝方の筑前守護であったことが知られる。

少弐頼尚の南帰とその遵行状

先に、文和元年（正平七、一三五二）一二月に足利直冬が南朝に下ったのとほぼ同時に少弐頼尚も南朝年号を使用しており、これによって頼尚も南朝に下ったものと推定した。ではそれ以降の頼尚の足取りを、翌文和二年（正平八、一三五三）初頭以降、延文四年（正平一四、一三五九）八月の筑後国大保原合戦までの間にしぼって探ってみよう。

最初に結論めいたことをいっておくと、この約六年半余りの間の少弐頼尚の動向は明確な政治的立場にたったものでなく、多分に状況に左右されたもようである。その証拠に文和二年（正平八、一三五三）の一年間に七通の頼尚の発給文書を収集できたが、一通（「豊前高並文書」「正平八年」七月二三日少弐頼尚書下写、『南北三』三五七二）を除き残りすべてが書状（末尾が「恐々謹言」）であり、私的な文書発給といわざるをえない。むろんすべて無年号である。除外した一点だけが「仍執達如件」の書止めを持つ書下であるものの、「正平八年」は付年号か否か明確でない。

正平九年二月になると、頼尚には南朝方の豊前守護としての明証があるが（「古文書集八」正平九年二月一三日少弐頼尚書下、『南北三』三六五五）、頼尚の豊前守護在任の証跡の最後は正平一二年（一三五七）一二月である（「豊前辛島文書」正平一二年一二月一七日少弐頼尚遵行状、『南北四』四〇一六）。少なくともこの間、頼尚は南朝方の豊前守護に在任していたことになる。

左の文書は同時期の少弐頼尚遵行状である。この文書は征西府における豊前守護少弐頼尚が懐良親王の御教書（実質的には令旨）を受けてこれを遵行したものであるが、少弐頼尚遵行状の初見である点が特に興味深いところである。懐良親王令旨を遵行する守護の文書としてははじめてのものである点が注意される。

八幡宇佐宮神官並居申当宮領豊前国辛嶋（宇佐郡）・葛原郷内時成・末正・高村・次郎丸名内宗朗跡以下田畠屋敷山野等、上毛彦三郎忠本致押妨由事、去月廿五日御教書（懐良親王）如此、任被仰下之旨、深見左衛門蔵人相共、莅彼所、退押妨人、沙汰付下地於並居、載起請詞、可被注申之状如件、

正平十二年八月十七日　頼尚（少弐）（花押）

守護代（西郷顕景）

（「豊前辛島文書」、『南北四』三九八六）

右の文書によって以下のことが知られる。まず宇佐八幡宮の神官並居が同宮領豊前国辛嶋・葛原郷内時成・末正以下の田畠屋敷山野等を上毛彦三郎忠本が押妨するのを止めてほしいという訴えを懐良

親王の征西府に提訴した。これをうけて懐良は正平一二年七月二五日付で上毛忠本の押妨を排除し、下地を訴人並居に渡付する旨の裁許(「去月廿五日御教書」。実質は令旨)を下し、これを係争地の属する豊前守護少弐頼尚に命じた。そこで少弐頼尚はこの懐良御教書に任せて下地を勝訴人たる並居に渡付すべく、配下の二人の使節守護代西郷顕景および深見左衛門蔵人に遵行を命じたわけである。それが右の少弐頼尚遵行状である。頼尚は懐良親王の御教書(令旨)を遵行しているから、征西府の所領遵行のシステムのなかでその役割を果たしていることになり、この史料の存在によって頼尚が征西府の裁判機構の一角に位置づけられていることが知られる。先述したように、同年一二月一七日頼尚遵行状も同様のものであり(『南北四』四〇一六)、すくなくとも頼尚は豊前守護として正平一二年末までは征西府の勢力下で活動していたと考えられる。

ところが翌正平一三年(延文三、一三五八)になると、不思議にも頼尚の発給文書が残存しなくなる。これには何らかの理由があるに相違ないが、具体的には不明というしかない。しかし翌正平一四年(延文四、一三五九)年八月六日の筑後国大保原合戦直前の、同五月一五日付書状で頼尚は、「為良氏・良遠(ともに五條頼元の子息)以下凶徒対治、打立候」と豊前や肥前の武士たちに軍勢催促をかけている(『南北四』四一〇八―一一)。この書状では「良氏・良遠以下凶徒」とあるが、なかには「菊池(武光)」を併記した史料もある(「肥前龍造寺文書」(延文四年)八月日龍造寺家貞軍忠状、『南北四』四一三〇など)。

頼尚が凶徒と名指ししたのは、懐良親王に仕える有力側近たる五條良氏・良遠、および征西府を支

大保原合戦記念碑（福岡県小郡市）

える軍事的主柱たる菊池武光、その双方ということになり、もはや征西府内に頼尚の居場所はなかったといってよかろう。正平一四年（延文四）五月半ばには、頼尚はすでに征西府から離脱し、幕府方に転じたものらしい。

このように征西府から離脱した頼尚は、正平一四年（延文四）八月六日の、筑後国大保原合戦へと大きく舵を切ることとなる。この合戦については次に委しく述べる。

ついでにここで、先の（延文四年）五月一五日頼尚書状で「凶徒」と名指しされた五條良氏と同良遠（法名宗金）についてふれておくと、良氏の奉じた懐良親王令旨は正平三年（貞和四、一三四八）から同一三年（延文三）にかけて全部で六点ほど残っているが、最終の正平一三年には二通の良氏奉の懐良令旨が残っており、これから本格的に出し始めるような予感さえ感じられる（良遠が奉じた懐良令旨はない）。しかし当の良氏は前述したように（一二七頁）、正平一四年（延文四、一三五九）一〇月三〇日に没する。なお、このとき父頼元は数え年七〇歳に達していたが、以降も依然として懐良令旨を奉じることを続けている。

大保原合戦

こうして大宰府―博多転進のための足場固めに努力を重ねていた懐良が、いよいよその念願達成に王手をかけたのは、正平一四年

（延文四、一三五九）八月六日夜半から翌七日にかけて行われた、筑後国大保原合戦の勝利であった。

まずこの合戦の呼称であるが、この合戦は「大保原合戦」、あるいは「筑後川合戦」と称されている。そこで当時の古文書における表記を調べてみると、「同八月六日夜大保原御合戦之時」（「筑後木屋文書」正平一四年八月日木屋行実軍忠状、『南北四』四一二九）のように、「大保原合戦」と呼んだ例が多く、これが一般的であるとみてよい。とはいえ「筑後川合戦」という言い方もないわけではない（「正閏史料四之上」応安七年六月二九日某感状、『南北五』五一〇三）。ここでは多数派の「大保原合戦」という用語を用いることにしたい。

大保原の地は、現在の福岡県小郡市に属し、広大な筑紫平野北部の一角を占める。懐良配下の菊池武光の軍勢がこの地を戦場とした合戦で、筑前国大宰府を本拠とし筑前中心に北部九州に勢力を張る有力守護少弐頼尚の軍勢を破ったのである。なお参考までにいえば、大保原合戦の時点での懐良と頼尚の年齢は、それぞれ三一歳（推定）と六六歳である。

当の大保原合戦については「太平記」巻33に詳細に描かれている（『西源院本太平記』九四六―五一頁「菊池軍事」）ので、これによってまず沿革をたどろう。

正平一四年（一三五九）七月、少弐勢は大将頼尚以下一族、配下の将士率いる総勢六万余騎、「杜《えづり》の渡を前に当て、味坂に陣を取」り、宮方は「先帝第六の皇子（懐良）」以下、臣従の南朝公家たち、新田一族、菊池一族、名和一族、その他配下の将士らの率いる総勢八千余騎が「高良山・柳坂・御名場山三ヶ所に陣を」とった。

七月一九日、菊池武光がまず自分の手勢を率いて筑後川を渡り、少弐の陣へ押し寄せると、少弐は「如何思けん、爰にては一矢も射ず、卅余町引退て、大原（大保原のこと）に陣を取」った。

両軍の本格的な交戦は、八月六日の夜半、「菊池まづ夜打に馴たる兵を三百人勝りて、山を経、河を渡て搦手へ廻」し、「宗との兵七千余騎をば三手に作て、筑後川の端に副て、川音にまぎれ押し寄せ」てから、火ぶたが切られた。戦いは激しく、双方に多大な被害が出た。主だったところでは、少弐側では、頼尚の嫡子「大宰新少弐頼高（直資カ）」が討死にし、「饗庭左衛門蔵人」ら信頼の厚かった兵七百余人が討たれた。一方、宮方でも懐良親王自身が「三ヶ処まで深手を負」い、月卿雲客たちや新田一族の者たちが討たれた。結局のところ、少弐側が「今は叶はじとや思けん」、本拠の大宰府に退却し宝満が嶽に引き上げたが、菊池もいくさには勝ったものの、これを追うだけの余力がなく、いったん肥後菊池へ引き返した。

ちなみに、この合戦で討ち死にした「少弐頼高」（『西源院本太平記』の表記）について一言しておきたいことがある。ここの「頼高」とは「直資」の誤記と考えられるから、討死したのは少弐頼尚の嫡子直資のこととなる。少弐直資は、京都の公家洞院公賢の日記『園太暦』の貞和四年八月一一日条に写し取られた前日の除目聞書《じもくききがき》にみる「大宰少弐藤原頼喬」とみられ（「頼喬」は「直資」の誤り）、同年八月一〇日の除目で頼尚の嫡子直資が「大宰少弐」に補任され、頼尚は「筑後守」に移っている（『園太暦二』三八六頁）。したがってこの時点以降「大宰少弐」の官途は少弐直資が延文四年に討ち死にするまで背負ったわけで、直資の死去以降所見がないところをみると、この官途はいったん封印さ

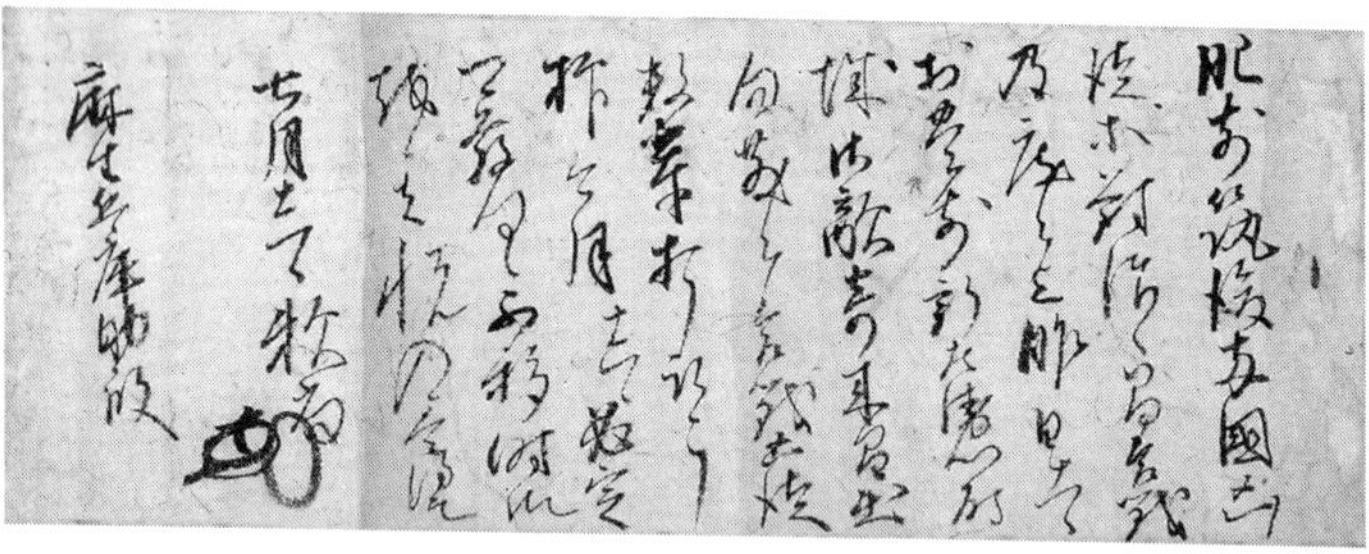

「麻生文書」（延文４年）７月12日少弐頼尚軍勢催促状

れたものとみられる。かくしてこの封印は頼尚の出家（一八八頁参照）を機に解かれたと考えられる。なお少弐直資の発給文書としてはかろうじて一点のみ、（観応二年）九月二一日付の挙状（「筑前由比文書」、『南北三』三一八七）をみいだすことができる。

『太平記』が描く大保原合戦の概要は以上の通りである。同書は軍記物語としての性格も持つので合戦談については誇張された点のあることは否定できないものの、合戦全体の輪郭を考えるとき『太平記』は大いに役立つ。

そこで『太平記』以外の、最も信頼のおける文書史料を探せば、この合戦に参加した武士たちが提出した軍忠状を中心にいくらかみつけることができる。たとえば、筑後国では正平一四年八月日木屋行実軍忠状（宮方として参戦。「筑後木屋文書」、『南北四』四一二九）、肥前国では（延文四年）八月日龍造寺家貞軍忠状（少弐方として参戦。「肥前龍造寺文書」、『南北四』四一三〇）、延文五年二月日深堀時勝軍忠状（同前。「肥前深堀文書」、『南北四』四一八五）などがあり、このほか筑前の宗像大宮司（氏俊）が頼尚に味方したことが延文四年一〇月二三日足利義詮御判御教書（「筑前宗像文書」、『南北四』四一四八）によって知られる。

右にあげた軍忠状のなかで正平年号を持つ木屋行実のものには袖に五條良氏（頼元子息）の証判があり、他の武家方に味方した龍造寺家貞らのそれの奥には少弐頼尚の証判が加えられている。それらによって両軍において誰が軍事指揮をとったかを知ることができる。残存史料が乏しくて断定的なことはいえないが、実態としては宮方では筑後、少弐方では肥前・筑前の武士が主として動員されたと考えられる。同時期の将軍足利義詮御判御教書などでは、懐良を「筑後宮」と表記している（『南北四』四一一四・四一二〇―二二・四一四六・四三四一）。

少弐頼尚敗北の報は京都の将軍足利義詮を狼狽させたに相違ない。東寺の僧侶の日記とみられる「延文四年記」（『続群書類従』二九輯下）一〇月二日条にみる「菊池於九州合戦了、少弐被討了」の記事は大保原合戦に関わるものである。遅くとも情報は一〇月の頭には京都に伝わっていた。将軍義詮は懐良・武光討伐の綸旨の下付を後光厳天皇の北朝に要請し、朝廷では延文四年一一月七日にその綸旨の文章についての検討が行われている（「園太暦」同日条、『園太暦六』三〇七頁）。

ちなみに、筑前国遠賀郡を本拠とする国人麻生氏に伝わる「筑前麻生文書」麻生兵庫助あて（延文四年）七月一二日少弐頼尚軍勢催促状によれば、同年八月六日の合戦にむけて、それに先立つ七月一二日に頼尚が筑前の麻生氏に軍事動員を懸けていることが知られるが、有川宜博の指摘のように、これによって頼尚が決戦に備えて多くの配下の軍勢を招集している様子の一端をうかがうことができる（『南北三』三五六七。北九州市立歴史博物館（有川宜博編）『中世史料集　筑前麻生文書』二〇〇一年、五頁）。

3　懐良親王令旨と時代の趨勢

菊池時代懐良親王令旨の分布

前述のように、懐良親王の菊池時代は、肥後菊池に征西の本拠を構えた正平三年（貞和四、一三四八）初から、正平一四年（延文四、一三五九）八月の大保原合戦（筑後川合戦）を勝利して同一六年（康安元、一三六一）八月に念願の大宰府を攻略して征西府をここに移すまでの一三年半に及ぶ。このうち、正平三年六月ころの懐良の「成人」を契機とした懐良親王の本格的な征西活動にともなう令旨の変容について、すでにいくつかのポイントにそくして述べた。これを受けて、ここでは懐良親王の菊池時代に出された令旨すべてを検討の対象にして、その内容と形式の変化の仕方、およびそれをもたらした背景的事情に留意しつつ、検討することとしたい。懐良親王令旨は選別の基準の取り方によって若干の差が出てくるが、以下では「恐々謹言」の書止めのものは書状とみて除外した。

ここでの検討の対象となる懐良親王令旨は、右で述べた一三年半の間に出されたものである。具体的にいえば、恵良惟澄にあてた正平三年（一三四八）二月五日付（「阿蘇家文書」、『南北三』二四三六）より、正平一六年（一三六一）五月二五日付（同、『同四』四二七一）までの全五三通である。年平均で四通程度であるが、残存の実際は決して均等ではなく、年によってかなりのバラツキがある。概していえば、正平三〜六年の間は毎年一〇通前後あったものが、正平七〜一五年には毎年数点に減少し、この間の正平九年（一三五四）にいたっては一通も見いだしていない。正平一六年には復活して多く残存するのも、いかなる理由によるものか興味のひかれるところである。あるいは正平八年（文和二、一三五三）二月二日の筑前国針摺原《はりすりばる》の戦いで武光・頼尚の連合軍が道猷の軍勢に大勝利した結果、懐良親王が出す令旨に軍勢催促関係のものが減少したことに起因するのかもしれない。

懐良親王令旨の内容・様式の変化

次に内容の面について述べよう。この点についてもやはり正平八年（文和二）二月の筑前国針摺原合戦の影響を真っ先にあげねばなるまい。先に、懐良の「成人」（正平三年）にともなう征西事業の本格化がその令旨にいかなる変化をもたらしたか、換言すれば懐良が成人ののち九州経営に向けて自らの判断でどのような積極的行動に出たかについて述べるところがあったが、ここでは菊池全時代にわたって懐良令旨の変化を様式と内容に即して述べ、もって先の指摘とつなぐこととしたい。

便宜的な指標として菊池時代の一三年間を正平八年二月の針摺原合戦を境にして前後に分けると、全五三点のうち前期五年強の間に属するもの三七点、後期八年半の間が一六点。右で述べたことと関連するが、残存の点数においては後期のほうが前期に比べて断然少ない。

内容的にみると、前期においては凶徒退治や合戦のための軍勢催促、それに合戦終了後の将士の忠節を褒める感状など、軍事関係の内容のものが多く、また令旨の所蔵先も「阿蘇家文書」がほとんどである。ところが後期になると残存の点数は断然減るものの、内容的には軍勢催促など軍事関係のものもあるが、所領訴訟、所領所職の知行・安堵に関するもの、それに神社（肥前国櫛田宮）造営に関するものなど軍事関係以外がかなりのウェイトを占めてきている。これは明らかに征西府をめぐる諸事情の変化の結果といわざるをえない。その変化は、征西府が従来の軍事的機能のほかに、社会的な統治権的な機能を併せ持つようになったことに起因するといわねばなるまい。こうした征西府の新しい権能はさらに充実・強化されつつ、次の大宰府征西府時代へと受け継がれる。

また懐良令旨の宛所についてみると、すでに指摘したように、正平五年（観応元、一三五〇）四月あたりを境にして、それまでほとんど阿蘇氏あてだったのが、むしろ阿蘇氏あて以外のものが多くなっている。

懐良親王令旨の時期的変化は、右述した内容の面とともに、その書止めの文言にも顕著にあらわれている。菊池時代の懐良令旨の書止め文言は、その前の谷山時代の特徴を受け継ぐ一方で、「依（征西大）将軍宮（家）御気色（仰）、執達如件」、「…候歟、仍執達如件」などの異型もあらわれる。注目すべきは、だいたい正平一〇年ころより谷山時代にみた「依仰、執達如件」、それに先ほどの「仍執達如件」が大きな比重を占めてくることである。この書止め文言は、たとえば鎮西管領一色道猷の文書に典型的に使用されているように、もともと武家文書に常用されることはいうまでもない。これも正平八年の筑前国針摺原の戦いでの大勝利を契機に、懐良の九州計略が力強く押し進められた歴史過程に相応ずる現象と考えてよいのではあるまいか。

合戦の時代はその時代の文書の様式を変容させているのである。太陽の光があまねく地表を照らすように、時代変革の波はその時代のあらゆるものに影響を与えずにはおかなかった。

九州における観応の擾乱は、懐良親王―菊池武光を基軸とする九州南朝軍にとって絶好の充電期間となったといってよい。これに引き続く文和～延文年間（南朝では正平年号が続く）も、懐良の九州南朝にとってはその余波とでもいうべき追い風の吹く時期であった。ここでは、懐良の菊池時代一三年半の間、特に京都の幕府政局はどのような状況であったか概略みておくことにしよう。

菊池時代の幕府政局

幕府にとって観応の擾乱というできごとは、それまでのいわゆる「二頭政治」を克服して将軍を中心とした強固な支配組織体として成長するためには避けては通れない関門みたいなものであったが、その代償もまた大きかった。幕府を支える武士たちの間での抗争はいっこうに止まず、むしろますます熾烈さを加えてきた。彼らは自らの利害に従って敵となったり味方となったりして、その去就は定まるところを知らなかった。幕府政治を揺さぶるような有力守護間の抗争は多くの場合、守護職をめぐるトラブルが原因であった。この傾向は特に観応の擾乱の終息後に顕著で、そのことはまた守護職が武将たちの勢力拡大のための最大の武器だと認識されたことを示唆している。こうした幕府内部の種々の混乱がもともと弱体の南朝を勢いづかせたものと考えられる。

また懐良の菊池時代は幕府にとっては将軍の代替わりの時期にあたっていたことも見過ごすことはできまい。百戦錬磨の初代将軍足利尊氏がおよそ文和四年（正平一〇、一三五五）ころに将軍権力の核心たる恩賞宛行権を行使しなくなったとみられ、代わってそれまで将軍職の見習いとして幕政に参画していた嫡子義詮がこれを専掌するようになるが、その三年後の延文三年（正平一三、一三五八）四月には尊氏が五四歳の生涯を閉じている。こうした武家勢力結集の中核たる将軍の代替わりの時期には、政治・軍事組織としてのタガが緩みがちになるのはごく自然のなりゆきである。そうした幕府政治の内情が結果的に南朝に有利に働いた可能性は否定できない。

加えて足利直冬の関わりも侮れない。直冬の九州時代のことはすでに述べたが、ここではそれ以降のことをあらあら述べておく。直冬は文和元年（正平七、一三五二）末に九州を去り長門国豊田郡に転進、同国豊田城に移り、翌二年二〜三月には「鎮西兵衛佐（直冬）乗勝以外」とか「鎮西以外蜂起、直冬勢欲東漸（勢力が次第に東方へと移り進むこと）」（『園太暦』文和二年二月二〇日、同三月二四日条）という情報が京都に伝わり、幕府の心胆を寒からしめたが、おそくとも同年（文和二）五月からは明確に南朝年号たる「正平八年」を用いている（「正法寺文書」正平八年五月一三日足利直冬御教書、『山口県史史料編中世3』七七四頁）。同月直冬は周防国府に着到（『園太暦』文和二年五月一九日条）、九月には南朝の後村上天皇綸旨をうけて「惣追捕使」「諸国守護」などの任務を仰せつかり（『園太暦』文和二年九月三〇日条）、さらに文和四年（正平一〇）一月には南朝軍の総大将として入京を果たしている（『園太暦』文和四年正月二二日条）。こうした南朝軍としての足利直冬勢力の京都接近のニュースは将軍尊氏、嗣子義詮を狼狽させ、京都の町を恐怖の底に落とし入れたに相違ない。このような直冬の働きは九州南朝にとって願ってもないことであったろう。ちなみにこの間の正平八—九年ころ、東上途中の足利直冬は、幕府に帰降するまえの周防の有力武将大内弘世（貞治二年〈一三六三〉から周防守護）の熱烈な歓迎を受けたとおぼしい。その理由は、「興隆寺文書」に収める正平九年正月一八日大内弘世書下に据えられた弘世の花押が、前年の正平八年九月二二日足利直冬書下に据えられた花押と比べて輪郭がよく似ていることである。この書下で足利直冬は大内氏の精神的中核たる興隆寺を「祈願所」に指定している（『山口県史史料編中世三』三一二頁）。

少弐頼尚の引退と子息冬資・頼澄の登場

延文四年（正平一四、一三五九）年八月の筑後国大保原合戦における少弐頼尚の敗北は、頼尚を引退の道へと誘うことになる。頼尚は大保原合戦のとき数

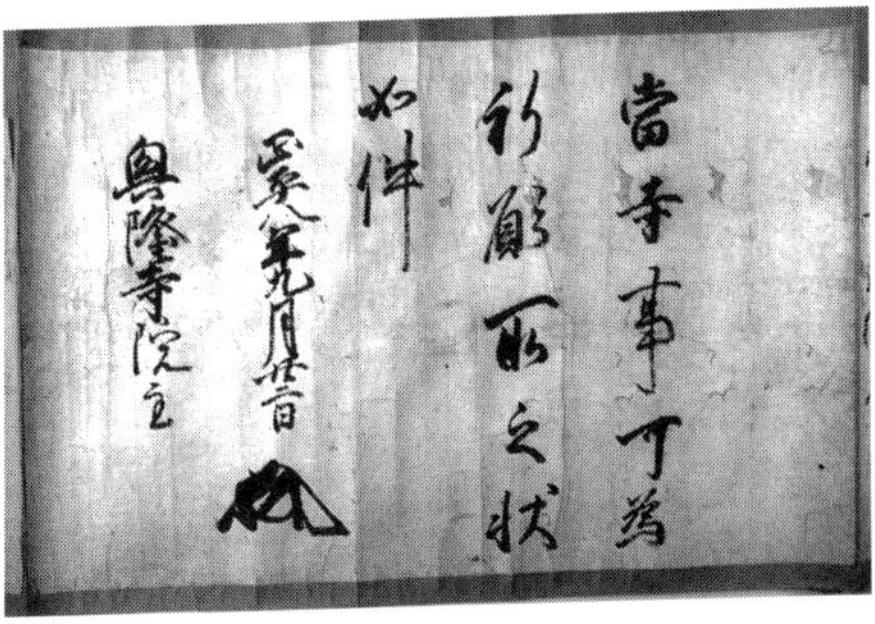

「興隆寺文書」正平８年９月22日足利直冬書下

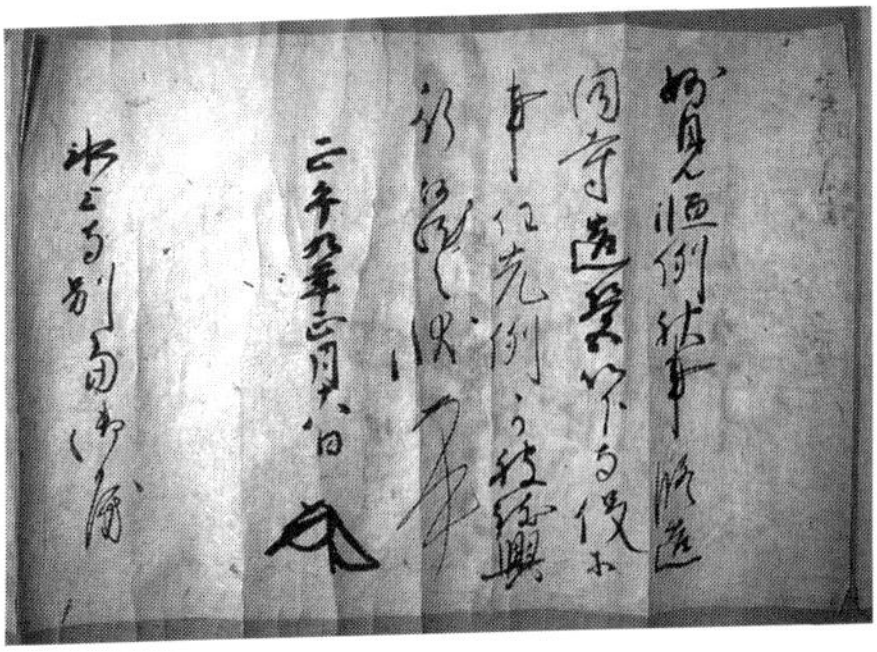

「興隆寺文書」正平９年正月18日大内弘世書下

え年六六歳に達していた。

この合戦ののち頼尚は幕府方の筑前・肥前・対馬守護に補されている。たとえば、頼尚が、宗像大宮司氏俊の訴える筑前国宗像荘内山口上下村地頭職について、配下の那珂次郎左衛門入道に命じ「去文和元年十一月日御教書幷引付御奉書」で示された通りに、守護代とともに現地にのぞんで下地を氏俊代に渡付するよう命じた、延文五年（一三六〇）二月一一日少弐頼尚遵行状は頼尚の筑前守護在職を証するものである（「筑前宗像文書」、『南北四』四一七九）。このほか、延文四年一〇月から翌五年八月にかけて筑前や肥前の武士の軍忠状に頼尚が軍功認定のための証判を据えた事例が数点残っており（『南北四』四一五一・四一八五・四一九二・四二二四）、頼尚がこの地域における合戦の軍事指揮に関与していた様子がうかがわれる。こうした点からみると、少弐頼尚は大保原合戦敗北ののちは幕府方の立場にたち、ある程度の政治・軍事的活動を行っていたと考えてよい。

では頼尚の引退はいったいいつであろうか。年次が明記されている少弐頼尚発給文書の最後は、「宗家御判物写」に収める康安二年（貞治元、一三六二）四月一一日書下（『南北四』四三五七）である。内容は、頼尚（すでに出家して本通）が須毛三位御房を対馬島国府天満宮の宮司職に補任するというものである。この史料は頼尚の対馬守護在職の徴証ともいえるが、この時期を最後に頼尚の発給文書はみえなくなるので、頼尚の歴史上からの引退は貞治元年（一三六二）とみてよいであろう。年齢は六九歳（その没は約一〇年後の応安四年〈一三七一〉一二月二四日。「肥前光浄寺文書」『佐賀県史料集成古文書編五』一一〇頁、『太宰府市史中世資料編』口絵写真）。

こうして頼尚は引退への道をたどるわけだが、それに前後するかたちで登場するのが頼尚の子息冬資と頼澄である。この二人の兄として「少弐嫡子太宰新少弐頼高」（直資のこと）がいたが、大保原合戦で討死した（『西源院本太平記』九四九頁。流布本は「忠資」に作る）。

まず少弐冬資である。冬資の発給文書の初見は、以下に引く延文五年（正平一五、一三六〇）と考えられる四月九日書状である。

度々進状候之間、定参著候哉、抑武光（菊池）以下凶徒等打越志摩郡（筑前国）候、対治事、御一族同心ニ早々御打出候者、自是も可攻合候、大友方（大友氏時）昨日八日被著豊前築城（築城郡）候、阿蘇大宮司（阿蘇惟村）も可着之由申遣候、又常州（宇都宮守綱）一族共ニ被打加当陣了、所詮、今明令談合、急速〇可罷立候、相構〱以夜継日、可有御打上候、公私一向奉憑候、於今度者、以別儀、被御覧継候者悦入候、委細頼国（少弐頼尚の子直資の子）方より可申候、恐々謹言、

　　卯月九日（延文五年）　　冬資（少弐）（花押）

佐志次郎三郎（強）殿

（「東京大学文学部所蔵斑嶋文書」、『南北四』四一九四）

この文書は、少弐冬資が、宮方の菊池武光が軍勢を率いて筑前国志摩郡に打ち越したのを受けて肥前の佐志次郎三郎（強）に一族同心して馳参するよう催促をかけたものである。そのなかで、冬資は豊後の大友氏時や肥後の阿蘇惟村、豊前の宇都宮守綱も味方として当陣に加わったと述べ、冬資の幕

府方軍勢のなかでの頭目的な立場をよく表しており、少弐氏ではすでに頼尚に代わって子息冬資が軍事行動の実質的な指揮をとっていたことがうかがわれる。少弐冬資の官途「大宰少弐」は、すでに康安元年（正平一六、一三六一）八月にはあらわれている（「宗像神社文書」少弐冬資寄進状、『南北四』四二九〇）。

このときにはすでに頼尚から冬資への家督の交替がなされていたとみられる。ではそれはいつのことか。おそらくそれは頼尚の出家時であろう。そこで頼尚の出家の時期を割り出してみよう。頼尚が俗名で登場する最後は（延文五〈一三六〇〉ヵ）九月一四日書状（『南北四』四二二七）であり、法名の本通で登場する最初は「康安元年」（一三六一）一二月一三日書下・書状（『南北四』四三三〇―一）であることから、頼尚の出家は延文五年（一三六〇）後半から翌康安元年末の約一年半の間になされたものと考えられる。おそらくこのときに家督の譲渡もなされ、継子冬資が「大宰少弐」の官途も獲得したのであろう。

冬資の軍事指導者としての活動は、貞治元年（康安二、正平一七、一三六二）一〇月～貞治五年六月にかけての肥前・豊前の武士が提出した軍忠状に冬資の証判が認められることによってある程度知られる。これに少し先立つ康安二年九月二一日に筑前国長者原合戦が起こり、冬資と鎮西管領斯波氏経の連合軍が菊池武光の軍と戦って敗退している。

冬資は、筑前国守護（在職期間は、康安元―貞治元↓、および↑応安六↓）と対馬守護（同じく、↑貞治三―貞治六↓）を歴任し、少弐一門で幕府方の有力守護として活動するが（今川了俊の書下や奉書があてられている）、永和元年（天授元、一三七五）八月二六日、菊池氏の本陣隈部山城を攻略すべく肥後国水島原に取陣していた鎮西管領今川了俊によって謀殺された。このため遊軍の薩摩島津氏久・豊後大友親世の反発と離反を招き、これ以降今川了俊は彼らへの対応に主力を奪われることとなり、九州の政治的な対立抗争の構造と性格が大きく変わることは周知のところである。

続いて少弐頼澄である。頼澄の発給文書の初見は、「肥前武雄神社文書」正平一六年（康安元、一三六一）八月日大宰府庁下文（『南北四』四二九七。本書二一八―九頁に掲載）である。この文書は大宰府庁が肥前国武雄社に下したもので、検注収納の沙汰のために当年沙汰人職を定め遣わすことを報ずるもの。全一二人の署判者の筆頭「執行藤原朝臣（花押）」がほかならぬ少弐頼澄であることはその花押の形状によって知られる。

この文書の内容については、懐良親王の征西府が大宰府と博多を制圧した状況のなかにあって、少弐頼澄が、大宰府の在庁組織を管轄下において大宰府組織を利用して支配下の神社から戦費としての兵粮料を徴収・確保しようと企図、そのうちの武雄社に対して出されたものがこれであると理解されている（正木喜三郎『大宰府領の研究』文献出版、一九九一年、一二二頁）。また『太宰府市史中世資料編』（太宰府市、二〇〇二年）は、これによって「大宰府自体の政治的機能がこの段階でもまだ一応機能したとみられている」と記す（四八三頁）。しかしほかに関係史料がなく、明確・詳細なところは不明というしかない。けれどもここでは、頼澄が、征西府が大宰府を掌握した正平一六年当初から大宰府の現地最高責任者として大宰府機構を動かせる地位におり、征西府の重要なメンバーとして大宰府の統治機能を実際に稼働させている点を確認すればそれでよい。

右の正平一六年八月の大宰府庁下文に署名したのち、頼澄がどのような文書を発給しているかについてみると、まず「山城八幡善法寺文書」正平一六年一〇月二二日少弐頼澄遵行状がある（『南北四』四三一二、『唐招提寺史料一』吉川弘文館、二〇一五年、一六九頁）。

頼澄には征西将軍（懐良・良成）の令旨が計五点ほどあてられており、それによって彼が豊前守護（在職期間は、↑正平一六―正平二〇↓）、筑前守護（同じく、↑天授元↓）、それに対馬守護（同じく、↑正平二四―天授元）に在職したことが知られている。

頼澄も冬資と同様に「大宰少弐」を官途とした。頼澄の「大宰少弐」の史料的初見は、「山城八幡善法寺文書」正平一六年（一三六一）一〇月一八日懐良令旨（『南北四』四三一一、『唐招提寺史料一』一六九頁）であり、右で述べた冬資の場合を併考すると、両人が「大宰少弐」を称したのはほぼ同じ時期であることが知られる。つまり頼尚が出家してのち、二人の子息がともに「大宰少弐」を名乗ったことになる。むろん、冬資が幕府方、他方の頼澄は宮方（南朝方）である。

阿蘇惟澄の動向と子息惟村・惟武の登場

右で延文四年（一三五九）八月の大保原合戦以降の少弐氏の動向について述べたから、ついでに阿蘇氏のことを少し説明しておこう。

阿蘇一門の惣領惟時の没が文和二年（正平八、一三五三）と考えられることは前述した。それ以降、惟澄の全盛時代が到来したかと思われるが、実はそうではない。

惟澄が早い時期から南朝方として活動してきたこともすでに述べたが、今日に残存する惟澄の発給文書はそう多くはない（とはいえ惟時ほど少なくはない。『阿蘇文書』の伝来上の問題に起因すると思われる）。中心となるのは正平年間の前半期に集まっている感のある申状群であり、内容は自身の軍事行動に関する征西府への上申である。他方、惟澄は肥後国守富荘半分地頭職をめぐって河尻氏と争っていた。

こうして宮方として鳴かず飛ばずの状況にあった惟澄に突如時代の光が当たり始めたのは、征西府が大宰府入りに王手をかけた大保原合戦（正平一四、一三五九）の勝利以後のことである。合戦の翌々年の正平一六年二月には左の懐良親王令旨が惟澄あてに出されている。

肥後国阿蘇社務職并神領等事、如元可被致沙汰之状、依　仰執達如件、

正平十六年二月三日　勘解由次官（五條頼元）　花押

大宮司殿（恵良惟澄）

（「阿蘇家文書」、『南北四』四二四五）

肥後国阿蘇社の社務職と神領を惟澄にもとのごとく沙汰させるという懐良令旨であり、宛所は「大宮司殿」となっていて惟澄はすでに宮方の阿蘇大宮司に補されていたことがわかる。惟時の没後長く空位のままであった阿蘇大宮司のポストに惟澄が据えられたのである。さらにこの令旨を補完するように同年五月になって再び左の令旨が出された。

肥後国阿蘇（阿蘇郡）社社務職并神領等事、先年以惟時（宇治）跡、被仰付畢、早守先例、可被致其沙汰者、依　仰執

達如件、

正平十六年五月廿五日　　勘解由次官（五條頼元）花押

阿蘇筑後守（惟澄）殿

（「阿蘇家文書」、『南北四』四二七一）

内容的には前の二月三日令旨と同じであるが、惟時跡をあらたに惟澄に仰せ付けることを明記した点、そして宛名が「恵良」ではなく「阿蘇」筑後守となっている点が注目される。ここにいたって征西府はかつての惟時に代わる重い役割を惟澄に本格的に期待し始めたのであろう。

こうして新たに注目を集め始めた惟澄に、幕府も熱い関心を示したのであろうか、延文六年（正平一六）二月二一日、惟澄を肥後国守護に補するという条件で誘惑しているが（「阿蘇家文書」、『南北四』四二五五）、惟澄は応じなかった。惟澄の没は通説では貞治三年（正平一九、一三六四）九月二九日とされている（『国史大辞典1』吉川弘文館）。おそらく惟澄はその没直前まで大宮司であったが、すでに子息惟村は武家方の大宮司に据えられていたと思われ（「阿蘇家文書」〈康安二年〉八月九日鎮西管領斯波氏経書状、『南北四』四三八二）、宮方の惟澄、武家方の惟村という二人の阿蘇大宮司が並び立っていた。とはいえその惟澄は、正平一九年（貞治三）七月一〇日、「阿蘇三社大宮司惟澄」の名で、嫡子宇治惟村に対して「阿蘇四箇社領、本家領家地頭兼大宮司職幷当国他国所領等」を綸旨・令旨、それに重代証文を副えて譲与している。こうしてみると、惟澄は最終的には嫡子惟村で阿蘇氏を結束させようとしたものと思われる。

惟澄に代わって登場するのが、惟村・惟武の二人の子息である。このうち嫡子は惟村とされている（「阿蘇家文書」正平一九年七月一〇日阿蘇惟澄譲状、『南北四』四五三七）。この二人の兄弟の動きは、先に述べた少弐頼尚の二子息冬資・頼澄と同じように、延文四年（一三五九）八月の大保原合戦以降にならないと明確でない。このことは両人の父惟澄が少弐頼尚とほぼ同じ時期に政治の世界から引退したことによるであろう（先に頼尚の引退は一三六二年と推定した。惟澄は一三六四年か）。

まず惟村である。惟村は、正平一七年（康安二年＝貞治元、一三六二）八月九日には「阿蘇大宮司」としてみえる（「阿蘇家文書」鎮西管領斯波氏経書状、『南北四』四三八二）。惟村がこれ以降応永年間にいたるまで「阿蘇大宮司」を名乗ったことが、鎮西管領今川了俊からあてられた多くの文書の宛名によって知ることができる。惟村あての文書がほとんど武家方であることからわかるように、惟村は武家方の阿蘇大宮司として、特に応安年間には鎮西管領今川了俊の同志として軍事的な活動を展開している。ちなみに、惟村にあてられた文書は多いが、逆に発給した文書は不思議とほとんど残存していない。

続いて惟武。惟武という諱名の「武」字は菊池武光の偏諱である。惟武の名が史料に登場する最初は、このときの正平一六年二月二九日菊池武光加冠状（「阿蘇家文書」、『南北四』四二五九）であり、その後、公的な文書にその名を表す最初は、正平一九年（貞治三、一三六四）一〇月一九日懐良親王令旨の宛所である（「阿蘇家文書」、『南北四』四五五八）。そこでの表記は「阿蘇八郎次郎」となっている。

惟武が阿蘇大宮司に補任されたのは、正平二〇年（貞治四、一三六五）三月二八日のことである

平二〇年、一三六五）四月二三日藤原某起請文（「阿蘇家文書」、『南北四』四五六九）である。

以上のように、現存史料によるかぎり、二人が阿蘇大宮司として登場するのは貞治年間初めのほぼ同じ時期である。しかし両人をめぐる状況からみると、惟村が嫡子であったから惟村がやや先にしかも武家方として就任し、すこし遅れて（おそらく惟澄の没後）、惟武が二人めの宮方の大宮司に立てられた可能性はある。先任の惟村が立場的に武家方に傾いたので、それに対抗する勢力（菊池武光らが惟武を宮方の大宮司として擁立したのではないか。正平一九年一〇月一九日付の惟武あて懐良令旨（『南北四』四五五八）において、「惟澄遺跡相続事、被聞召畢」とみえるので惟澄が定めていた家督の地位は宮方で惟武と差し替えられたもようである。家督の地位をめぐる何らかの抗争があった可能性が高い。

こうして阿蘇氏一門のなかにも、少弐氏の「大宰少弐」と同じように、武家方と宮方との二人の「阿蘇大宮司」が登場し、それぞれに結集した勢力が合従連衡して敵に当たることとなった。こうした種々大小の勢力が織りなす南北朝時代後期の九州政治史が複雑きわまりないことはむしろ当然のことだといえよう。

第五章　大宰府征西府の全盛時代

1　大宰府征西府の成立

先導役は菊池武光

大保原合戦から二年後の正平一六年（一三六一）八月、懐良はついに律令の昔、九州統治の政庁のおかれた大宰府に入った。筑前国大宰府は、鎌倉時代初期以来、筑前国の守護職を中核として当国を中心に北部九州に強大な勢力を張っていた少弐氏の本拠であったから、懐良の入府は武家方の少弐頼尚を駆逐してはじめて可能となったわけである。懐良の薩摩上陸が興国三年（康永元、一三四二）五月であったから、九州を縦断するのにかれこれ一九年かかったことになる。

律令制下の政治都市としての機能を喪失したとはいえ、中世の大宰府が九州の中心として九州全域に対して持つ伝統的地位にはなお重いものがあった。九州計略の使命を負う懐良が、大宰府に征西府

大宰府政庁跡（福岡県太宰府市）

をおいたのは当然のことであった。鎌倉時代以来大宰府を本拠とした少弐氏がほかの九州の守護クラスとは異なる特別な存在だったのにはそのような理由があった。

この懐良親王の大宰府入りの先導役をつとめたのは、やはり菊池武光であった。正平一六年（康安元、一三六一）五月より懐良を奉じて日向方面の征討に専念していた武光は、少弐氏の筑前西部における軍事行動を聞き、一転軍を北に向け、七月には筑前に到達し、大宰府を本拠としていた少弐頼尚を攻めてこれを追い詰める一方、筑前の少弐党を討伐して、翌八月には筑前を支配下に入れた。これにともなって、懐良はついに念願の大宰府入りを果たすわけである。むろんのこと、律令時代より大宰府の外港として発展し、鎌倉時代には蒙古襲来という外寇事件を経験したのち、鎌倉末期には国際貿易港として九州の中心都市となっていた博多もあわせて南朝軍によって制圧された。

こうして、征西将軍宮懐良親王を首班とする征西府の、一二年に及ぶ全盛時代が到来することとなった。おりしも南朝軍の全国的な衰微のなかで、ひとり九州南朝軍だけがひときわ強い光彩を放った時期である。

菊池武光の優勢と阿蘇惟澄

正平一四年（延文四、一三五九）八月の大保原合戦で征西府軍を勝利に導いた菊池武光の勢威が飛ぶ鳥を落す勢いで高まったことは当然であっただろう。このときの武光の勢威の強大さは、本来ならば比べものにもならないほど強大な存在であった同じ肥後国の雄族阿蘇氏との関係性のなかにくっきりと映し出されている。そこで左の二通の文書をみよう。

①菊池武光書状

社領安堵事、令旨（懐良親王）幷御教書案文、加一見候了、可存其旨候、其間子細令申御使候了、恐々謹言、

（正平十六年）二月十二日　肥後守武光（菊池）花押

謹上　阿蘇筑後守（惟澄）殿　御返事

（「阿蘇家文書」、『南北七』七〇八二）

②菊池武光加冠状

加冠名字事、

宇治惟武

正平十六年二月廿九日　肥後守武光（菊池）花押

（「阿蘇家文書」、『南北四』四二五九）

このうち①は、武光が恵良惟澄にあてて、社領安堵の令旨と御教書の案文に一見を加えてそれが確

かなものであることを保証するというものである。また②は惟澄の子息の加冠の儀、つまり元服式という晴れがましい儀式にあたって、最も重要な加冠の役をつとめた菊池武光が阿蘇惟澄の子息に「武」という偏諱をあたえ、「惟武」という名前となったことを示すもの。①②ともに征西府を支える武将のなかでトップの座を得た武光の強大な権威を象徴するとともに、惟時なきあとの阿蘇氏の勢力が低下した結果としての、惟澄と武光との力の差をうかがわせるものである。

また左に引用する菊池武光請文は以下のような経緯のもとに書かれたものである。まず阿蘇惟澄が征西府の裁判所に阿蘇社領肥後国郡浦と小河のことについての提訴を行った。そして裁許として正平一六年九月五日付懐良親王令旨が当該地の属する肥後国守護菊池武光にあてて遣わされた。そこでこの令旨をうけた菊池武光は、守護代菊池武貫と窪田武宗を使節として現地に派遣し、下地を社家に渡付させようとした。ところが二人の使節は現地に莅《のぞ》んだものの、濫妨人の宇土道覚と名和顕興代に妨害されて社家に渡付することができなかった。二人の使節はその旨の請文（復命報告書）をそれぞれに二通ずつ武光のもとに提出した。そこで菊池武光は二人の使節が出した請文四通をつけて、同年一〇月一四日付で征西府の窓口に対して肥後守護としていきさつを報告をした。その報告書がこの文書なのである。

阿蘇大宮司惟澄（恵良）代信阿申、当社領肥後国郡浦（宇土郡）并小河（八代郡）事、任去九月五日　令旨（懐良親王）、守護代武貫（菊池）并
窪田（早岐）武宗為使節、遂其節候之処、如去十月一日武宗請文者、莅彼所、欲沙汰付下地於社家之処、於

郡浦者、宇土道光（高俊）代構城郭、至小河者、顕興（名和）代構要害、申異儀之間、不及打渡云々、同月同日武貫請文、子細同前、仍彼請文四通進上之、以此旨、可有御披露候、恐惶謹言、

正平十六年十月十四日　　肥後守藤原武光（菊池）　上（裏に花押）

進上　御奉行所

（「阿蘇家文書」、『南北四』四三〇九）

この文書はたまたま阿蘇惟澄が征西府に提訴した所領訴訟の処理システムのなかで菊池武光が当該国の守護として関わりを持った案件についてのものである。この所領訴訟の例からわかるように、征西府の統治機関としての実質は守護によって担われているというのが実態である。征西府が統治機関としての実質を備えるためには、国ごとの守護制度を充実させることが必須なのである。その意味でこの事例は、征西府を支える肥後守護菊池武光の役割を端的かつ具体的に指し示しているということができるし、換言すれば守護制度の整備・充実なしに征西府は延命できないということを示唆している。このように菊池武光は征西府の軍事的支柱としての役割を果たすとともに、征西府の統治制度のなかで重要な役目を担っていた。

長者原合戦

長者原合戦とは、正平一七年（貞治元、一三六二）九月二一日、筑前国長者原（現、福岡県糟屋郡粕屋町）で行われた菊池武光の宮方軍と鎮西管領斯波氏経・少弐冬資の武家方軍との合戦である。当時の懐良親王令旨などには「長者原合戦」と書かれている（『南北四』四四二〇―一）。また、宮方軍として戦った肥前国高来郡の武士安富泰重が提出した正平一七年一一月二五

長者原古戦場跡（福岡県糟屋郡粕屋町）

日軍忠状には、同年の九月半ばから一一月末にかけての長者原合戦を含めた一連の戦歴が具体的に記されていて、このような合戦に参加したふつうの武士たちの戦いぶりがうかがえて興味深い（「肥前深江文書」、『南北四』四四三〇）。それによると、安富泰重は、豊後国万寿寺→筑前国長者原→同国福井・一貴寺高嶽（怡土郡）→筑前→同国香椎（糟屋郡）・大隈（嘉麻郡）→同国筵打（糟屋郡）→博多津といったぐあいに、広範囲にわたって移動していることが知られる。いま一つ付言すると、この安富泰重軍忠状の奥（文書末尾の余白）には、宮方で合戦を指揮し作戦を立てた軍事指揮者、菊池武光の軍功認定を意味する証判が加えられている。

初代鎮西管領一色氏が九州より撤退したあと、九州南朝軍の隆盛に対処するために幕府から新たに派遣された斯波氏経は、康安元年（一三六一）一〇月大友氏時を頼って豊後に入り、武家方の巻き返しをはかった。翌年八月菊池武光は氏時を討つべく豊前に兵を進めたが敗北、さら豊後へ進むとみるや斯波氏経、少弐冬資（頼尚の子息）は、菊池武光の留守をついて大宰府を攻めようとした。九月二一日、武光の弟武義は長者原でこれを防ぎ、おりしも豊後から帰還した武光と合流して、氏経・冬資を豊後へ追い払った。冬資は一一月三日、香椎・大隈に兵を出し再度の抵抗をみせたが、武光につぶされてしまった。

この合戦は、筑前国の雄族少弐氏の勢力を大幅に減退させたのみならず、幕府から派遣されたばかりの新鎮西管領斯波氏経が、京都へ退却する直接的な契機となった。それが、同時に征西府側からみれば、大宰府征西府の黄金時代の幕あけを意味したことはいうまでもない。なお筑前国長者原合戦については「太平記」巻38に「筑紫合戦事」という見出しで記事がある。「太平記」は幕府が作ったようなものだから、この合戦が幕府にとってかなりの関心事であったと推察される（『西源院本太平記』一〇八七頁）。

2　大宰府征西府時代の懐良親王令旨

大宰府時代懐良親王令旨の概要

懐良親王の大宰府征西府時代は、正平一六年（康安元、一三六一）八月に大宰府に入って文中元年（応安五、一三七二）八月に大宰府から撤退するまでの、正味一一年間をいう。懐良親王の征西府の全盛時代である。この征西府の隆盛期には南朝の本拠は摂津国住吉神社におかれており、南朝天皇はこの間の正平二三年（一三六八）三月に後村上から長慶へと替わった。興味深いのは、この征西府の隆盛期間に南朝天皇の活動の跡を示す綸旨がほかの時期と比べて明らかに多く残っていることである。その理由としては、やはり征西府の隆盛が遠く畿内地方にあった南朝本部を支えたのでないかということが考えられる。

そこで大宰府征西府時代の懐良親王の動向を最も直接的かつ正確に知りうる史料としての年次の明

らかな懐良令旨について概略みてゆくことにしよう。まず残存する点数でいえば、正平一六年九月五日付（「阿蘇家文書」、『南北四』四三〇〇）から、建徳三年（文中元・応安五、一三七二）三月二三日付（「同」、『南北五』四九四八）までの約七〇点である。年平均でいえば約七点になる。この数字は参考程度にしかならないが、菊池時代の年平均約四点に倍しており、懐良親王としてはこの大宰府時代にほかの滞在時代に比べてはるかに多くの令旨を残していることは間違いない。それらは全体として大宰府征西府の隆盛のさまを物語る。

この一一年間における懐良親王令旨は、大宰府征西府時代の懐良親王が具体的にどのように活動し、統治機関としての征西府がどのように機能したかを知るための最も信頼のおける直接的な史料である。その意味から、以下、大宰府時代の懐良令旨の中味に分け入ってみよう。むろん内容と宛所とは密接に関係しているから、双方を切り離して考えるわけにはゆかない。内容は多岐にわたるので、いくつかにグループわけして整理してみよう。

内容的に一番多いのは、所領訴訟に関する令旨である。そのなかでも訴訟にかかる係争地（下地）を勝訴人に渡付せよという内容の、いわゆる下地の遵行《じゅんぎょう》を命ずるものが断然多い。下地の遵行とは、所領に関する訴訟において、係争地の押領を停止しこれを幕府が認定した正当な権利者に引き渡すことである。所務沙汰の遵行という行為を史料のうえでは通例「沙汰付《さたしつく》」と表現する。ときには「沙汰居」、「沙汰渡」といったりもする。一例をあげると左のようなものがある。

阿蘇大宮司惟澄申、社領当国小河《（八代郡）》幷郡浦《（宇土郡）》事、就注進状御沙汰畢、顕興《（名和）》・道光《（宇土高俊）》等申異儀云々、太無謂、重厳密可被沙汰《（付脱カ）》下地於社家之状、依　仰執達如件、

正平十六年九月五日　　勘解由次官《（五條頼元）》　花押

菊池肥後守《（武光）》殿

（「阿蘇家文書」、『南北四』四三〇〇）

この令旨は懐良が大宰府を制圧して間もない時期に出されたものである。内容をみると懐良親王が、阿蘇惟澄が訴える阿蘇社領の肥後国小河と同郡浦のことについて在地国人である名和顕興と宇土道光とが異議を唱えて承伏しないので、肥後国守護菊池武光に命じてあらためて厳密に惟澄に下地を渡付するようにと命じたもの。次にはこれを受けた肥後国守護武光が守護使を派遣して令旨の裁許を強制執行するという段取りとなる。したがって右掲の懐良令旨は下地遵行を該当国の守護に命ずるものである。この種の令旨は多く残存しており、他に豊前国守護の少弐頼澄あての懐良令旨も多くみられる。この内容の令旨が多く残っているということは同時に征西府の所領訴訟の処理が比較的円滑にされたことを意味しており、征西府の統治機関として最も重要な訴訟裁許の機能が有効に働いていたことになる。地域的にみると、こうした守護あての下地遵行令旨は肥後守護菊池武光と豊前守護少弐頼澄にあてられており、征西府の支持基盤が奈辺にあったかを推測させる。

しかし、征西府から下地遵行を命ぜられた守護は必ずしも征西府の指令通りに動いてくれるとは限らなかった。征西府の裁許に従って職務を遂行する側の守護・守護代が違乱を起こして征西府から叱

責されるという事態も起きている（「豊前大楽寺文書」正平二一年四月二九日懐良親王令旨、『南北四』四五七〇。正平二〇年閏九月二三日懐良親王令旨、「山城八幡善法寺文書」、『南北四』四五九三）。現存史料による限り、そういう事態は特に少弐頼澄の守護国豊前において発生している。所領訴訟関係と括った令旨はむろん右のような内容のものばかりではないし、宛所も守護以外のものが多々みられる。

所領安堵関係のものでは、個人あてのものと寺社あてのものとがある。個人あての二例をあげる。

①本当知行所領事、領掌不可有相違也、仍執達如件、

正平十七年十月八日　右中将（坊門資世）（花押）

松浦大嶋源次殿

（「来島文書」、『南北四』四四〇四）

②筑前国三奈木庄（下座郡）除弘安賞当知行輩分幷日向国飫肥（宮崎郡）南北両郷地頭職事、可令子孫相伝給者、将軍宮御気色如此、仍執達如件、

正平十八年九月九日　右中将（坊門資世）（花押）

謹上　勘解由次官殿（五條頼元）

（「五條家文書」、『南北四』四五〇七）

右の①は、懐良親王が肥前国大嶋源次の本領と当知行地を安堵せしめた令旨。この種の令旨が約一〇点残存しているが、これと同じ肥前の松浦党諸族にあてられたものの割合が高い。この点は以下に

述べる軍事関係の令旨の残存の特徴と相通ずるものであり、征西府と肥前国松浦党との関係の深さを考えさせる。

②は、懐良親王が、五條頼元にあてて所領筑前国三奈木庄、ならびに日向国飫肥南北両郷の知行を安堵せしめるもの。頼元は貞治四年（正平二〇、一三六五）出家、同六年（正平二二、一三六七）五月二〇日（二八日とも）、筑前国三奈木庄で卒する（七八歳）ので（『尊卑分脈四』一六一頁）、②の令旨はその三年半ほどまえに頼元に遣わされたことになる。それは、おそらく永年にわたって懐良親王を補佐し、征西府を全盛へと導いた最大の功労者五條頼元に対するねぎらいの意味がこめられた令旨といえよう。ちなみに、頼元が奉じた懐良親王令旨の最後は、「肥前光浄寺文書」に収められる正平一七年七月一日付である（『南北四』四三七三）。頼元ときに七三歳。

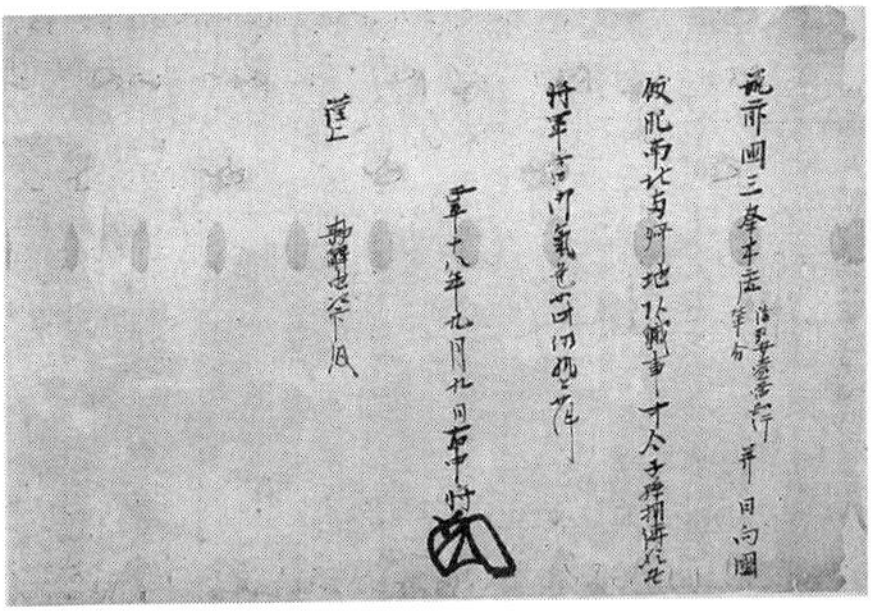

「五條家文書」正平18年9月9日懐良親王令旨

なお、安堵については以下のような史料もあり、このような特別のケースとして扱われる場合もあった。

惟澄（恵良）遺跡相続事、被　聞召畢、於安堵者、以一同之法、可有御
沙汰之旨、被仰下之状如件、
正平十九年十月十九日　　大蔵卿（坊門資世）（花押）

阿蘇八郎次郎（惟武）殿

（「阿蘇家文書」、『南北四』四五五八）

右の史料では、正平一九年九月に没した阿蘇惟澄の遺跡について、惟武がこれを相続することは認めるが、「安堵」においては後日「一同の法」をもって沙汰するというのであるから、安堵してもらうためには、もう一ランク上のハードルを越える必要があったと考えられる。

いま一つの寺社関係のものについても、一例をあげよう。

当寺領事、全知行、可被致御祈禱精誠之状、依（懐良親王）仰 執達如件、

正平十七年六月十三日　勘解由次官（五條頼元）（花押）

光浄寺長老

（「肥前光浄寺文書」、『南北四』四三六九）

右は、懐良が肥前光浄寺にあてた令旨で、同寺領を安堵し、祈禱の精誠を致すようにとの内容である。この種の令旨の残存例は極めて稀である。

軍事関係のものでは、おおまかに感状と軍勢催促とがある。それは征西府の軍事政権であることの証であるともいえるが、残存する史料による限り肥前国関係、特に松浦地方に結集する国人たちの関わりが意外と大きい。加えて催促では伊予国の有力武士河野氏に対してのものが散見すること、大宰府時代の末期である建徳二年（一三七一）七月には遠く大隅国の国人禰寝久清に軍勢催促をかけてい

ること（「禰寝文書」、『南北五』四八八四）が目を引く。

右の三つのグループに属さない令旨も少なくない。たとえば、①肥前光浄寺を勅願寺指定した正平一七年七月一日付（「肥前光浄寺文書」、『南北四』四三七三）、②肥前河上社の造営に関わる正平二一年八月七日付、建徳二年八月一九日付（「肥前河上神社文書」、『南北四』四六九三、『南北五』四九四八）、③守護使の入部を停止した正平二三年閏六月二三日付（「歴世古文書所収浄土寺文書」、『南北四』四七三八）、④懐良親王御筆法華経一部を社前に奉納した正平二四年五月三日付（「阿蘇家文書」、『南北四』四七七四）など、多岐にわたる。

懐良親王令旨にみる「沙汰付」

右で懐良令旨の概要について述べたが、このうちの所領訴訟関係の令旨のなかに頻繁に登場する「沙汰付」（＝遵行命令）という言葉に注目してみよう。史料のうえでは「沙汰居」・「沙汰渡」も出てくるが、繁雑さを避けてここでは「沙汰付」に統一する。

まず「沙汰付」という言葉についてはすでに言及したが（二〇二頁）、現行の国語辞典で調べると、「南北朝時代の訴訟手続きで、論所《ろんしょ》を現に支配し、またその支配権を有する訴人が、有力な証文を提出して訴訟を提起したとき、一応訴えの趣旨にまかせて、論所を守護または使節に命じて訴人に交付させること」（『日本国語大辞典第二版6』小学館、二〇〇一年、六八頁）とある。

なぜ「沙汰付」に注目するかというと、「沙汰付」という言葉は、その訴訟を担当した裁判機関がそれ相応の機能を充実させてはじめて使用することのできる用語だからである。つまり征西府の裁許としての懐良令旨のなかに使用される「沙汰付」の言葉は、征西府の裁判機関としての実質を測るためのバロメーターになりうるのである。そのような観点から懐良親王の令旨を通覧すると、どのようなことがいえるであろうか。

懐良親王はその五五年ほどの生涯で、前述のように総計約二〇〇通の令旨を残している。懐良親王令旨のなかに「沙汰付（居）」が登場する現存最初は、以下の文書である。

恵良筑後守惟澄申兵粮料所肥後国守富（益城郡）庄半分地頭職事、重申状具書如此、如注進状者、河尻七郎代官不避退云々、早任被定置之法、厳密可致沙汰居下地於惟澄之状、依仰執達如件、

正平十三年八月十三日　　勘解由次官（五條頼元）　花押

菊池肥後守（武光）殿

（「阿蘇家文書」、『南北四』四〇五九）

右の文書は、恵良（阿蘇）惟澄の訴える兵粮料所肥後国守富庄半分地頭職のことについて、河尻七郎（河尻幸俊の近親者か）代官が異儀を唱えて下地から退去しない、ついては定法に任せて下地を惟澄に渡付するようにとの征西府の命令が、肥後守護菊池武光に対して出された。ここで登場する係争地を渡付するという意味の「沙汰居」が、懐良親王令旨で使用された事例の最初である。

これより以前の懐良令旨に「沙汰付」の用語がでてこないということは少なからず注意されるが、しかしすでに正平一二年八月一七日少弐頼尚遵行状（一七三頁参照）に出ているところから考えると、これに先行する懐良令旨に遵行行為を意味する「沙汰付」が登場するのはそれ以前でなくてはならな

いが、かといってこの時点をさほど遡るものでもあるまい。関係史料からみて、おそらく懐良令旨に「沙汰付」が見え始めるのはおよそ正平一二年ころからと思われる（その意味でこれに近似する「可避渡下地」（傍点筆者）の文言を有する「筑後木屋文書」正平一二年七月二日懐良親王令旨は参考となる。『南北四』三九七五）。征西府の最盛期というべき大宰府時代の懐良親王令旨に、「沙汰付」の文言が頻出するのは至極当然のことである。

時期的にみると、右の令旨の年次である正平一三年は、正平八年二月の針摺原合戦の勝利をふまえ、それより六年ほど後の大保原合戦（正平一四年八月）にかけて急速に政治力・軍事力を強化した時期にあたり、この時期に征西府の政治制度が見違えるほどに整備された可能性は高い。「沙汰付」に象徴される征西府の制度的な充実も、正平一六年八月の大宰府入りを可能にした大きな要因であったとみてよい。

なお、右掲の正平一三年八月一三日懐良令旨に関しては、永井英治が、翌一四年二月日恵良惟澄申状（「阿蘇家文書」、『南北四』四〇九三）に「…守護人肥後守武光不及遵行之状、背定法、…」とあることと関連させて、「征西府権力に遵行に関する手続き法及び罰則規定が存在したこと」、それは同時に征西府よる「所領政策としての性格をもつ遵行に関する手続き法」であったことを指摘し、筑前国筥崎宮が南朝年号を使用した歴史的な背景を考察した（「南北朝内乱期の所領返付政策について」、「雲雀野」『豊橋技術科学大学人文・社会工学系紀要』19、一九九七年、一〇一―三頁）。ちなみに、筥崎宮と同じ筑前国の宗像神社にも正平年号の文書が残存していて南朝との関係が注目されているが、この二つの神社の南朝年号使用は、おそらく同じ歴史的背景を持っている。今後の検討が待たれるところである。

右の例のように、征西府における下地遵行手続きは、通例、征西府（懐良令旨）↓当該国の守護、その後に守護↓使節（遵行使）の順で進行するが、場合によっては、守護を飛び越えて征西府より遵行を命ずる令旨が直接使節に対して遣わされたケースがある。これは守護に何らかの問題がある場合で、そのよい例が先に少しふれたところのある豊前守護少弐頼澄のケースである（二〇二―四頁参照）。関係史料をあげよう。

八幡宇佐宮神輿動坐事、注進幷宮寺解状披露了、所詮、先度被載(裁)許地事、莅彼所々、任注文、可被沙汰、次守護人頼澄(少弐)押妨地事、子細同前、於頼澄罪科之段者、厳察(密)可有其沙汰也、次守護代武尚(菊池)違乱事、被尋仰之処、不存知云々、不及意儀(異)、同可打渡之、次京済分事、雖為各別、沙汰之篇以別儀所被（脱アルカ）寺家也、此上者不日帰坐、可専神事・仏会之旨、可被相触神官所司之由、被仰下之状如件、

正平廿年潤(閏)九月廿三日　　左少将(胤房)　御判

別符安芸守(種此)殿

斎藤左衛門大夫殿　同前

（「八幡善法寺文書」、『南北四』四五九三）

右の史料は宇佐八幡宮神輿の動座に関わるものである。神輿の動座にいたる経緯は必ずしも明確で

ないけれども、内容から推察すると宇佐八幡宮寺（弥勒寺）の所領訴訟に関して豊前守護少弐頼澄と守護代菊池武尚が何らかの押妨行為をなし、それに対して宇佐宮側が神輿動座という宗教的な方法による実力行使に出たものらしい。こういう事態に対して、征西府が採った措置が右の懐良令旨だということになる。守護と守護代の違法行為については、「守護人頼澄（少弐）押妨地事」、「守護代武尚（菊池）違乱事」と明記している。

注目すべきは宛所である。豊前守護少弐頼澄ではなく、別符安芸守（種此）と斎藤左衛門大夫の二人に連名であてられている。別符と斎藤はおそらくともに豊前の有力国人であろう。なぜ懐良令旨が少弐ではなくこの二人にあてられたかというと右のような事情があって、懐良は通例のように豊前守護少弐頼澄にあてて係争地の遵行をともなう令旨を出すわけにはゆかなかったのであろう（右の令旨のなかの「任注文、可被沙汰」の「沙汰」は「沙汰付」に限りなく近い）。

参考までにそれ以降の「沙汰付」について述べておこう。現在知られている懐良令旨による限り、「沙汰付」の用語は右を初見として正平一六年以降の大宰府征西府時代には割と頻繁に登場している。懐良親王令旨での下地遵行の命令は、肥後国の場合は守護菊池武朝を通しているが、豊前の場合は右に述べたように、守護少弐頼澄に問題があってか、頼澄にあてられず直接に使節にあてられるというケースもみられる。

3 大宰府征西府の機構

訴訟制度の整備と南朝勅裁の執行

南北朝時代の武家と公家両政権の訴訟制度についての研究は、幕府と北朝にそくしてなされたものがほとんどであり、こと南朝の訴訟制度となると関係史料が乏しいため研究対象にされにくく、ために南朝の訴訟制度がどのようであったか、ほとんどわかっていない。ただ、南近畿の南朝に関係の深い寺社に残った片々たる史料から、断片的には知られることもある（拙著『皇子たちの南北朝』中央公論新社、二〇〇七年）。その南朝の分枝としての征西府であるから、政治・訴訟機関としての仕組や制度となると、南朝以上にわからないことが多いのは当然である。

しかし征西府がその九州経営の実質をあげてゆくにつれ、その政治・訴訟の機関が整備・充実してゆくことはごく自然のなりゆきであり、ことに大宰府時代においてはそのことが顕著にあらわれたであろう。ここではそうした大宰府征西府の訴訟機関としての一側面に焦点をあてて、南朝の訴訟制度の体系を考える一助としたい。

南朝の訴訟制度を体系的に考えるとき、極めて興味深い史料がある。特に南朝の本拠（この史料は摂津住吉にいた後村上天皇時代のもの）での裁許内容の執行が、当件の係争地の所在地の関係から大宰府の征西府に移管されるというケースである。関係史料として以下に①②の二通の文書を掲げる。①

は長文だが重要な史料であるから全文引用する。

　この文書はその内容から明らかなように、もとは山城の石清水八幡宮の神宮寺＝善法寺に伝わるもので、現在は大和の唐招提寺に所蔵されているものである。係争地たる豊前国大野井庄幷畠原下崎庄をめぐる訴訟に関しては正平一一年（延文元、一三五六）あたりから史料が残存しているが、ここでは訴訟自体の中味には立ち入らない。

①八幡善法寺雑掌常善申状
八幡（山城国）善法寺雑掌常善謹言上、
欲早被成進　綸旨（後村上天皇）於鎮西　宮将軍家（懐良親王）、停止樟原新左衛門尉・新田田中蔵人・能皮（不知実名）・平周防介（不知実名）・堀新兵衛尉（不知実名）・寺尾亀童丸以下諸方押妨、全寺用、弥抽御祈禱丹誠、豊前国大野井（京都郡）庄幷畠原（京都郡）下崎庄所務間事、
副進
　一通　本願尚清法印寄進状
　一通　綸旨案
　一通　地下注進状案
右、当庄等者、八幡宇佐（豊前国宇佐郡）弥勒寺領神事済（斎）会料所、就中為　天長地久御祈禱、於当寺毎月大般若経転読料足地也、寺務職者、故善法寺検校法印尚清数代相伝之所帯也、而正安二年、以寺務得分

寄附当寺、始置十二時不断之愛染供・同三時護摩以下種々勤行、奉祈　天算長久・国家安全之処、近年樟原新左衛門尉以下之輩、無是非押妨所務之間、寺用忽失墜、御祈禱已擬令退転之條、冥慮尤難測者也、此上者、急被成進　綸旨於鎮西　宮将軍家、被停止諸方之違乱、全寺用、弥抽御祈禱之精誠、粗言上如件、

正平廿一年三月　日

（「山城八幡善法寺文書」、『南北四』四六二六）

②後村上天皇綸旨

善法寺《（山城国）》長老本円上人豊前国大野井庄《（京都郡）》幷畠原下崎庄《（京都郡）》等事、雑掌申状副具書如此、子細見状候歟、無所務煩之様、殊可有御下知之由、天気所候也、以此旨可令申沙汰給、仍上啓如件、

四月九日《（正平廿一年カ）》　右衛門権佐成棟《（平）》奉

謹上　坊門新宰相《（資世）》殿

（「山城八幡善法寺文書」、『南北四』四六二八）

①は、八幡善法寺雑掌常善が、正平二一年（貞治五、一三六六）三月、南朝法廷に提出したもので、その内容の骨子を簡単にいうと、雑掌常善が八幡宇佐弥勒寺に寄進された料所の豊前国大野井庄幷畠原下崎庄の所務（年貢徴収の業務）を樟原新左衛門尉以下の輩が押妨するのでこれを停止してもらいたいといっている。その具体的な措置の方法としては「欲早被成進　綸旨於鎮西　宮将軍家」という表記から知られるように、南朝の勅裁たる後村上天皇綸旨を九州の「宮将軍家」、つまり征西将軍宮懐

良親王にあてて下地の遵行をするよう措置してほしいと要請しているのである（二ヶ所の「宮将軍」文字のすぐ上が闕字になっている点に注意）。

また②は、①の雑掌常善の訴えを認めた南朝から出された後村上天皇綸旨であり、①が善法寺長老本円上人によって南朝法廷に挙達されることによって常善の訴えが受理された。②の宛所の「坊門新宰相（資世）」とは懐良親王令旨の側近公家と考えられるから、②は征西府の窓口に向けて発給されたことになる。

かくして①②を検討してわかるのは、係争地が九州にあった場合には、南朝法廷で出された勅裁（綸旨）の執行を征西府に移管するという訴訟手続きの存在である。

なぜこれが注目に値するかというと、こうした方法はもともと北朝で採られていたもので、具体的事例は枚挙に遑がない（拙著『増補改訂南北朝期公武関係史の研究』思文閣出版、二〇〇八年、三六一―四一三頁参照）。一例をあげると、時期的には前掲の申状より遅れるが以下のようなものがある。

長講堂御領筑前国志賀嶋（糟屋郡）雑掌兼治謹言上、
欲早被経御　奏聞、被成進　院宣於武家、被停止探　題（今川貞世・了俊）（被官之）□輩押領、任数ヶ度　院宣御施行
并武家御教書・御下知・御奉書等旨、全所務専□（寺）用等当嶋事、

副進
一巻　院宣御施行等案　依事繁自余略之、当進二通、

一通　武家御下知状案　康永三年十一月十七日
一通　武家御奉書案　康永四年三月八日
一通　将軍家御　奏状案　建武三年八月三日
一通　先公御教書案　観応二年六月十九日

右、彼嶋者、三代御起請符之地、当堂千日御講相続幷長□（日）仏聖灯油以下重色料所、異于他之間、任右大将家（源頼朝）・承久両度之例、被停止武士之妨之旨、将軍家御　奏状幷先公守事書之旨、可被致厳密沙汰之由、明文歴然也、爰九州擾乱之間、闇訴訟訖、今静謐上者、被成進　院宣於武家、被停止探題被管（官）之輩押領、欲全　勅□寺用幷　院役等、仍言上如件、

永徳元年十月　日

この文書は、「山城島田文書」永徳元年（一三八一）一〇月、長講堂領筑前国志賀島雑掌兼治が当島支配の由緒をあげつらい、当島に対する探題（今川了俊）被官の押領を止めるよう北朝（当時の天皇は後円融）に訴えたものである。この文書を収める『京都大学文学部博物館の古文書　第一輯　長講堂目録と島田家文書』（思文閣出版、一九八七年、五頁に写真、三二頁に釈文を載せる。『南北五』五六九三）は、「志賀島雑掌兼治言上状案」と命名する。言上状とは申状のことである。

右にあげた正平二一年三月と永徳元年一〇月との二つの申状を比較してみると、両者がまったく同じ様式に則っていることは一目瞭然である。ようするに、前者は北朝の訴訟制度で常用されていた後

者の書式を模倣して作成されているのである。南朝の訴訟文書が北朝のそれをもとに作成されたわけで、このことは南朝の訴訟制度の仕組そのものも北朝のそれの影響を強く受けていることを示している。

特に注意すべきは、「被成進　院宣於武家、被停止探題□□□（被官之）輩押領」のくだりであり、先の①にみる「被成進　綸旨於鎮西　宮将軍家、被停止諸方之違乱」と比較すると、両者の酷似は一目瞭然である。「院宣」が「綸旨」に、また「武家」が「宮将軍」に置き換わっているに過ぎない。この雑掌兼治申状を受けるかたちで、北朝からは幕府に向けて兼治の訴えを認める内容の後円融天皇綸旨（史料では「院宣」となっているが、当時後円融天皇親政下であるから、「綸旨」の誤記か）が遣わされたであろう。北朝での場合は、その勅裁を幕府の遵行機構に係属することによって執行される仕組になっていた。

換言すると、南朝は征西府の全盛期というべき正平二一年に、北朝において用いられた申状と同じ様式を採用している。むろんこういうケースが常時征西府でみられたとは思えない。おそらく征西府二十余年の歴史のなかでも特に隆盛の大宰府時代に限られたであろう。

とはいえ、裁許する側の訴訟手続き全体でみれば、まったく同じとはいえない。北朝が勅裁（綸旨・院宣）を幕府の執行機構に係属するためには、武家執奏西園寺氏の幕府あての施行状が必要であるのに対して、右の①②の事例にみる南朝―征西府間の文書伝達においては北朝の場合のこの施行状がない。また②の後村上天皇綸旨は直接的に征西府にあてられている。

このことは南朝と征西府とが政務系統の面で上下の関係において接続していたとみるべきであろう。その背後には南朝に特徴的かつ伝統的な勅断主義という裁許の手法が介在したのかもしれない。近年、征西府がはたして自立していたかどうか、種々議論されている。この場合「自立」の意味の取り方にもよるが、右で述べたような命令系統をふまえた文書の伝達の事実は、この自立論の積極的評価に対してどちらかというと否定的である。なお、この事例は豊前という征西府の支配が比較的強く及んでいる特別の地域での一例である。これをもって九州全域に敷衍することはもちろんできない。

大宰府機構との関係

懐良親王の大宰府征西府と、古代の律令時代以来の九州支配のための行政府＝大宰府との関係については、種々議論されているところである。まず基本的な関係史料をあげておこう。

①大宰府庁下文
（端裏書）「たけを」
下　武尾（雄）社（肥前国杵島郡）
定遣当年沙汰人職事、
右、為検注収納之沙汰、所定遣如件、
正平十六年八月　日
執行藤原朝臣（少弐頼澄）（花押）

権大監清原真人（花押）
権大監小野朝臣（花押）
権大監清原真人（花押）
権少監藤原朝臣
少監小野朝臣（花押）
監代《大監》（ママ）大中臣朝臣
監小野朝臣
監代橘朝臣
監代伊勢
大典　紀
大典上野（花押）

（「肥前武雄神社文書」、『南北四』四二九七）

この文書についてはすでに先の第四章第3節ですこしふれるところがあったが、史料そのものは掲載していない。そこで述べたように、この文書は、大宰府庁が肥前国武雄社に下したもので、内容は検注収納の沙汰のために当年沙汰人職を定め遣わすことを報ずるもの。全一二人の署判者の筆頭「執行藤原朝臣（花押）」は少弐頼澄である。この史料において少弐頼澄の名前が初めて登場する。この史料について『太宰府市史通史編Ⅱ』（太宰府市、二〇〇四年、一六三—四頁）は以下のように解説している。

正平十六（康安元、一三六一）年八月には、宮方の大宰少弐である少弐頼澄と複数の大宰府官人の署判を加えた大宰府庁下文が出されていることから、大宰府の政治的機構はこの段階でも機能したとみられている。また、宮方の少弐頼澄の被官である饗庭道哲が懐良親王の令旨の奉者となっていることから、宮方の政治機構が少弐氏のもとで大宰府機構と結びつけられていたことも指摘されている。

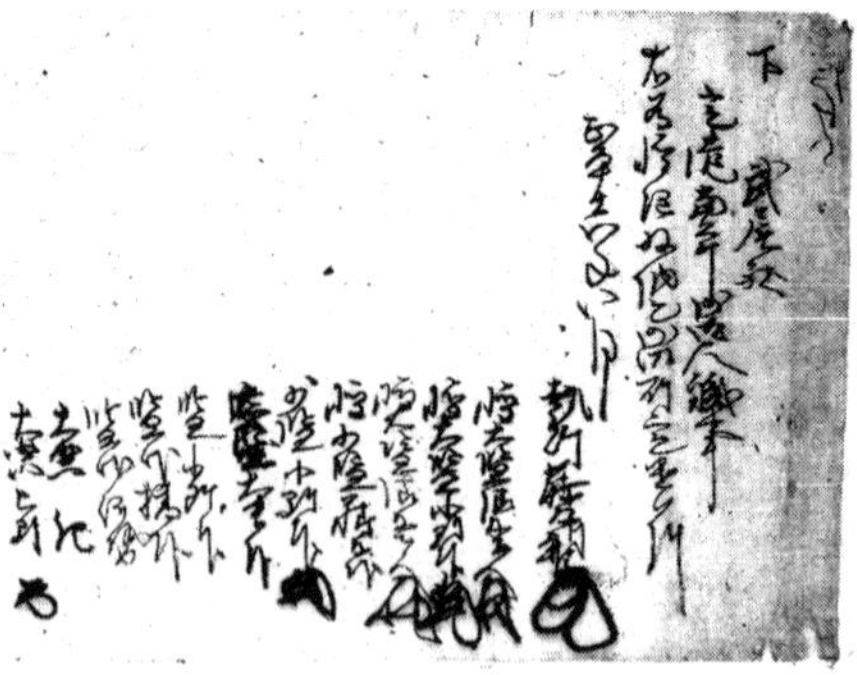
「肥前武雄神社文書」正平16年8月日大宰府庁下文
（署判者の筆頭は少弐頼澄）

大宰府の現地最高指揮官たる「大宰少弐」のポストを世襲した少弐頼澄が、大宰府の執行という役職に座り、他の権大監以下一一名の府官を率いるという格好で列記された署名の列をみると、さながら大宰府庁の久々の再起動という感を強く持つ。少弐頼澄は征西府の有力メンバーであること、右の大宰府下文にみるように「大宰少弐」頼澄が大宰府機構を稼動させていること、『太宰府市史通史編Ⅱ』の記述のように征西府は大宰府の機構のうえにのっていることからそのようにみえる。しかし現在のところこの種の史料の残存はこれ一点のみなので、知りえる事柄には限りがある。

征西府の役所的機能

征西府が果たした事務的機能のうち、「新券」を立てること、つまり紛失状（焼失や盗難にあって文書を紛失した者が提出する権利存在確認の訴。受理した公権力はそれを確認する文言を書き付ける）の作成を行う業務のあったことが知られる。それによって、申請者は紛失文書の案文に正文と同等の効力を持たせることができたのである。

その史料とは「阿蘇家文書」に収める前欠正平二四年（応安二）一一月日阿蘇惟武申状である。やや長文にわたるが以下に引用する。

（前欠）

□於承天寺《博多》釣寂庵為饗庭修理進入道々哲奉行、達　叡覧訖、且□《先》皇《後醍醐天皇》御代、去元弘三年四月二日、自伯州船上被下　綸旨、同八月六日・同十月二日、於京都被下　綸旨、幷去□□□《正平二》年十二月十九日、自吉野殿《後村上天皇》　綸旨、同十一月廿四日令旨《懐良親王》等也、此外者追可令言上、先五通進上之、凡如承及者、文書紛失之時、立新券之条、傍例云々、忝及　御高覧之上者、争可及御不審哉、□未来被仰付卿上雲客奉行人等、下給御□□為備将来之亀鑑、仍目安言上如件、

正平廿四年十一月　日

（「阿蘇家文書」、『南北四』四七九九）

この史料は、阿蘇一門のなかで南朝側に立った阿蘇惟武（惟澄の子息）が正平二四年（応安二、一三六九）一一月、紛失した五通の文書の新券を立ててほしいと申請した申状の後半部分である。惟武の

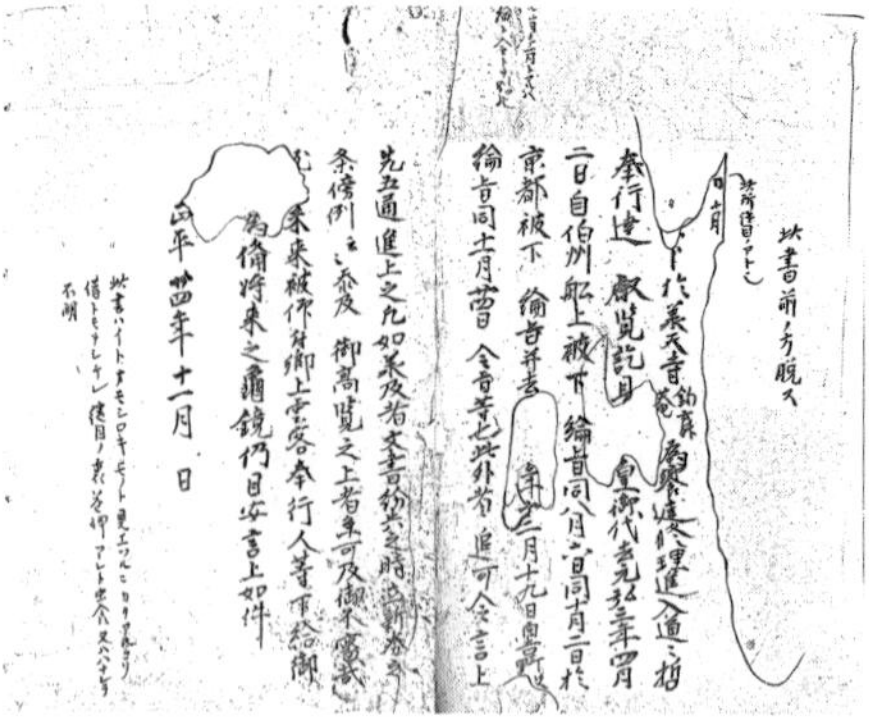

「阿蘇家文書」正平24年11月日阿蘇惟武申状

申請先は状況から考えて大宰府征西府であるとみられるが、正平二四年当時大宰府征西府はその最盛期にあたっており、この史料は征西府の構成・機能の研究にとって極めて重要な素材である。記事の内容がわかりやすいように、惟武によって「立新券」が申請された五通の文書を列挙しておくと、①元弘三年四月二日後醍醐天皇綸旨、②元弘三年八月六日後醍醐天皇綸旨、③元弘三年一〇月二日後醍醐天皇綸旨、④正平二年一二月一九日後村上天皇綸旨、⑤正平二年一一月二四日懐良親王令旨、となる。ちなみに現時点での残存状況についてみると、この五通のうち②~⑤の四通はその写が『阿蘇文書三』に収められる。

あわせて注目すべきは、冒頭の「於承天寺（博多）釣寂庵為饗庭修理入道々哲奉行、達　叡覧訖」の箇所から知られるように、「饗庭《あえば》修理入道道哲《どうてつ》」という者が征西府の奉行人として征西府の役所的機能を担っていたという事実である。阿蘇惟武は奉行人饗庭道哲を通して、立新券を申請した五通の紛失文書の案文を、博多承天寺の塔頭釣寂庵で「ある人物」の「叡覧」に達した、つまりご覧に入れたのである。状況から考えると「ある人物」とは大宰府征西府のあるじである懐良親王をおいてほかには考えられない。このとき懐良自身が承天寺にいた可能性もある。しかも惟武が申状で「叡覧」という言葉を使用しているが、叡覧とは「天子がご覧になること」(『日本国語大辞典2』小学館、五九七頁)であるから、惟武は懐良親王を天子になぞらえた表現法をとっていることになる。このことは当時の征西府の政治的な地位を考えるときとりわけ注意すべきであろう。

かつて右の史料に注目した川添昭二は、以下のように述べたことがある。

…承天寺の釣寂庵は、博多の寺社が行う対外貿易の拠点的な存在であったと考えられる。饗庭道哲がそこで政務を執っているということは、征西府懐良親王の対外交渉の実務を彼が執り行っていたであろうとの想像をさせる。その饗庭道哲は、(中略)少弐氏譜代の家来であり、かつ恐らくは貿易関係あるいは外交交渉の実務を執り、同時にまた征西府の奉行人でもあったということになる。

(『九州の中世世界』海鳥社、一九九四年、二四頁。初版は一九八六年)

この指摘のように、承天寺の釣寂庵が持つ博多の対外貿易上の重要拠点としての属性を考えあわせると、そこで仕事をしていた饗庭道哲の役割を通して、征西府の国の内外に向けての関わり、つまり内政と外交の両面における政治活動の実態を彷彿とさせる。

征西府奉行人饗庭道哲

そこで今度は当の征西府奉行人饗庭道哲個人に焦点をあててみよう。饗庭道哲が登場する史料には以下のようなものがある。懐良親王令旨はほとんどすべて五條頼元・同良氏、坊門資世、池尻胤房といった公家出身の側近によって奉じられているが、この饗庭道哲

（高辻道准も含めて）のような、むしろ武家系の奉行人によって奉じられた例は極めて稀である。奉者として登場するのは大宰府時代以降なので、おそらくそれまでは令旨を奉ずることのなかった彼らが、征西府をとりまく事情の変化から、事によってはたまに奉者として登場する状況が生まれたものとみたい。以下の史料のうち②は形式からみると懐良親王令旨とするほかないと思われるが、二名の奉者が連署するという例は極めて稀。また③は②と同じように扱うわけにもゆかないので、別の扱いにされている。その立場は征西府の奉行人としてであろう。

①山名氏奉行人奉書

礒武三郎五郎公武申、恩賞地出雲国岡本郷（島根郡）笠間長門守跡事、云郷保実否、将亦小法師丸為長門守子息否、載起請之詞、可被注申之由候也、（仰脱カ）依執達如件、

「観応二」六月十三日　　忠孝「山名時氏家老歟」（花押）

道哲（花押）

諏方（訪）部彦十郎（扶貞）殿

（「諸家文書纂所収三刀屋文書」、『南北朝遺文中国・四国編三』二〇四七）

②征西将軍宮（懐良）令旨

肥前国櫛田宮（神埼郡）造営事、任先例、可令致沙汰給之由、被　仰下候也、仍執達如件、

正平十六年二月廿八日　　沙弥道哲（饗庭）（花押）

東妙寺長老

沙弥道准（高辻）（花押）

（「東妙寺文書」、『南北四』四二五八）

③饗庭道哲・高辻道准連署奉書

松浦青方次郎四郎重申、肥前国神崎庄（神崎郡）内田地参町屋敷畠地等事、申状具書如此、云知行之年限、云相伝次第、載起請之詞、可被注申由所候也、仍執達如件、

正平十七年十月八日　沙弥道哲（饗庭）（花押）

沙弥道准（高辻）（花押）

当庄両政所殿

（「青方文書」、『南北四』四四〇三）

饗庭氏は、「鎌倉時代初期に関東から九州に下った武士であったらし」く、「鎌倉後期には、少弐氏の家人のなかで最も重要な地位にあった」とされる（川添昭二『菊池武光』一四〇頁）。饗庭道哲の系譜上の位置は明瞭ではないが、その饗庭氏の流れのどこかに属しよう。

右のうち①は、諏方部彦十郎に対して礒武公武の申す恩賞地出雲国岡本郷に関わるいくつかの案件について尋問する内容の奉書であり、『南北朝遺文中国・四国編三』の編者はこれを「山名氏奉行人奉書写」と命名した。本件が出雲関係であること、「観応二」という付年号、それに奉者の一人「忠孝」の肩に「山名時氏家老歟」の注記があることに拠ったものと思われるが、いまいちよくわからない。

観応二年五月当時の出雲守護は山名時氏と考えられるので（拙著『佐々木導誉』吉川弘文館、一九九四年、一四三頁）、もしこの付年号が正しいならば、①は山名時氏奉行人連署奉書ということになる。

筆者は、観応二年当時の室町幕府の政治情勢からみて「観応二」の付年号は信頼がおけるとみている。この時期はいわゆる観応の擾乱の末期で、それまで劣勢であった足利直義が一時的に復権したときにあたり、出雲守護職は足利尊氏派の佐々木導誉から足利直義派の山名時氏に替わっている。そこで、何ゆえに少弐氏被官の饗庭道哲が出雲守護山名時氏の奉行人になりえたかを考えると、想像の域を出ないけれども、このころ九州にいて少弐頼尚と手を結んで積極的に活動していた足利直冬（直義の養子）の差し回しによって少弐頼尚被官の饗庭道哲が直義派の山名時氏のもとに送り込まれた可能性はないか。①の道哲の花押は②③のそれと同じであり別人ではない（道哲の花押は東京大学史料編纂所編『花押かがみ七』吉川弘文館、二〇〇六年、五三頁に三つとも収録）。

また②は、肥前国東妙寺（宗派は真言律）に対して肥前国櫛田宮の造営を沙汰させた懐良親王令旨。差出書が奉者二名の連署となっているのは極めて異例。さらに③は肥前の青方重が申す肥前国神崎庄内田地屋敷畠地等について、神崎庄の両政所に対して、その申状を添えて知行の年限や相伝の次第について尋問したもの。③は一種の事務手続き文書である。先に述べたように、征西府奉行人奉書とみてよいと思う。

このようにみてくると、先にみた正平二四年一一月の阿蘇惟武申状にその名をとどめた饗庭道哲は、かつて観応二年（一三五一）六月には出雲守護山名時氏の奉行人として仕え、そして大宰府征西府時代には懐良親王の令旨を奉ずる側近として働いたことになる。こうした饗庭道哲の経歴を通してみると、彼の文筆業務に優れた事務官僚としての面目躍如たるものがある。

なお、②③の文書の奉者として饗庭道哲のほか、いま一人の高辻道准《たかつじどうじゅん》がいるが、ここでは詳述しない。高辻道准は、「太宰府天満宮に有縁の人物」（川添『九州の中世世界』二一八頁）で、饗庭道哲と同じような征西府の奉行人の一人と思われる。そのことを知るうえで「山城八幡善法寺文書」に収める正平二〇年閏九月日宇佐弥勒寺領豊前国庄保注文案（『南北四』四五九六）が参考となる。この文書をみると、「御所（懐良親王）御手知行分」のなかの「弘山庄」の箇所に「平周防守并菊池武光従人荒瀬幸明」とみえることから、この文書は懐良親王の配下の者が知行している所領のリストと認められ、その裏に「奉行人高辻将監入道々准」（道准）が裏判を据えるという行為は、彼が征西府の奉行人であることの証であろう。

4　大宰府征西府隆盛の周辺

室町幕府管領下知状の出現

幕府の将軍権力の核心をなすものは戦功を立てた将士に恩賞としての所領を給与する権限、つまり恩賞地の宛行権といって過言ではない。将軍はこの権限を拠り所として武士たちとの間に御恩―奉公の関係を構築し、彼らを自らのもとに結集させ、武家政権たる幕府を樹立した。したがってもし将軍が専掌するこの権限が何らかの事情で行使できなくなったとき、この主従関係が揺らぐことは十分に考えられよう。

そこで室町幕府の将軍の代替わりの事情を調べてみよう。すると、ちょうど第二代目将軍の足利義詮が貞治六年（正平二二、一三六七）一二月に没し、翌応安元年嗣子義満が元服して第三代目将軍に就任するものの幼少であったので将軍権力を行使することができず（義満の御判始は応安五年一一月）、ために将軍代行として管領細川頼之が幕政を担当するという時期のあることに気が付く。

室町将軍は、勲功の武士に恩賞地を宛行うとき必ず袖判下文（袖に花押を据えた下文）を用いる。初代足利尊氏・二代目足利義詮、いずれも多くの袖判下文を出して、盛んに恩賞地宛行権を行使した。しかしいかに将軍代行であれ、管領が勝手に袖判下文を出すわけにはゆかない。そこで幕府首脳は管領下知状なる文書を考案し、この文書によって将軍代行としての管領が幼将軍にかわって恩賞地を武士たちに宛行い、義満幼少の間の窮地を切り抜けようとしたのである。簡単にいえば、室町幕府管領下知状は将軍の袖判下文の応急措置的な代用品である。

こうした恩賞地給付のための幕府中枢の異例かつ窮余の策が、恩賞獲得を旨とする武士たちの行動に少なからざる影を落としたのではないかと考えられるのである。しかもこの時期、幕府が恩賞地宛行の袖判下文を出せなかった時期が、九州で大宰府征西府の全盛を誇った時期と重なるのであるから、両者の間に何らかの関連があるのではないかと考えるのは至極自然なことである。むろんこの時期は逆に幕府からみると、まさに存亡の危機的な状況にあったに違いない。

そこで管領下知状の説明に入りたいが、その前にわかり易いように、将軍の袖判下文と管領の下知状がいったいどんなものか、実例を示しておこう。
左のうち①が将軍足利尊氏の袖判下文、②が管領細川頼之の管領下知状である。

①足利尊氏袖判下文

御判（足利尊氏）

下　菊池（早岐）越前々司武宗法名隆元

可令早領知肥後国千田荘（玉名郡）・重富名（託摩郡）・南加治尾（飽田郡）等内田畠在家地頭職養父武成跡半分事、

右依参御方、所宛行也者、守先例、可致沙汰之状如件、

貞和四年十二月七日

（「託摩文書」、『南北三』二五六三）

②管領細川頼之下知状

可令早託磨太郎左衛門尉貞宗領知肥後国志加木村（天草郡）志加木太郎跡事、

右為勲功之賞、所充行也者、守先例、可致沙汰之状、依仰下知如件、

応安三年九月十二日

武蔵守源朝臣（細川頼之）（花押）

（「託摩文書」、『南北四』四八三四）

最初に管領下知状の古文書学的説明をしておこう。『概説古文書学古代・中世編』（日本歴史学会編、

吉川弘文館、一九八三年）所収の「第五　南北朝―戦国時代の武家文書」において上島有が執筆した「執事・管領発給の下知状」が最も簡潔で要を得ている。そこで上島は以下のように述べる。

> 義満（足利＝筆者注）は貞治六年十一月、十歳で家督を嗣ぐが、応安五年（一三七二）十一月の御判《ごはん》始《はじめ》までの五年間は、執事細川頼之が幕政を代行した。この間、本来は義満の下文あるいは下知状で出されるべき武士に対する恩賞充行、寺社に対する所領の寄進あるいは所務相論の裁許は、頼之が下知状形式の文書で代行した。（九九頁）

この指摘はまことに的確であって、室町幕府の幼主足利義満が将軍としての文書を発給することができず、ためにやむなく管領下知状でもってこれを行わざるをえない幕府の苦境をよく表現している。義満の祖父尊氏や父義詮は将軍として多くの袖判下文を発して恩賞としての新恩地を武士たちに給付し、彼らとの間に個別的な主従関係を強力に築きあげることによって支配権を拡大強化してきたのである。ところがここにいたって義満が幼少ゆえに袖判下文が出せず、替わって管領細川頼之が管領下知状を出すというのであるから、将軍と武士との所領を介しての主従関係はこれまでのそれと比べて異質なものにならざるをえまい。まさに『吾妻鏡』建久三年（一一九二）条の載せる、地頭職安堵に際して将軍家政所下文を厭い、源頼朝の袖判下文を求めた千葉介常胤のエピソードに似ている（『新訂増補国史大系　吾妻鏡二』四六九頁）。

ではこの時期、実際に頼之の管領下知状がどの程度出されているか実例について見てみよう。筆者が収集しえた細川頼之の管領下知状は、応安元年閏六月一二日付（「鹿島文書」、『大日本史料六編二九』四〇一頁。常陸鹿島社に同国伊佐郡平塚郷を寄進）を初見とし、応安六年七月一九日付（「小早川文書」、『南北五』五〇三七。小早川宗平と厳島了親との安芸国造杲保をめぐる相論の裁許）を終見とする、五年間にわたる総計一一点である。むろんこうした文書の残存点数は参考程度にしかならないが、これを尊氏・義詮の場合と比較してみると（尊氏は二一年間に約二〇〇点、義詮は一七年間に約七〇点の袖判下文を残している）、比較にならないほど少ないという印象は否めない。

こういう状況であるので、幕府側では本来の軍事的結集がうまくゆかず、反対に、そのすきを縫うかたちで九州の南軍は勢力を拡大したといえるのではないか。つまり幕府側の内輪の問題が南朝にとってはプラスしたという面のあったことも否定できまい。

「鎮西九国、悉く管領するに非ず」　京都北朝の公卿三条公忠の日記『後愚昧記』の貞治六年（正平二二、一三六七）五月二三日条には、いわゆる倭寇の跳梁に手を焼いた高麗国が、北朝に牒状（国書のこと）を遣わして（つまり外交交渉によって）その取り締まりを要請してきたことへの対応が記されている。そのなかの、

而当時本朝之為躰、鎮西九国悉非管領、非禁遏之限、

という言葉は、当時幕府が九州を統治することができずにいたことを、北朝公卿がはしなくも認めている点で興味深い。幕府は九州には手がでないので、倭寇の禁圧などできないといっているのである。幕府の九州に対する認識もこれと同じであることはいうまでもない。これを逆に大宰府征西府の側からいえば、懐良が九州において幕府の介入をはねつけるほどの強固な王国を築いていたということができる。

右のように北朝公卿が歎くのも当然のことで、当時、幕府派遣の鎮西管領は任地の九州に赴くことさえできずにいた。幕府は、政治的に極めて重要な九州において支配のための拠点を欠いていたのである。そうなった経緯について概略説明しておこう。

そのまえに研究史にちょっとふれておくと、九州南北朝史における鎮西管領の歴史的役割についての研究では、何と言っても川添昭二の、一色道猷（範氏）から今川了俊（貞世）にいたる一連の体系的研究が基盤となっている。すでに一色道猷については先述したが、この間の斯波氏経・渋川義行についても、川添に論文がある（川添昭二「鎮西管領斯波氏経・渋川義行」、渡辺澄夫先生古稀記念事業会『九州中世社会の研究』第一法規出版、一九八一年）。

前述したように、京都の幕府が九州統治のために筑前国博多においた鎮西管領の初代は足利一門の庶流一色道猷（範氏）であった。貞和二年（正平元、一三四六）末には道猷は管領職を嫡子直氏と交替し、父子ともども九州の経営に専念した。一色道猷にとって致命的な痛手となったのは、正平八年（文和二、一三五三）二月、筑前国針摺原における宮方軍との戦いで大敗を喫したことであった。これを機に、まず正平一一年に道猷が、続いて同一三年には直氏が九州経営の任務を放擲して帰京した。ここに一色氏による二十余年に及ぶ苦難に満ちた九州経営は、尻切れトンボの格好で終わりを告げた。こうした逃亡にも似た一色氏の九州からの退却は南軍を勢いづかせ、他方、幕府任命の新鎮西管領の九州入りと入部後の活動を困難にしたことは否めない。

このあと延文五年（正平一五、一三六〇）三月に新管領に任命され、豊後の大友氏時を頼って翌年一〇月九州入りした足利一門有力庶家出身の斯波氏経は、少弐冬資と結んで貞治元年（正平一七、一三六二）九月、筑前国長者原に菊池武光と戦ったが大敗、結局さしたる九州経営の成果をあげぬまま、翌年三月には周防に逃げ出した。

かくして斯波氏経のあとをうけて、貞治四年（正平二〇、一三六五）八月、新管領に任ぜられたおなじく足利一門の渋川義行の場合は、もっと悲惨である。義行は翌年五月ごろには備後に到達したが、その後の進路が南軍に阻まれてふさがってしまった。将軍足利義詮は、義行に対して長門に打越し渡海の籌策をめぐらせと指令したが、当の義行は翌貞治六年二月になってもなお長門に入ることさえできなかった。先にみた『後愚昧記』の記事は、このときのことをいっているのである。決して三条公忠の誇張ではなく、それが現実であることがわかる。義行はついに九州にたどり着くことさえできぬまま、応安三年（建徳元、一三七〇）に管領を解任された。

右のように、文字通り九州は肥後の菊池武時の軍事力に支えられた征西将軍懐良親王の王国といってよいほどの様相を呈していた。この征西府の全盛時代は、渋川義行の退却ののち、その後任として応安四年（建徳二、一三七一）末九州に到達した同じ足利一門武将今川了俊が、翌応安五年（文中元、一三七二）八月に大宰府を陥落させるまで続く。

「日本国王良懐」と日明通交の先駆け

懐良親王の事蹟のなかで特に注目されるのが中国の明との通交である。懐良親王の大宰府征西府は、対外関係、つまり明との通交関係のなかで、その国家史上の性格を一段とあらわにする。懐良の明との通交開始は、のち応永八年（一四〇一）五月、室町幕府三代将軍足利義満が遣明使を明皇帝（建文帝）に派遣、翌九年（明暦では建文四、一四〇二）二月、明使が日本に派遣されることによって開かれる正式な日明間の国交樹立に向けての先駆けと位置づけることができる（『善隣国宝記』）。

懐良の日明通交史の骨子は以下の通りである。朱元璋（太祖洪武帝）は、一三六八年（正平二三、応安元）、元を倒して明を建国すると、東アジアの国々との間に冊封関係をとりむすび、その盟主たらんとして諸国に朝貢を求めた。同年一一月日本にも明の建国を告げる使者が派遣された。ここに始まる南北朝期の日本と明との通交は、明側の史料である「太祖実録」（『明実録』のうち）によって、あらかた知ることができる（『中国・朝鮮の史籍における日本史料集成　明実録之部（一）』国書刊行会、一九七五年）。

その骨組みを知るために「太祖実録」から日明関係の記事を拾い、それを以下に年表のかたちに整理してみた。最も注目すべきは、征西府の全盛期に日本との国交を開こうとした太祖洪武帝が、懐良親王を「日本国王」と認定している点である。「太祖実録」洪武七年〈一三七四〉六月乙未（一日）条に「朕以為日本正君」（洪武帝が〈懐良を〉日本正君と為した）との記事がみえる（一五頁）。

太祖洪武帝の日本に対する入貢要請の背後には、いわゆる倭寇の問題があったことはいうまでもない。洪武帝は、洪武元年（一三六八）年一一月、同二年正月、同二月、同三年三月と、数度征西府の懐良のもとに使者を派遣しているが、懐良の対応は定かでない。注目すべきは、一つは洪武帝が日本の交渉相手を懐良としていること、いま一つはその懐良を「日本国王良懐」と称している点である。このことは、明が九州南軍の総帥懐良を日本国王と認めていたことの証左で、征西府の東アジア世界における国家史上の地位を端的にうかがわせる。

明からの誘いを三ヶ年の間静観していた懐良は、建徳二年（応安四、洪武四、一三七一）になって初めて明の要請に応じ献物を呈して上表している。明は、日本国王に対して明の暦「大統暦」、および文綺紗羅（綾のあるうすぎぬ）を与え、これに応えた。明の暦を受けるということは、形式的にではあれ明に服属するということを意味した。

しかしながら、明使がその下賜品を届けようと翌文中元年（応安五、洪武五、一三七二）五月博多に到着したとき、懐良の王国は崩壊寸前のところにあり、すでに大宰府の外港博多は鎮西管領今川了俊の掌中に落ちていたので、明使は目的を達することができなかった。

こうして、懐良と明との通交は、開始の契機をつかみつつも実現しないままに終わったが、それまで静観を続けていた懐良が突如通交の態度に転じた目的は、明の力を借りて衰退した九州王国を維持しようとすることにあったという意見もある。

年表　南北朝期における征西府と明との交渉

年月	日本暦	西暦	事項	備考
洪武元年 一一月	正平二三 応安元	一三六八	太祖洪武帝（以下、洪武と略す）、使者を日本に遣わし、明の建国を告ぐ	「皇明資治通紀」による
洪武二年 一月	正平二四 応安二	一三六九	洪武、使者を日本に遣わし、即位詔を以って諭す	
〃 二月	〃	〃	洪武、楊載等を日本に遣わし、日本国王（懐良）に詔書を付して、入貢と倭寇の禁圧を求む	懐良、使節五人を斬り、楊載等を拘禁す
洪武三年 三月	建徳元 応安三	一三七〇	洪武、趙秩を遣わし、詔書を付して、再度入貢を「日本国王良懐」（懐良のこと）に求む	明に拘禁中の僧侶等十五人を送還
洪武四年 一〇月	建徳二 応安四	一三七一	「日本国王良懐」、僧祖来を遣わし、上表す。貢馬・方物を献じ、僧九人参ず。洪武、懐良に大統暦を班示す	明州・台州の被虜男女七十余人を送還す
洪武五年 五月	文中元 応安五	一三七二	明僧祖闡《そせん》・克勤《こくごん》等、大統暦を持参し博多に至る（任果さず洪武七年帰国）。	当時博多はすでに今川了俊の支配下にあり
洪武七年 六月	文中三 応安七	一三七四	足利義満、僧宣聞渓・浄業・喜春等を遣わし、明に貢馬・方物を献ず。洪武、表文なきによりこれを却く	義満を「国臣」と表記
〃	〃	〃	島津越後守氏久、僧道幸等を遣わし、表文・貢馬・茶・布・刀・扇等を献ず	洪武、私人の入貢とみなし、これを却く

〃	〃	〃	日本国（具体的には不明）、掠瀬海民百九人を送還	
洪武八年 一月	天授元 永和元	一三七五	日本（具体的には不明）、使者を遣わし、入貢す	
洪武九年 四月	天授二 永和二	一三七六	「日本国王良懐」、沙門圭庭用等を遣わして上表し、貢馬・方物を献ず。洪武詔してその王および使者等に文綺帛を与う	
洪武一二年 閏五月	天授五 康暦元	一三七九	「日本国王良懐」、その臣劉宗秩等を遣わして上表し、貢馬・刀・甲・硫黄等を献ず。洪武、良懐に織金文綺を、宗秩等に服物を与う	
洪武一三年 五月	天授六 康暦二	一三八〇	「日本国王良懐」、その臣慶有僧等を遣わして、貢馬・硫黄・刀・扇等を献ず。洪武、上表なきによりこれを却く	
九月	〃	〃	「征夷将軍」源義満、僧明悟・法助等を遣わし、方物を献ず。洪武、上表なきによりこれを却く	
一二月	〃	〃	洪武、使者を遣わして、日本国王（懐良）に詔諭す	
洪武一四年 七月	弘和元 永徳元	一三八一	「日本国王良懐」、僧如瑶等を遣わして、方物・貢馬を献ず。洪武、これを却け、その国王を責む	
洪武一九年 一一月	元中三 至徳三	一三八六	「日本国王良懐」、僧宗嗣亮を遣わして上表し、方物を献ず。洪武、これを却く	懐良はすでに弘和三年（一三八三）に没

出所：拙著『皇子たちの南北朝』中公文庫、二〇〇七年より。

5　翳りから陥落へ

五條頼元の卒去

大宰府征西府の隆盛がピークに達した時期の正平二二年（貞治六年、一三六七）五月二〇日（二八日とも）、これまで懐良の最も近くに仕えて征西府の隆盛を築いた功労者五條頼元が筑前国三奈木庄（現、福岡県朝倉市三奈木）で没した。享年七八歳。すでに二年前の正平二〇年（貞治四）に出家し、法名宗性を名乗っていた（『尊卑分脈四』一六二頁）。筑前国三奈木庄は、日向国飫肥南北郷とともに、正平一八年九月九日、懐良によって頼元に与えられていたので（「五條家文書」同日懐良親王令旨、『南北四』四五〇七。本書二〇四頁参照）、出家ののち頼元は、三奈木庄を終《つい》のすみかとしていたのであろう。

頼元が没した貞治六年は足利将軍家にとっても不幸の重なった年であった。同年一二月七日には現職将軍足利義詮が三八歳で、その半年ほど前の四月二六日には義詮の弟鎌倉公方足利基氏が二八歳で没している。

懐良親王の征西軍旅に随従する以前の五條頼元の経歴については、先にあげた三浦龍昭の研究があり、そこで三浦は鎌倉末期から建武政権期にかけての頼元の活動状況についてふれている。それを受けて三浦は吉野出発から大宰府征西府期にいたるまでの懐良親王令旨奉者の個別的検討を行い、谷山・菊池時代の征西府の「政務の中心にあり、長年親王を補佐してきた」五條頼元の重要な役割を総括した。

五條頼元の征西府における最も大きな役割は、懐良親王令旨の奉者としての仕事であることは言をまたない。そのことは現存する懐良親王令旨の約四割が頼元によって奉じられていることに一目瞭然である。頼元が奉じた懐良親王令旨の現存終見は次のものである。

肥前国光浄（三根郡）禅寺事、為　御祈願寺、可令致御祈禱給者、依将軍家御気色、執達如件、

正平十七年七月一日　　勘解由次官（五條頼元）（花押）奉

空山（自空）和尚方丈

（「肥前光浄寺文書」、『南北四』四三七三）

正平一七年七月といえば、懐良が大宰府を掌握して大宰府征西府時代が開幕したばかりの時期で、その月の一日に懐良は肥前光浄寺を祈願寺とすることを空山和尚に伝えている。この懐良親王令旨には、左のような頼元の副状が付いている。それによると令旨自体は頼元の手によって光浄寺方丈の侍者に進められたことがわかる。

当寺可為御祈願寺事、令旨（懐良親王）一通申沙汰候、令進上候、恐惶敬白、

（正平十七年）七月廿八日　　頼元（五條）（花押）

光浄寺方丈侍者

（「肥前光浄寺文書」、『南北四』四三七八）

現在のところ五條頼元の発給した、しかも年次の明らかな文書のうちの最後は、この副状ということになる。頼元の生まれは正応三年（一二九〇）と考えられるので（『尊卑分脈四』一六一頁）、最後の文書の正平一七年（一三六二）の時点で、頼元の年齢は数え年七三歳となる。ちなみに、この時点以前に限定して頼元が奉じた令旨の割合を算出すると全体の七割強にのぼり（子息良氏の六例を含めていない）、懐良令旨の発給において頼元がいかに大きな役割を果たしたかということがいっそうはっきりする。

しかし、頼元の令旨奉者としての活動は、その山あり谷ありの身辺状況を反映して、決して平坦なものではなかったらしい。最も大きな谷は、正平七年（一三五二）末から同一一年（一三五六）前半までの時期である。この期間に頼元の奉じた令旨は一点も残っていない。頼元の問題というよりむしろ懐良のそれというべきかもしれない。正平一一年八月になって頼元の奉ずる令旨が再び登場し始めるが（『南北四』三八九二）、これ以降の頼元奉ずる令旨の残存例は格段に減少する。

そういう減少傾向のなかで、頼元は子息良氏の死去に遇うことになる。頼元が自らの後継者として篤い信頼をよせていた子息良氏が亡くなるのは、正平一四年（延文四、一三五九）一〇月三〇日のことであった（「清原系図」、『続群書類従七輯上』）。良氏は先述のように、残存史料によれば正平三～一三年の間に全六点の懐良令旨を奉じており、高齢の頼元の後継者として期待されていたらしい。この良氏死去は頼元奉ずる令旨の減少傾向に拍車をかけたようである。

さて、話をもとに戻そう。では南朝は五條頼元に対してどのように対応しているのだろうか。これまで述べてきたように、後醍醐天皇の遺命を体して、征西将軍宮懐良親王を補佐しつつ九州経営に尽力する五條頼元に対する南朝後村上天皇の信頼もまたことのほか篤かった。たとえば頼元の末裔に伝わる『五條家文書』に収める、頼元の子良氏にあてられた正平一一年（延文元、一三五六）正月一七日後村上天皇自筆書状にみる以下のくだりは、そのことをよく示している。

いまは政道の一事たるへく候につけても、いまはふるき人々、心うつくしう候ハす候、先皇（後醍醐天皇）のゑいりよ（叡慮）をもうけ給をきたるハ、たゝ一人（五條頼元のこと）にて候つるとおほしめされ候、

（『五條家文書』、『南北四』三八四九）

正平一一年正月のころ、後村上天皇は河内金剛寺（現、河内長野市）にいたが、後醍醐天皇が没してすでに一七年がたち、四條隆資や北畠親房といった重臣たちもここ数年のうちに相次いで世を去り、いまでは昔ながらの老臣はすっかりいなくなった。亡き後醍醐天皇の遺命をなお忘れずに守りつづけているのは五條頼元ただ一人だ、と称揚する後村上天皇の言葉は哀感に満ちている。なお文中の「心うつくし（心愛）」とは、「程度が甚だしいさまを表す」言葉で、「とても」とか「ひどく」の意味である（『日本国語大辞典5』小学館、六八三頁）。このように、征西府は常々南朝から頼りにされており、ことに大宰府征西府は畿内の南朝朝廷を支える屋台骨のような役割を果たしていたといって過言ではないのである。

最後に、五條頼元の子孫たちの動向について一瞥しておこう。頼元の子孫たちも頼元の意志を継ぐかたちで、懐良親王を身近で支える文筆系官僚として生きる道を選んでいる。以下、頼元の子良氏・良遠（法名宗金）および孫頼治（良遠の子）が任官したときの口宣案（任命書）をまとめて年次順にあげておく。これらはすべて通常より小型の小切紙（切断された切紙）の形態をとっており、また②③のように様式が通例と異なるものもあり、その異例さはそれが出されたときの緊迫感や忽卒感を伝えている。

①後村上天皇口宣案
（端裏銘）「口　宣案」
上卿師中納言
正平五年七月廿九日　宣旨
（五條）正五位下清原良氏
宜任修理権大夫
（北畠）蔵人頭右大弁源顕統　奉
（「五條家文書」、『南北三』二八一三）

②後村上天皇口宣案
上卿坊門大納言
正平十八年五月三日　宣旨
正五位下清原良遠

宜任兵部少輔
蔵人頭左近衛権中将源具氏　奉

（「五條家文書」、『南北四』四四八三）

③後村上天皇口宣案

(端裏銘)「口宣案」

正平廿二年七月廿五日　宣旨
(五條)清原頼治
宜任権少外記
蔵人頭左近衛権中将藤原朝臣実秀□(奉)
上卿権中納言

（「五條家文書」、『南北四』四六八七）

④長慶天皇口宣案

(端裏銘)「口　宣案」

上卿春宮大夫
天授二年九月十二日　宣旨
主水正(五條)清原頼治
宜任左馬権頭
蔵人頭左中弁兼春宮亮平時熈　奉

（「五條家文書」、『南北五』五三四一）

右のうち、①は良氏が正平五年（観応元、一三五〇）七月に修理権大夫になったときのもの（良氏は懐良令旨を奉じた。正平一四年一〇月に没）、②は良遠が正平一八年（貞治二、一三六三）五月に兵部少輔になったときのもの、③は頼治が正平二二年（貞治六、一三六七）七月に権少外記になったときのもの、そして④は同じ頼治が天授二年（永和二、一三七六）九月に左馬権頭に昇進したときのものである。

若干のコメントを付けておく。まず①については、第三章第3節のなかの「征西事業の本格化と令旨の変容」のところで、正平五年八月ころから訴訟関係の事柄を内容とする懐良令旨が出始めると指摘し、それは征西府の権力が上昇したことの一つの表れではないかと述べたことがあるが、このことを併考すると、①の良氏の任官にともなう政治の世界への参加はそうした征西府の動向と密接な関連を持つように思われる。また②については、やや時間的な間隔があるものの、正平一四年一〇月に没した良氏の後任という性格を持ち、さらに③は、明らかに正平二二年五月に没した頼元の欠を補う目的での任命であったろう。「上卿権中納言」の文字の位置が異例。そして最後の④は、文中三年（一三七四）末に懐良親王が征西将軍職を良成親王（良成について詳しくは後述。名前は便宜的に使用する）と交替したことを考慮すると、頼治は新しい征西将軍宮のもとで主水正から左馬権頭に遷任したのであろう。頼治が良成親王の令旨を奉じた事例はみあたらないが、良成親王から頼治にあてられた無年号書状が「五條家文書」に全一四点残存している。このように考えてくると、頼元および良氏・良遠（法名宗金）・頼治（良遠の子）といった五條家の者たちはみな征西府の重要な場面で任命され、終始征西将軍宮に仕え、それぞれの役割を果たすことを通して征西府の歴史の核心的部分を担ったということができる。

菊池武光のその後

征西府の屋台骨を支えた菊池武光の行動は前述のように、正平六年(観応二、一三五一)あたりから軍忠状へ証判を据える行為、つまり将士の軍功認定者として史料にみえはじめ、正平一〇年代以降には筑前・肥後、それに肥前の守護職に在職した形跡を残している。武光は文字通り征西府全盛の最大の功労者であった。

しかし、その功労者菊池武光は征西府の全盛期に入ってこれといった輝かしい足跡を残していない。現に、武光の守護としての活動実績たる遵行状自体は、正平一六年までのものしか残存していない(肥後関係四点、肥前関係二点)。その他の史料では武光あての懐良令旨が守護在職を知る手がかりとなる(筑前関係で正平一二年に一点、肥前関係で同二二年に一点、肥後関係で同一三～二四年の間に八点)。これによってみると、菊池武光が守護として最も深い関係を有したのは肥後ということになるが、それでも現存する史料では、菊池肥後守《武光》にあてて遵行を命ずる正平二四年一一月一三日懐良親王令旨が最後である(「阿蘇家文書」、『南北四』四七九七)。正平二四年(応安二、一三六九)といえば、いまだ征西府の全盛時代に属している。正平一〇年後半から現存事例がまばらとなる武光の軍忠状証判も正平二三年一〇月を最後にみえなくなる(「肥前有馬文書」正平二三年一〇月日有馬澄世軍忠状、『南北四』四七五七)。この時期にこれまで征西府の軍事的な主柱であった菊池武光の発給文書が見られなくなること自体不思議といわざるをえない。

菊池武光の名をとどめる史料の最後は、以下に示す今川義範書状である。

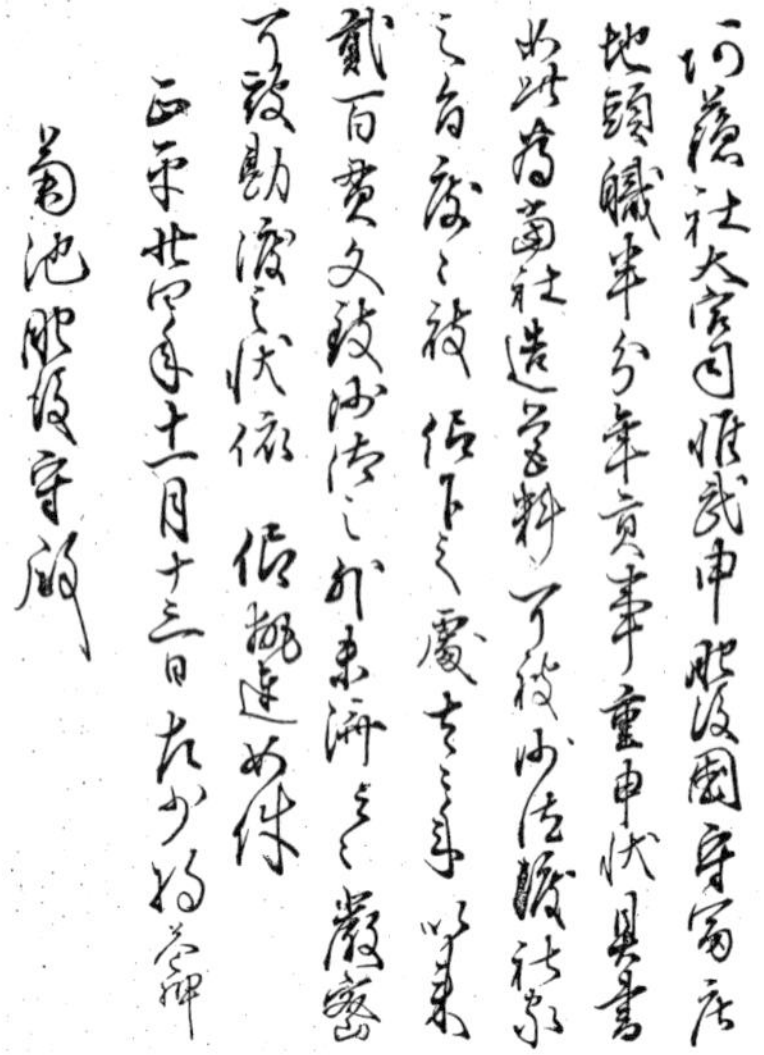

阿蘇社大宮司惟武申肥後国守富庄
地頭職半分年貢事、重申状具書
如此、為菊社造営料可被沙汰渡社家
之旨、度々被仰下之処、于今無承引、
貳百貫文致沙汰之由、承及候、厳密
可致勤沙汰之状、依
仰執達如件
正平廿四年十一月十三日　左少将（花押）
菊池肥後守殿

「阿蘇家文書」正平24年11月13日懐良親王令旨
（あて名の菊池肥後守は菊池武光）

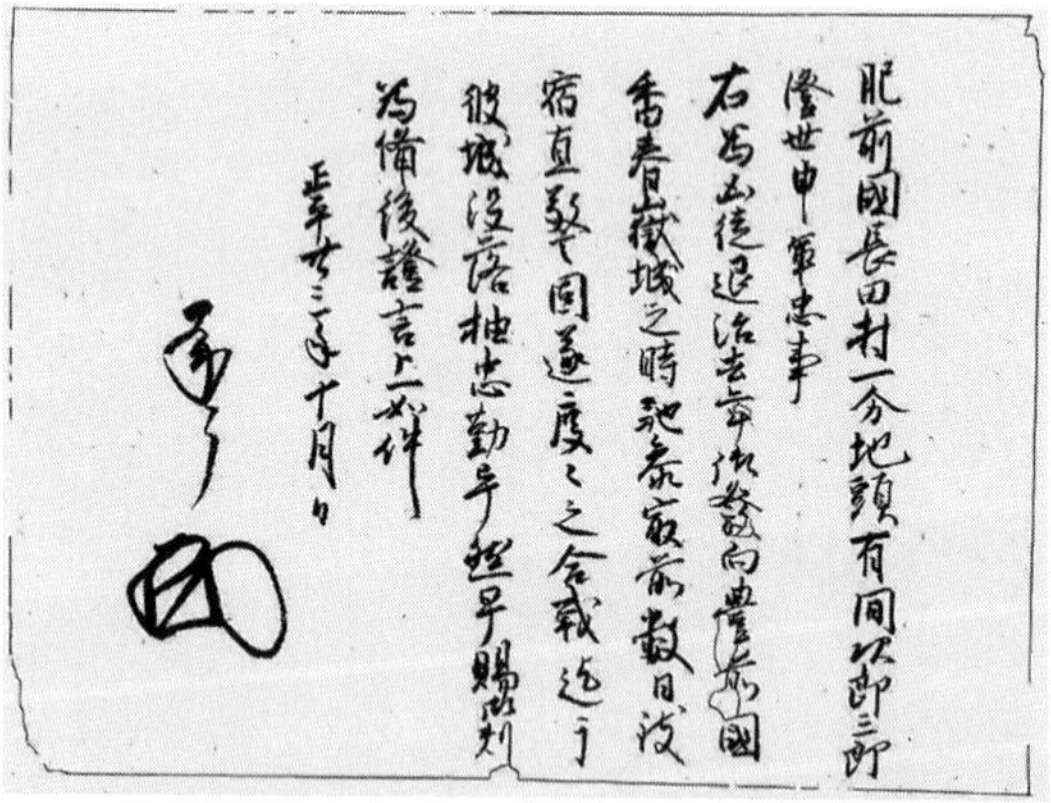

肥前国長田村一分地頭有間次郎三郎
澄世申軍忠事
右、為凶徒退治、去年於豊前国
香春岳城之時、馳参致数日之
宿直警固、遂度々之合戦、迄于
彼城没落抽忠勤畢、然早賜御判
為備後證、言上如件
正平廿三年十月　日
承了（花押）

「肥前有馬文書」正平23年10月日有馬澄世軍忠状
（菊池武光の証判あり）

武光（菊池）以下凶徒等、依打出筑前国、松本城御敵令合力由、其聞候、彼御敵等搦留様、被廻籌策候者、
可目出候、恐々謹言、

（応安五年）三月三日　　義範（今川）　花押

阿蘇大宮司（惟村）殿　応安五三六到来

（「阿蘇家文書」、『南北五』四九四四）

右は、今川義範（今川了俊の子息）が、阿蘇惟村に対して武光以下の軍勢が筑前国に打ち出したこと、松本城（肥後所在ヵ）が敵に合力したことを報じて、敵への籌策を廻らすことを要請した書状である。これによって武光の肥後守護在職を示す終見史料の年紀正平二四年（一三六九）以降、すくなくとも文中元年（応安五、一三七二）三月段階まではいちおう健在らしきことを確認することができるが、そのあとの消息は皆目わからない。

翌文中二年（応安六、一三七三）になると、いきなり菊池武政（武光の嫡子）の書状が現れ始め、肥後の阿蘇惟武にあてて「抑、天下御大事、私浮沈この時にて候、…余々に無念之子細とも候あいた、平ニたのミ存候」（〈文中二年〉卯月四日菊池武政書状）などと書きその協力を懇請した、全六点にものぼる書状を残している（「阿蘇家文書」、『南北五』五〇一二、二七、三二、三四、六八、七九）。このことについて、川添昭二は「これは父武光が病に倒れたためか、またはすでに歿していたためか」と述べている（『菊池武光』戎光祥出版、二〇二頁）。

以上をようするに、大宰府征西府の勢威がピークをやや越えたかと思われる正平末年のころ、菊池

武光は、何らかの理由で社会的活動の第一線よりすこし身を引いていたと思われるものの、完全に引退していたわけではなく、武家方にはなお敵軍の総帥とみなされていたのであろう。しかしこの間、これといって目立った足跡を残していないところをみると、その状況のまま文中二年（応安六）一一月一六日の死去を迎えたものと考えられる。

武光のあと、その嫡子として九州南軍の中心となった菊池武政も十分な社会的活動をする間もなく、文中三年五月二六日に没する（『大日本史料六編四〇』五六七―七四頁）。そのあと菊池氏の中心となったのが、一二歳の賀々丸、のちの武朝である。同年九月、菊池一族は懐良親王を奉じ、二年にわたって武家方との戦いの本拠とした筑後高良山を去り、本拠の肥後菊池に撤退する（川添『菊池武光』二〇七頁）。こうして武光亡き後の征西府はずるずると後退を余儀なくされた。

征夷大将軍任命

現在収集することのできる懐良親王令旨のなかで、自らの肩書きを「征夷大将軍宮」としたものが二点だけ知られている。これを左に引用する。

①征西将軍宮懐良親王令旨

加官軍可致忠節者、征夷大将軍宮（懐良）令旨如此、悉之、以状、

建徳二年七月廿四日　左少将（胤房）（花押）

禰寝孫次郎（久清）館

（「大隅禰寝文書」、『南北五』四八八四）

②征西将軍宮懐良親王令旨

筑前国山門（早良郡）庄領家職武藤平井又次郎孫七跡事、為長日本地護摩供幷毎月大般若経転読之料足、所有奉祈（マヽ）阿蘇社也、尽未来際不可退転由、依　征夷大将軍宮（懐良）仰、執達如件、

建徳三年三月廿四日　　左少将（胤房）花押

阿蘇大宮司（惟武）殿

（「阿蘇家文書」、『南北五』四九四八）

①は、建徳二年（応安四、一三七一）七月二四日、大隅国の禰寝久清を宮方に誘うために出されたもの、また②は建徳三年（文中元＝応安五、一三七二）三月二四日、阿蘇社に筑前国山門庄領家職を祈禱料所として寄進するものである。右の二点の令旨の全体のなかでの時期的な位置をみると、応安五年八月の大宰府征西府の陥落直前に発給された点に特徴がある。つまり①②ともに胤房という者の奉ずる、大宰府陥落の寸前に出された令旨ということになる。

問題の箇所についてみると、①が「征夷大将軍宮（懐良）令旨如此」、②が「依　征夷大将軍宮（懐良）仰」となっており、確かに通例のような「征西大将軍宮」ではない。そこで「征夷」は「征西」の誤記とみる意見もあるが、禰寝氏と阿蘇氏というまったく別の宛所への令旨に使用されたものなので、単に誤記とかたづけることなく、そこにこめられた特別の意味を読み取るべきだという意見の方がはるかに説得的である。

これについては、幕府側ではかねて派遣が計画されていた新鎮西管領今川了俊が応安三年（建徳元、

一三七〇）一〇月には「鎮西大将軍」として九州に下着していたので（「薩藩旧記雑録」同一四日管領細川頼之奉書、『南北四』四八四一）、これに対抗するために南朝では懐良をそれまでの「征西大将軍」から一時的に「征夷大将軍」に任命したのではないかとする三浦龍昭の意見がある（『征西将軍府の研究』三一九頁）。

そこで懐良親王令旨で自らの肩書きをどのように記しているかを調べてみると、意外と書かない事例が多い。書止めを単に「依仰、執達如件」ですませている例が多い。そうではなくて、「（征西）将軍宮」などと自らが「征西将軍宮」であることを明記した事例は、延元三年の吉野出発後から正平八年ころまでは頻出するものの（『南北三』三五九五）、その後いったんみえなくなり、正平一八―二〇年になって一時復活したのち（『南北四』四五〇七、四五七二）、以降は使用されていない。これに代わって使用されるのが「中務卿親王」であり、少なくとも正平二四年五月～建徳二年一月の間、その使用が確認できる（『南北四』四七七四、『南北五』四八五八）。懐良が「征西将軍」職を辞任したのではなく、「中務卿親王」という別の呼称を使用したに過ぎないけれども、あえて武官としての将軍号の使用を避けたということは、何らかの懐良の征西軍旅に対する心境の変化を反映するものかもしれない。

そのような状況のなかで忽然として、前掲した①と②の「征夷大将軍」としての令旨が登場するのであるから唐突な印象を拭いきれない。おそらく三浦龍昭が述べているように、南朝は一時的に懐良を「征夷大将軍」に任命して、征西府に軍事的なテコ入れを行ったのであろう。しかし懐良は征西府の隆盛にもかかわらず心のなかではすでに戦いに対する嫌悪感を密かに抱いていて、そういう南朝の措置をかえって煩わしく思ったのではなかろうか。

懐良の和歌などの文芸についてはのちにまとめて述べるが、兄の宗良親王の私歌集「李花集」(『新葉和歌集』にも収録)に、建徳二年九月二〇日、大宰府の懐良親王より信濃国大川原(現、長野県下伊那郡大鹿村)に滞在していた兄宗良親王に和歌二首が届けられている。そのうちの一首は以下のものである。

日にそへてのかれんとのみ思ふ身に　いとゝうき世のことしけきかな

(和歌史研究会編『私家集大成　第5　中世Ⅲ』明治書院、一九七四年、三三八頁)

右の和歌について、深津睦夫は「日ましに出家しようという思いばかりが募るこの身に、いっそう俗世間の煩雑な事態が降りかかってくるよ」と解釈した(深津睦夫・君嶋亜紀『和歌文学大系44　新葉和歌集』明治書院、二〇一四年、一三九頁)。まさにこの和歌にいう「うき世のことしけきかな」とは、右にみた征夷大将軍に任命されて戦いに駆り出されるというような懐良親王の身辺の煩わしさをさしているのではあるまいか。

この年、建徳二年(応安四、一三七一)は、深津も記しているように、幕府任命の新鎮西管領今川了俊が九州に下向したり、懐良親王が中国の明に使僧を派遣して通交を開始しようとしたりで、懐良親王の周辺が例年になく慌ただしい年であった。懐良が件の和歌で「いとゝうき世のことしけきかな」

と詠んだのも至極当然のことだったのである。

ちなみに、すでに述べた九州南北朝史に大きな足跡を残した少弐頼尚（梅溪本通）が七八歳の生涯を閉じたのは、この年（応安四）の一二月二四日のことであった（「光浄寺文書」、『佐賀県史料集成　古文書編五』一一〇頁）。

今川了俊の大宰府攻略

九州に築きあげられた懐良親王の王国も、幕府による天下統一事業の進捗に対して、いつまでも抵抗することはできなかった。二代将軍足利義詮が没した貞治六年（正平二二、一三六七）の翌年に改元され、応安という年号が登場する。この応安年号はまる七年続き、応安八年（天授元、一三七五）二月に永和と改元される。おおまかにいって応安年間は、幼少軍足利義満のもとで管領細川頼之が将軍をよく輔佐して、幕府支配の安定・確立に尽くした、いわば管領細川頼之の将軍職代行時代であった。

その応安五年（文中元、一三七二）のうちに、南朝側では大宰府が陥落し、他方幕府側では将軍足利義満が一五歳で御判始（花押使用始めの儀式）を行っている。同じ年のこの二つのできごとは、双方の行末を象徴しているように思われる。

大宰府征西府を陥落させたのは、渋川義行の後任として幕府管領細川頼之の支援を受けて管領に任命された今川了俊である。むろん足利氏の一門。今川了俊については、川添昭二の『今川了俊』（吉川弘文館、一九六四年。一九八八年新装版）を初めとする一連の体系的研究があり、依るべき金字塔的な研究成果として屹立している。以下の記述はこれに依拠している。なお川添には了俊関係の史料を網羅的に収集し編年整理した『今川了俊関係編年史料集 上・下』（自家版、一九六一年）がある。

鎮西管領のポストは並みの武将では務まらないため、新探題の人選はかなり難航した様子である。貞治六年（一三六七）の一二月八日付、阿蘇惟村あての管領細川頼之書状（「阿蘇家文書」、『南北四』四七一〇）に「鎮西大将（鎮西管領のこと）事、不可依此御逝去（足利義詮）、可有厳密之沙汰候」、つまり、将軍足利義詮の死去にかかわりなくきちんと派遣すると告げており、そこには幕府の不退転の決意がうかがわれる。かくして、同月末には山名師義（山陰の雄山名時氏の嫡男。当時丹後守護）に決まりかけたが（『南北四』四七一一）、変更されて今川了俊に決定したのは応安三年（一三七〇）六月のことであった（『南北四』四八二三）。おそらく了俊の文武両道に秀でた能力が評価されてのことと思われる。

鎮西管領に任命された今川了俊は、周到な九州下向の手だてを講じつつ、応安四年（一三七一）一〇月長門国府を経由して、同一二月豊前門司に到達した。了俊のすぐれた政治的・軍事的手腕は九州の幕府方軍勢に活力を与え、戦いを有利に導いた。了俊がその巧みな作戦を成功させ、大宰府征西府を陥落させたのは、九州上陸後一年もたたない翌応安五年（文中元、一三七二）八月のことである（『大日本史料六編三六』参照）。了俊は九州在地の武将たちにあてた書状を実に多く残しているが、この書状に遺憾なく発揮された了俊の文才は九州の武士たちを説得し味方に誘ううえで、有力な武器となったものと思われる。

他方、征西府側の菊池武光は筑後の高良山にたてこもり、ここを再挙のための本営とした。しかし高良山での抗戦も二年しか続かず、文中三年（一三七四）九月には、懐良と菊池一族は本拠肥後菊池への退却を余儀なくされた。菊池武光は、「菊池総系図」によって、この間の文中二年（応安六、一三七三）一一月一六日に没したとされている（関係史料は『大日本史料六編三八』二九七―三一二頁に一括掲載）。

第六章　征西府の衰滅過程

1　征西将軍職の交替と良成親王

征西将軍職、懐良から良成へ

ここで確認しておきたいのは、懐良がいつ征西将軍の職を辞したかということである。また後任は誰かということについては、その実名が明確でないので単に「後征西将軍宮」と称されたりもするけれども、ここでは叙述の便宜上通説に従い、仮に「良成親王」と称することとする。良成親王は南朝系図によると、後村上天皇の皇子とされる。それによれば、懐良と良成の血縁は、叔父—甥という関係になる。

良成親王の九州下向の経緯についてはのちに述べることにして、まず懐良から良成への征西将軍職の交替について調べてみよう。この交替がいつであったかを知るには、良成が征西将軍としての令旨をいつから出し始めるかを調べることが最も有効である。

懐良親王が征西将軍として発した令旨の終見は、現在のところ「阿蘇家文書」に収める以下のものとみられる。文中三年（応安七、一三七四）一〇月、懐良が、阿蘇惟武に対して豊後国高田庄領家職を兵粮料所として知行させるという内容である。

豊後国高田庄（大分郡）領家職事、為兵粮料所、可被知行之状、依　仰（懐良親王）執達如件、

文中三年十月十四日　　左少将（胤房）（花押）

阿蘇社大宮司（惟武）殿

（「阿蘇家文書」、『南北七』七一三八）

他方、後征西将軍宮良成親王の征西将軍として出した令旨の初見は、現在のところ「五條家文書」に収める以下のものとみられる。文中三年一二月、良成が、青柳小三郎に対してその軍功を褒めた感状である。

抽軍功之由被聞食了、貞節之至、殊所感思食也、弥可致忠節之由、依　征西大将軍（良成親王）御気色、執達如件、

文中三年十二月廿五日　　散位（花押）

青柳小三郎殿

（「五條家文書」、『南北五』五一五四）

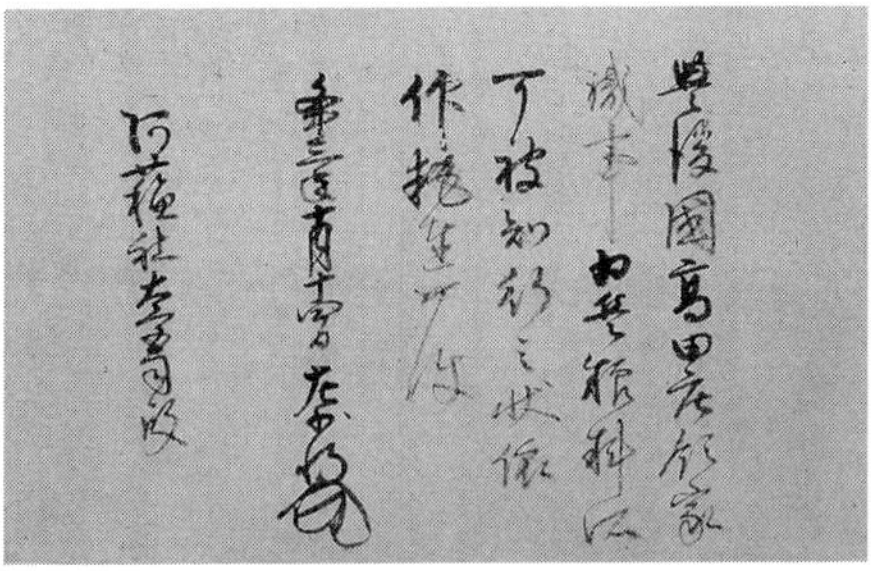
「阿蘇家文書」文中３年10月14日懐良親王令旨

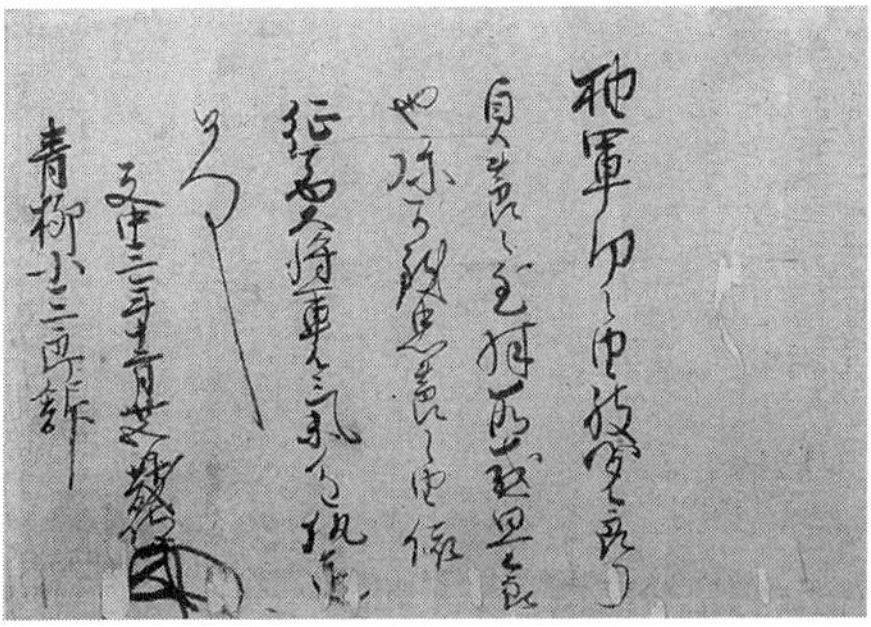
「五條家文書」文中３年12月25日良成親王令旨

右の二点の文書のうち、前者を懐良令旨、後者を良成令旨とみなす理由は、各々の奉者による。前者の奉者の「左少将」は某胤房（姓は池尻ともされるが不詳）という名の懐良側近であり、彼が奉じた征西将軍宮懐良令旨は正平二〇年（一三六五）ころからみえ始め、以後建徳・文中年間を通して多くの実例があり、懐良が征西将軍を辞して「一品親王」と称すようになってからもなお天授三年ころまで奉者として登場している（胤房は、懐良の没後弘和三〈一三八三〉―四年にかけて良成令旨も奉じた事例あり)。つまり胤房は永年の懐良令旨の奉者であった。それが文中三年一〇月一四日付を最後に、唐突に同一二月二五日付より「散位」なる者の奉ずる征西将軍宮令旨が登場するのであるから、その両時点の間に征西将軍職の交替を見据えることができるわけで、ようするに、懐良から良成への征西将軍職の交替は、文中三年(一三七四)一〇月から一二月の間だということになる(このことはすでに川添昭二が指摘している。「懐良親王令旨をめぐる九州の南北朝」、『九州の中世世界』海鳥社、一九九四年、一二二頁。初版は一九七九年)。

良成親王の九州下向

現在のところ「後征西将軍宮」は「良成親王」であるという説が普通に行われているが、それはあくまで便宜的なもので明確な史料的根拠をふまえているのではない。「後征西将軍宮」という言い方は、征西将軍宮懐良親王の後任というだけのことで、その実名が「良成」というところまではわかっていない。なぜ「良成」といわれているかというと、「古本帝王系図」(内閣文庫所蔵「南朝系図」など)によると、後村上天皇の皇子の一人に「良成」という名の親王がいて、この親王に「鎮西宮」との注記があることに拠っている。長慶天皇の研究で著名な八代国治によると、「古本帝王系図」は近世初期の偽作とされており、確かな典拠となりうるものではない。こうした基本的なことを含めて、後征西将軍宮良成親王については古来種々に議論されてきているものの、残存する関係史料の少なさがわざわいしてほとんど研究は進んでいない。ただ、「五條家文書」元中一一年(応永元、一三九四)一二月一九日良成親王自筆名字充行状(『南北六』六三一七)によると、良成親王が清原良量(頼治の子)に名字を与えているところからみて、授与者側の名に

「良」字の存在したことが知られ、後征西将軍の実名をうかがうための一つの参考となる。

そういう研究状況のなかでも、後征西将軍宮（良成）についての拠るべき成果がいくつかないわけではない。一つは、川添昭二「後征西将軍宮発給文書考」（『古文書研究』一九、一九八二年）、もう一つは、その三四年後に出された菊池康貴「後征西将軍宮の研究」（『史林』九九―二、二〇一六年）である。特に後征西将軍宮を良成親王とみることについての問題点については川添論文が長い研究史をふまえて丁寧明快に整理している。しかしこの点については深入りすることをせず、本書では便宜的に通説によるということは前述した通りである。

良成親王が九州下向した時期、下向にいたる経緯などは一切不明である。しかし「阿蘇家文書」「河野文書」などに残存する史料から、すでにいわれているように、良成は「正平末年、後村上天皇の皇子が数歳で九州に派遣されたことは認めてよかろう」（川添「後征西将軍宮発給文書考」、五頁）。正平年号は二四年間使われたので、正平末年だけでは漠然としている。もう少し限定することはできないものか。この点については、正平二〇年（貞治四、一三六五）のものと思われる藤原某起請文という史料があり、そのなかに左のようなくだりがある。

今月十九日御所（懐良親王）依御陣大宰府御成候畢、高良山（筑後国御井郡）御社参、同廿一日御陣御出時、来月初卯日（五月九日）、
若宮（良成親王）阿蘇山御社参可有由、被仰下候、可然存申候、…
卯月廿三日（正平二十年カ）　藤原□□　花押

謹上　阿蘇（惟武）大宮司殿御宿所

「到来五月八日」

（「阿蘇家文書」、『南北四』四五六九）

右の史料によって、正平二〇年四月一九日、懐良親王が大宰府に在陣したこと、筑後の高良山に社参したこと、そして同二一日出陣するとき、懐良は来月（五月）初卯（九日）日若宮（良成親王）が肥後の阿蘇社に社参するとのことを仰った、ということが知られる。これによって、若宮（良成）が正平二〇年四月段階ではすでに九州に来ており、しかも良成の行動予定を懐良がこの文書を書いた藤原某に伝えるほど両親王は接近した関係にあったことがわかるのである。

そこで良成親王が九州に派遣された契機を想定すれば、大宰府攻略（正平一六年）をおいてほかには考えられない。おそらく大宰府を制圧した懐良親王が、これから征西府の王国を築くにあたって協力する枢要の人材として良成親王の派遣を南朝に要請したのではないか。とすると、良成の九州下向の時期は正平一〇年代の後半ということになる。

良成親王の四国征討

良成親王は九州下向後しばらく経った正平二四年（応安二、一三六九）、四国征討に赴いている。左はその直接史料であり、懐良親王が、河野讃岐守通直に四国大将として若宮を派遣するから急ぎ迎舟を進めよと命令した令旨である。

為四国大将、可被下申若宮（良成親王）候、急可被進御迎舟之由、依仰執達如件、

（正平二十四年）二月十五日　　左少将（胤房）　判

河野讃岐《（通直）》守殿

（「河野家譜」、『南北四』四七六四）

これによって、正平二四年二月に良成親王は四国征討の軍旅に赴くことになったことが知られるが（実際の進発は同一二月か）、良成の四国派遣が懐良親王の指令によったことは明らかで、良成はこの段階では懐良の指揮系統下に属して協力関係にあったものとみられる。懐良が良成を四国に向かわせたのは懐良の九州経営にとって四国方面の軍事的安定が不可欠であったためであろう。

正平二四年二月に四国征討に赴いた良成は、再び九州へ戻ることになる。ではそれはいつだったか。関係史料を探索するとある程度の推測は可能である。すでに川添昭二が指摘しているが、文中四年（天授元・永和元、一三七五）と推定される五月六日菊池賀々丸（のちの武朝）の阿蘇惟武あて書状によると、

さしたる事候ハぬニよて、さい〳〵ニ申入す候、ほんゐ《（本意）》にあらす候、…ことに両御所《（懐良・良成）》たうしよ《（当所）》はかりを御たのミ候て御さ候ところに、もしこのまゝにてらつきよ《（落居）》候ハゝ、しやう〳〵せゝのむねんたるへく候、…

（「阿蘇家文書」、『南北五』五一八六）

とあり、そのなかの「両御所《（懐良・良成）》たうしよ《（当所）》はかりを御たのミ候て御さ《（座）》候」（両御所〈懐良・良成〉は当所ばかりを頼りにしている）とあり、このときにはすでに四国征討から九州に帰っていたものと考えられる。

とすると、両者の間に五年半の年月が横たわるけれども、この間の良成の動向は明確でない。ただ、懐良から良成への征西将軍職の交替はこの間の文中三年（一三七四）末であるところからすると、少なくとも文中末年には良成は九州に戻っていたものとみたい。あるいは、かねてから辞めどきを見計らっていた懐良が良成の帰国後まもなく将軍職の交替に踏み切ったのかもしれない。

良成親王の発給文書　次に、良成親王の発給した文書（令旨・書状）を通して、良成の活動状況の一端に迫ることとしたい。

良成親王の征西将軍としての令旨の初見は、さきに征西将軍職の交替を述べた箇所で全文引用した、「五條家文書」文中三年（一三七四）一二月二五日付であり、良成が青柳小三郎に対してその軍功を褒めた感状である。必要上いま再び引用する。

抽軍功之由被聞食了、貞節之至、殊所感思食也、弥可致忠節之由、依　征西大将軍御気色、執達如件、

文中三年十二月廿五日　　　　散位（花押）

青柳小三郎殿

（「五條家文書」、『南北五』五一五四）

懐良親王令旨と良成親王令旨との区別はなかなか付きにくい。右の文書を良成親王の征西将軍としての令旨の初見とみて、そこに征西将軍職の交替を見据えた理由は、奉者「散位」がそれまでにみら

れない新顔であると述べた。この奉者「散位」の花押は、「禰寝文書」天授元年一〇月五日付、禰寝右馬助（久清）あて、後征西将軍宮（良成）令旨（『南北五』五二四六）の奉者「散位」の花押と同じである。

筆者の収集によると、良成親王の発給文書は征西将軍職につく以前の事例も含めて全部で五五点である。このうち無年号で年不詳の書状が一二点ほどあるので、年次がわかる令旨・書状は四三点である（端書から年次が判明する書状もある）。

年次がわかるものをさらに分類すると、征西将軍就任後の令旨が三四点（このうち二点について大日本古記録は「御書」とする。『南北六』五八九三・六二三七）、書状が八点である。この三四点の、いわば後征西将軍宮令旨のなかの初見が右掲の事例ということになる。その後征西将軍良成親王令旨の内容的な内訳は、①下地の遵行、②知行地の給付・安堵、③忠節を褒める感状、④阿蘇社への所領寄進などがあり、なかでも比較的多いのが①と②の事例である。他方、八通の書状はほとんど「五條家文書」に収めるもので（うち一点は「相良家文書」）、内容的にはその時々の良成をとりまく緊迫した軍事的な状況を伝える。

このうち①と②について付言すると、①は大友孫三郎（氏継）や大宰少弐（頼澄）を通して豊後や筑前の所領・所職を遵行しようとするものである。その宛所の大友氏継や少弐頼澄はそれぞれ南朝系の豊後守護、筑前守護ということになるが、その令旨の実効性については保証の限りではなかったであろう。また②については、阿蘇大宮司（惟武および惟政父子）、相良近江守（前頼）あてのものが残存

良成親王墓（福岡県八女市矢部村）

している。これもまた実効のほどは定かではない。

懐良親王時代の征西府と良成時代のそれとの関係を知りたいところであるが、正平二〇年から天授三年の十余年の間に総計五〇点ほどの多くの懐良令旨の奉者としての足跡を残している某胤房についてみると、良成の時代に入った弘和三―四年の間に、胤房が左中将として良成令旨を奉じた形跡がある（『南北五』五七六四・五七八三・五八二二）。このことは令旨の奉者を通しての、両親王征西府の政治組織としての連続的な一面であるといえよう。

こうしたことをふまえて、後征西将軍宮良成親王令旨にみる良成親王の活動について総括すると、隆盛を誇った懐良親王の遺産を消費しつつ、次第に衰退の道をたどったということができよう。以下に掲げる①は、中央の歴史において南北朝が合体する元中九年（明徳三、一三九二）閏一〇月以前における良成令旨の最後の事例、また②は現在知られている良成令旨の終見、さらに③は良成書状で、これが良成発給文書の最後である。参考までに掲げておくこととしたい。

①筑後国北辺之輩幷□（田）尻者共事、自根本□（属）其手之間、不相替日来、可被成敗之由、依　仰執達如件、

元中七年正月十八日　　散位（花押）

五條左馬頭(頼治)殿

（「五條家文書」、『南北六』六一〇七）

②

「(包紙)謹上　五條左馬頭殿　左少将邦忠奉」

筑前国下津郡阿蘇一族等跡事、依被定仰名字之事、(五條)良量所被行之也、且者為存知、令旨如此者、

依　仰執達如件、

元中十一年十二月十九日　左少将(邦忠)奉（花押）

謹上　五條左馬頭(良量)殿

（「五條家文書」、『南北六』六三一六）

③

「(別筆)御筆　御在所矢部大杣　元中十二年十月廿日」

此奉書等、武信・(長谷部)信経方へ、早々可被付遣之候、

道徹退散、大慶此事候、当山之名誉、弥可超過候歟、就中云計策云粉骨、旁以痛敷存候ツ、其功

定可有所期候哉、感悦之至、難尽筆端候、期参之時候也、

(元中十二年)十月廿日　（切封）

五條左馬頭(良量)殿

（「五條家文書」、『南北六』六三一八）

良成親王について述べた本節の最後にふれておくべきは、征西府の要人と目される藤原尹房《これふさ》という人物である。この人物は左のような文書などに登場する（文書名は『南北』による）。

藤原尹房のこと

①正平二四年四月一〇日藤原某下知状（「肥前東妙寺文書」、『南北四』四七七〇）
（内容は、肥前国東妙寺雑掌と櫛田宮荘官とが相論する同国神崎荘賀崎郷の田地についての裁許）

②正平二四年一二月一三日　阿蘇大宮司殿（惟武）あて、良成親王令旨（「西巌殿寺文書」、『南北四』四八〇七）
（内容は、良成親王の四国退治のための進発にさいして、阿蘇惟武に祈禱を要請）

③建徳二年八月一九日　河上社座主房あて、征西将軍宮令旨（「肥前河上神社文書」、『南北五』四八九五）
（内容は、肥前国河上社造営のことについて、東妙寺長老に仰せ付けたことを河上社座主に通知）

まず、右の三つの文書の差出書、すなわち①の「権中納言藤原朝臣（花押）」、②の「権中納言　在判」、③の「権大納言（花押）」についてみると、少なくとも①と③の花押は同じである。また②は案文であるがその官途名からみておそらく同一、つまり①〜③はすべて同一人物が出した文書である可能性は高い。それが誰かについては三浦龍昭によって考察が加えられ、後征西将軍宮良成親王に仕える「重要な人物」とされ、その実名が藤原尹房であることが明らかにされた（三浦『征西将軍府の研究』九一―六、一三七―九頁）。さらに①については、室町幕府の管領下知状を参考にして「後征西将軍宮が幼少であったことを考慮すると、藤原尹房は政務の代行とし下知状を発給したのではないだろうか」と指摘している。というわけで文書名については、①は藤原尹房下知状、③は良成親王令旨と命名するのがよいと思われる。藤原尹房の花押は『花押かがみ七』に収録されており、そのなかに①③も含まれている（二五二―三頁）。

最後に一つ気になるのは、建徳元年一一月二一日、指宿能登守あて前中納言某遵行状写（「薩藩旧記27所収指宿文書」、『南北四』四八四六）の性格である。差出人前中納言の花押の形状はさきの藤原尹房とは異なり同人ではないけれども、征西府の構成員としては系統的にみて同じ性格ではないかと思われる。

2　一品式部卿懐良親王

「一品式部卿」の呼称

すでに述べたように、懐良親王が征西将軍職を辞したのは文中三年（応安七、一三七四）末と考えられるが、こののち、懐良は「一品（式部卿）親王」という肩書きで、令旨を一〇点ほど残している。

懐良令旨全体を通してみると、肩書き表記は時期によって変化をみせるが、最も一般的なのは

「(征西)(大)将軍宮」であり、稀にこれとは違う表記をとることもある。一つは「中務卿親王」で、正平二四年(一三六九)五月、及び建徳三年(一三七二)正月にその例がある(『南北四』四七七四、『同五』四八五八)。前者は自筆法華経の奉納、後者は伊予国守護職関係。ちなみに「李花集」所収の建徳二年の二首の和歌は「中務卿親王」で詠まれている。もう一つは「一品(式部卿)親王(宮)」で、文中四年五月―天授三年一二月の間に七例認められる(『南北朝遺文中国・四国編五』四一四七、『南北五』五二〇一―三、五三八八・五四〇四・五四三二)。

なお「一品式部卿宮」と称した例は、ほかに文中三年(応安七、一三七四)にもう一つある(『南北朝遺文中国・四国編五』四一一六)。それは日付が「文中三年　月　日」とあるのみで何月何日かが書かれていない。しかし本文中に「一品式部卿宮」とあるところから逆に考えて、文中三年でも将軍職辞任後の一〇月半から翌一二月二〇日ころまでのものとみるほうが自然だと思う。

このように考えると、懐良親王は征西将軍職を辞する以前には、「(征西)(大)将軍宮」と称するのがふつうであったが、在職中の正平末年から建徳年間にかけて「中務卿親王」とも称した証跡を残していることになる。つまり、懐良親王は征西将軍を辞して以降は専ら「一品(式部卿)親王(宮)」を称したものとみられる。

懐良親王の発給文書

征西将軍辞職後の懐良親王は、「一品(式部卿)親王(宮)」の肩書きで令旨を八点ほど残していると先にのべたが、以下はその初見①と終見②である(右述の、月日を欠く文中三年懐良親王令旨は便宜上含めないことにする)。

①為土州《土佐国》籌策、円明寺大納言所被下向也、早可令合力、次国入日《部カ》之間者、以別儀可加扶持之間、
一品親王《懐良親王》之令旨如此、仍執達如件、
文中四年五月廿五日　　左少将《胤房カ》　判
河野刑部大輔《通直》殿
（「築山本河野家譜」、『南北朝遺文中国四国編五』四一四七）

②所々本領等事、任文書之理、知行不可有相違之由、一品親王《懐良》御気色如此、悉之、以状、
天授三年十二月十三日　　左少将　胤房在判
本告執行《秀幸》館
（「肥前櫛田神社文書」、『南北五』五四三二）

右のうち、①は懐良が伊予国の河野一門の通直（通堯）に対し、土佐籌策として合力することを命じた令旨。②は懐良が肥前国櫛田神社の本告秀幸に対して、所々本領を安堵せしめた令旨。当然、現在全部で二〇〇点ほど残っている懐良親王令旨の最後は、②ということになる。このほか、懐良は引退寸前の天授三年二月九日、筑後国高良山の下宮社に三ヵ条からなる願文を納めて同社の興行に力を入れているが（「玉垂神社文書」、『南北五』五三六八）、その願文に込められた懐良の自省は、すなわち父帝の悲願の実現に向けて合戦に明け暮れた自らの生涯への問いかけであった。

以上をようするに、征西将軍職を良成と交替したのちの懐良は、「一品式部卿親王」としての立場から令旨を発し、征西将軍宮良成親王の令旨を補完する役割を果たしていたものとみられる。この時

期になると、良成の令旨が九州南軍に発せられる文書の中心となることはいうまでもない。

懐良親王の最期と万寿寺過去帳

応安四年（一三七一）末に九州に到達した今川了俊による征西府勢力の切り崩し作戦の概要についてはあとで述べることにして（二七三頁参照）、その前に懐良親王の最期について述べておこう。

次第に強まってくる武家方の攻勢のもと、宮方からみると九州南軍の潰滅的状況のもとで、懐良親王はますます劣悪な環境に身を置くことになるが、永和三年（一三七七）九月の時点で在所は筑後の山間部の矢部郡黒木であった。それは、（同年）九月三〇日宗金（五条良遠）書状に「当所黒木依為御在所、不替此間候」とあることによる（「安芸築山文書」、『南北五』五四一七）。

こうして懐良親王は最期を迎える。通説では、没した場所は筑後矢部、時は豊後国万寿寺の過去帳にもとづき弘和三年（永徳三、一三八三）三月二七日と考えられている。年齢は、生まれを元徳元年（一三二九）とする見方に立てば、数え五五歳と推定される。この年齢とみて、当たらずとも遠からずであろう。数年後には、信濃国で兄宮宗良が没している。

懐良親王の墓所と伝える場所はいくつかあるが、明治一一年（一八七八）四月、宮内省はそのなかの熊本県八代郡宮地村大字宮地字中宮《ちゅうぐう》（現、八代市妙見町）所在の円墳を懐良の墳墓に指定した。そのほか、福岡県八女市星野村にも懐良親王の墓と伝える五輪塔が存在する。

そこで最大の問題となるのは、懐良の薨去を弘和三年三月二七日とする「豊後万寿寺過去帳」なる史料の存在とその信憑性である。懐良親王の動向についての基本的な史料を網羅する藤田明『征西将軍宮』には薨去記事が収録されていない。これは何らかの理由があるのではないかと調べてみると、不可解な事情が横たわっていて、ことはそう簡単ではない。

この問題を考える場合の基本史料となるのは、肥後熊本藩医の田中元勝《もとかつ》（一七八二―一八四九）が撰した「征西大将軍宮譜」（『肥後文献叢書六』隆文館、一九一〇年。一九七一年歴史図書社より復刊）である。その巻一一（四八五頁）に以下の記述がある。

懐良親王墓（熊本県八代市妙見町）

懐良親王墓（福岡県八女市星野村）

…府内（現、大分市）の万寿寺といふ古寺に、（注記を略す）古き過去帳の残篇ありて、中に癸亥年三月廿七日、征西将軍宮、（後脱）醍醐院皇子とあるを見出したりとて、予（田中元勝）か同好の人に逢ひて、語りたりしを聞けり。依て思ふに、癸亥年は、すなはち弘和三年にて、過去帳のいふことく、宮の御事を、三月廿七日の事とすれは、件の四月十四日に、大御所之御事、兎角中々無申計とあるに（「五條家文書」、〈弘和三ヵ〉四月一四日良成親王書状）、よく符合しておほゆれは、かた〳〵此の宮のかくれさせ給ひし月日は、過去帳の説、その実をえたりと定むへきにや。…

現在の懐良親王の薨去日についての通説は右の記事に依拠している。ところがこの田中元勝の説は、田中自身が万寿寺過去帳を直接に実見したのではなく、右の文中にあるように田中の「同好の人」よりの伝聞によるから、情報として肝心な確実性に欠けるという難点を残していた。

この点に疑問を抱き深く追跡したのが、岡茂政「万寿寺過去帳に就て―征西大将軍御薨去時日発見の唯一文書―」（『歴史地理』七六巻一号、一九四〇年）である。岡の指摘を詳細に紹介することは省略するが、この岡の小論によって、懐良親王没日の根拠となった「万寿寺過去帳」なるものが豊後府内の万寿寺には初めからなかったこと、田中元勝の言説には「想像にすぎぬ」情報が混じっていることが論証された。しかし肝心の没日については何らの言及はなく、何とも隔靴掻痒の感を免れない。

3　その後の九州争乱

今川了俊の九州制圧

渋川義行の後任として鎮西管領に任命された今川了俊が、応安四年（建徳二、一三七一）一二月、いよいよ九州に到達し、九州計略の本格的な第一歩を踏み出したことを前述した（二五三頁）。了俊の軍事的目的の一つは九州の武士たちを征西府側につかせず味方に引き入れることであったが、このために了俊は彼らに多くの長い書状を送り、個別に説得を重ねた。このためこれ以降了俊の史料が格段に多く残存している。これまでの鎮西管領にみなかった現象だといえる。了俊の周到な軍事的活動は、『南北朝遺文九州編』の主として五、六巻に収録されている了俊の発給文書によって具体的に詳しく知ることができるが、了俊の伝記としては川添昭二『今川了俊』という決定版のあることは前述した通りである。

幕府が新管領今川了俊に大きな期待をかけたのには理由がある。初代の鎮西探題一色氏（道猷・直氏父子）が正平一一～一二年にかけて九州経略の任務を放擲して帰京して以来、後任の斯波氏経・渋川義行はともにその任を果たすことができず、幕府の支配は九州に浸透しなかったので、九州南朝軍が結集する征西府を勢いづかせたのも事実であった。このため幕府は鎮西管領の人選を入念に行い、その結果管領細川頼之の推薦をうけた今川了俊に白羽の矢が立ったといういきさつがあった。幕府が了俊に多大の期待をかけたのはむしろ当然であったろう。

他方、征西府の側に目を転ずると、征西府の長い歴史にとって、懐良親王が良成親王へ征西将軍職を譲った文中三年（応安七、一三七四）は大きな節目だったといってよい。懐良がこの職に任命されたのは延元三年（一三三八）であったから、辞任した文中三年まで正味三六年間の長い期間この職にあったことになる。その長い征西将軍の任務からひとまず降りたのが応安七年、今川了俊が九州に到着して三年目のことであった。

以下、今川了俊の九州制圧の足取りをいくつかの画期にそくして具体的にみてゆくことによって、南朝の九州計略拠点征西府の衰滅と九州南朝勢力の引き潮のぐあいを段階的にたどることとしたい。

肥後国水島の陣

懐良親王が征西将軍の職を良成親王と交替した応安七年（文中三、一三七四）の翌年、永和元年（天授元、一三七五）に、今度は武家方の側で九州の南北朝史に重大な影響を及ぼすやっかいな事件が起こる。この年の八月二六日の、肥後国水島の陣での今川了俊による筑前守護少弐冬資誘殺事件である（冬資三九歳）。それは、了俊が島津氏・大友氏に加えて少弐氏も加えた九州三雄を味方に引き入れて、敵軍菊池氏に総攻撃をかけようとした矢先のことであった。水島は現在熊本県菊池市七城町に属し、同県山鹿市にほど近い場所にある。菊鹿盆地の南部、内田川の左岸、砦台地の西端に位置する。

この事件は、今川了俊の九州経略計画の一環として起こるべくして起こった事件という見方もできるが、事件を引き起こした今川了俊にとって予想外の展開をとった。簡単にいえば、この事件はそれまで了俊に対して協力的な態度をとってきた日向・大隅守護の島津氏久が了俊から離反する原因となったのである。島津氏久は、今川了俊―少弐冬資の間を取り持つ役目を果たしていたから、了俊による冬資誘殺によって面目が失墜したものと考えてもいっこうに不思議ではない。氏久はここで南軍に応じたとされる。これによって了俊は、菊池氏攻めはもとより、南九州の経営全般に少なからざる計画の変更を余儀なくされた。この後の了俊の軍事行動をみると、島津氏久への対応に精力が費やされていることが知られる。ある意味では了俊にとっては大きな誤算でもあった。

『南北朝遺文九州編』の第五巻は、建徳二年（一三七一）から元中元年（一三八四）に至る文書を収録しているが、編者瀬野精一郎はその「序」で、「本巻の後半は、九州における南北抗争も終曲を迎え、むしろ北朝支持勢力中の内部対立抗争に移行した感が強い」（同書、二頁）と述べている。まさにその九州における抗争の質的変化のターニングポイントが、ほかならぬ永和元年（一三七五）八月の肥後水島の事件であったということが可能なのである。そういう理由から、この事件は九州政治史の一つの大きな分岐点ともいえる歴史的な意味を持っている。

では、この今川了俊による少弐冬資誘殺事件とはいかなるものであったか。この事件に関する史料は、『大日本史料六編四四』一二〇頁以下にまとめて掲載されており、至便である。そのなかでも最も基本的な記事は、室町幕府の将軍初代―三代の間の幕府関係記事を収録する「花営三代記」（『群書類従二六』所収）の所載記事であり、事件の情報は使者によって京都に届けられた。

（永和元年九月）十四日、去八月廿六日午刻、於肥後国軍陣、太宰（ママ）少弐冬資為探題今川伊与（予）入道（了俊・貞世）被誅之由、

使者到来、　（『大日本史料六編四四』一二〇頁）

右の記事にみえる「肥後国軍陣」とはかの水島の陣のことで、ここには今川了俊が少弐冬資を誅殺したと明確に書かれている。冬資刺殺の場面については、室町時代の島津庶家に出た山田聖栄が書き残した「山田聖栄自記《やまだしょうえいじき》」に詳しい。またかねて少弐冬資に菊池攻めへの参陣を促していた島津氏久がつむじを曲げたことについても「山田聖栄自記」に以下のような記事があり、その間の事情をよく伝えている。

小弐方《（少弐冬資）》、如此之御沙汰ニ罷成候之時者、九州三人何以失面目次第候、其上氏久《（島津）》御意ニマカ《（任）》せ彼方ニ催《（促）》足申通候事其隠ナシ。此時ハ当座恥辱無遁カタキ所候之間、薩州へ罷下候ト、今河殿《（了俊）》仰捨御下向候へ者、宮方之蜂起アルヘキ物云共軈而《やがて》アリ…、仍九州破ントス。（一三一―二頁）

ここでは島津氏久のその後の態度については詳しくは述べない。今川了俊の度々の慰諭《いゆ》にもかかわらず氏久は武家方への復帰を潔しとせず、了俊を悩ませている。なかなか復帰しようとしない氏久に期待を懸けつつも、了俊は、これまで島津氏との敵対関係から武家方に積極的に味方してこなかった大隅国の雄族禰寝氏に誘引の手を伸ばし始めている。

年号のない九月四日今川了俊書状（「大隅禰寝文書」、『南北六』六六三〇）は了俊が禰寝久清にあてたものであるが、そのなかで了俊はこういっている。

かた〳〵御事、もし氏久参候ハヽ、とても御同道候ハんためニ、今まで御参なく候よし、先立て承及候し間、今ハ如此氏久切候間、定て早々ニ御参候へく候歟、若此下ニ猶も御参候ましくハ、これも向後申ましく候、且ハ将軍家の御ため、且ハ御私の家のためニて候、今ほと一日も早々ニ御参候ハヽ、ふかくたのミ申すへく候、大隅国事、今ハ愚身（了俊のこと）か分国にて候間、さりとも向後御申事以下、等閑候ましく候、

今川了俊は禰寝久清に対して、「これまでとは異なり島津氏久とは手を切ったので、早々に馳参してください。それが将軍家のためだし、御私家（禰寝家のことか）のためでもあります。しかも私（了俊）は大隅国の守護でもありますのでどうか等閑なきように」と諭している。了俊が禰寝氏に急接近を始めている様子が知られる。この文書には年号が記されていないが内容からみて、おそらく永和元年のものだろう。前掲の川添昭二『今川了俊』はこの水島の陣の歴史的な意味について以下のように総括している（一二六頁）。

了俊の少弐冬資誘殺事件は、島津氏の背反という非常に高価な代償を払ったが、歴代探題が九州経営上の最大の癌《がん》とした少弐氏勢力を完封することになり、探題権を強化拡大して、その九州経営を

一面有利に導くようになったのは事実である。誘殺の時期と場所は拙《まず》かったが、探題として、所詮了俊が通らねばならない関門であった、といえよう。九州経営の地域的成果からいえば、冬資誘殺とその事後処置によって、ほぼ北九州経営にめどをつけ得たが、島津氏久の背反によって、以後の九州経営の焦点は、氏久対策を中心とする南九州経営に移ったのである。その成否の如何は、戦略の中心である肥後菊池氏（征西将軍宮）攻撃の成否を直接左右するものであった。

今川了俊と禰寝氏との関係にふれたので、ついでにこの後の両者の関係について付言しておこう。結論的にいうと、了俊の禰寝氏に対する期待はさらに高まっている。康暦二年（一三八〇）と推定される、六月二日今川了俊書状（「大隅禰寝文書」、『南北五』五六〇四）に以下のような記事がある。

氏久入道《（島津）》、宮《（懐良親王）》方に成候間、かやうの時、本宮方の人々（もと懐良親王方の武士たち）御方ニ参候ハんする事、弓矢のため面白かるへく候間申候、当陣の事ハ、八月中ニ今一みち《（一途カ）》勝利候へく候間、此後ハそなたの事を一大事とさたし候へく候間、ことにたのミ申候也、

「鎮西、当方悉く一統し了んぬ」　京都の北朝公家三条公忠の日記「後愚昧記」永和三年（天授三、一三七七）九月一日条には、以下のような記事がある。公忠は当時前内大臣。

一日、伝聞、去月十二日鎮西合戦（肥後国臼間野大水関）、南方宮（稙田宮）自殺、菊地（池）被打取了、仍鎮西当方悉一統了之由、一昨日飛脚到来云々、是大内介（弘世）子息（義弘）所成功也云々、後聞大内代官平井（道助カ）説、鎮西宮ハ非大樹宮（良成親王）、稙田《ワサタ》宮故宮僧正（真覚）子幷菊地（池）一族以下魁師百人許討取云々、

（『後愚昧記二』二四八頁）

永和三年九月一日、京都の三条公忠のもとに以下のような情報が入った。それは前月の八月一二日、「鎮西合戦」があった。京都の公家が関心をいだくぐらいだから大きな合戦と認識されたのだろう。その合戦とは、南軍の本拠肥後菊池に迫るべく、大軍を率いて筑後から肥後に入った今川了俊が、両国の国境付近の肥後臼間野・大水関（現、熊本県玉名郡南関町）において菊池武朝の軍と戦いこれを破ったというものである。

『後愚昧記』同年九月一日の条によれば、一昨日の八月二八日に到来した飛脚が、この月一二日の「鎮西合戦」で「南方宮（稙田宮）」が自害し、菊池一族が討ちとられたこと、これによって「鎮西当方悉く一統し了」ったという情報を京都にもたらしている。つまりこの合戦の勝利によって、九州が北朝＝幕府の支配下に組み入れられたことを報告したわけであり、おなじ『後愚昧記』のちょうど一〇年前の貞治六年（一三六七）五月二三日条にみた、「鎮西九国、悉く管領するに非ず」という北朝＝幕府劣勢の力関係が逆転したことを意味していた。

右の記事にみるように、この合戦の殊勲者は周防・長門守護大内弘世の子息義弘であったが、敗れた南軍側では菊池一族の武将以下の「魁師《かいすい》」（賊徒などの長）一〇〇人ばかりが討ち取られた。さきに

懐良親王令旨の現存最後は、天授三年（永和三、一三七七）一二月一三日付であるとのべたが（二六九頁）、この合戦によって南軍が致命的な打撃を受けたことを考慮すると、懐良の令旨がこの年を最後にみられなくなるというのも決して不思議なことではない。こうして九州南軍の勢力は壊滅的な状況に陥ったものと思われる。逆に武家方の史料をみると、九州南軍の敗色が決定的となるなかでそれとはまったく反対の、九州制圧の完成を勝ち誇るような表現が出てくる。

一つは、永和四年（天授四、一三七八）と推定される、正月二七日今川了俊書状にみえる「…日本国事、於今者、将軍家（足利義満）御世候処、九州計相残候、雖然肥後事、今春多分可落居候歟、…」（「大隅禰寝文書」、『南北五』五四四一）という表現。これは室町幕府の全国統一事業の進捗を背景にして、九州では肥後一国を残すばかりとなった了俊の九州経営の実績を自負した言葉であろう。その肥後もこの春には落とせるだろうといっている。

いま一つは、康暦元年（天授五、一三七九）と推定される、八月一三日今川了俊書状にみえる「抑、宮方の勢、のこらす菊池にうちより候間、今ハこれにて九州の落居あるへく候」（「阿蘇家文書」、『南北五』五五五三）の記事。これは、九州内乱の終結宣言ともとれる。

逆に、勢いに乗った今川了俊が南軍の最終的な拠点菊池攻めを完了するのも、そう遠い日のことではなかった。右で述べた永和三年の「鎮西合戦」より数えて四年に満たない弘和元年（永徳元、一三八一）六月、ついに守備の固かった菊池も今川了俊の攻撃の前に陥落する。

南九州の政治情勢の変貌

本書では、九州南北朝史とはいっても筑前や筑後、それに肥前・肥後を舞台とした歴史の展開に重点が置かれており、薩摩や大隅といった南九州にはふれるところが少なかった。それもやはり理由があり、懐良親王中心の征西府の歴史を通して九州中世史の展開をみるとき、特に南北朝期の前半は残存史料の関係でそうならざるをえないのが事実である。

とはいえ、懐良親王の九州上陸は薩摩から開始されたし、薩摩国の国人谷山氏に擁されて約四年の間薩摩に滞在して、九州計略の方途についての策略を廻らしつつ合戦に明け暮れたのであるから、懐良親王の来着は南九州の中世史の展開にとっても大きな起爆剤となったに相違ない。懐良の薩摩到着後、室町幕府からこの地域の武家方武将に発される命令書などをみると「薩摩・大隅国凶徒」という言葉が踊るように頻出している。このことはとりもなおさず、南九州の在地勢力が少なからず南朝の権威を背後に持つ懐良親王方に与したことを意味した。彼らはこれによって自らの領主制的な発展を遂げようとしたのである。懐良を自らの居城に招き、宿敵島津氏と対抗しようとした谷山隆信はその典型である。

しかし、同じ九州でも南九州と北九州とでは、両者の間に温度差があることは否定できないようである。懐良親王が薩摩から肥後をへて筑前へ進むにつれて、九州政治史の中心も次第に移動したように見受けられる。

南九州の政治環境の時期的な変貌という観点から注目されるのは、九州に及んだ観応の擾乱が山場を越えた文和年間にたいへん興味を引く史料が残っている。それは、『南北朝遺文九州編三』に収録されている以下の史料である。

①文和二年一〇月二六日島津氏久注進状（「薩藩旧記24」、『南北三』三六一二）

②島津氏久交名注文（文和二年一〇月）（書き出しは「大隅国於御方致軍忠交名注文」）（「薩藩旧記24」、『南北三』三六一三）

③島津氏久交名注文（文和二年一〇月）（書き出しは「大隅国佐殿〈足利直冬〉御方凶徒等交名注文」）（「薩藩旧記24」、『南北三』三六一四）

④文和三年八月一日足利直冬方交名注文（書き出しは「被成召御教書凶徒等注文」）（「薩藩旧記24」、『南北三』三七〇六）

このうち①は薩摩・大隅守護島津貞久の子息氏久が、文和二年七月より大隅国に打ち入った足利直冬配下の敵方畠山直顕の軍事行動を幕府に報告したもので、進覧された「隅州凶徒等交名注文一通」が②（書き出しは「大隅国於御方致軍忠交名注文」）に相当し、これに対して島津氏久の手に属して「連々致合戦之輩交名注進（文ヵ）」が③なのである。足利直冬といえば、すでにのべたように、文和元年末には筑前を去って長門に移っていた。にもかかわらず、九州南端の大隅ではこのような事態が起きているのである。

さらに注目すべきは④である。④は「凶徒」を「薩摩国分」と「大隅国分」とにかき分けているところからみて、島津氏の領国である薩摩と大隅の両国分の凶徒個々の名前を書きあげて幕府に報告したものである。興味深いのは、その「薩摩国分」に「谷山五郎」・「鮫島彦次郎入道」・「伊集院助三郎入道」の三人がリストアップされていることである。この三人は次にあげる足利直義軍勢催促状にその名前をみせている。

薩摩国凶徒大隅助三郎（伊集院忠国）、谷山五郎（隆信）、鮫島彦次郎入道（家藤・蓮道）已下輩誅伐事、相催当国地頭御家人等、不日令発向、可致軍忠之状如件、

建武四年四月廿六日　（足利直義）（花押）

大隅左京進入道（伊作宗久・道恵）殿

（「島津家文書」、『南北一』九二〇）

この文書は、建武四年（一三三七）四月、足利直義が彼ら三人を「薩摩国凶徒」として誅伐するため薩摩国地頭御家人を動員するように伊作宗久に命じたもので、明らかにこの三人はこの段階では反守護島津方であることがわかる。懐良親王が薩摩谷山に入るのはその五年後の康永元年（興国三、一三四二）五月であるから、おそらく彼らは立場的にみて懐良支持派とみてよかろう。現に「谷山五郎（隆信）」は懐良を支えた。

それが建武四年より一七年後の文和三年（一三五四）年八月の段階では、足利直冬方に組織されているのである。この間の南九州の政治的環境の大きな変化を痛感せざるをえない。むろん足利直冬の

配下として日向を中心とした南九州で活動した畠山直顕の動向も勘案せねばならない。すでにのべたように、永和元年（天授元、一三七五）の肥後水島の陣ののち、次第に九州の政治的軍事的抗争の舞台が南九州に移ると、こうした変貌現象にはいっそう拍車がかかり、九州南北朝史をとりまく状況は大きく変化したに相違あるまい。

ちなみに、④にリストアップされている「谷山五郎」について一言すると、文和四年四月二〇日島津氏久請文（「薩藩旧記25」、『南北四』三七九〇）に「谷山五郎良香」なる人物がみえる。この人物が谷山隆信かどうか、明確ではないがその可能性はあろう。あるいは近親者かもしれない。

第七章　懐良親王の精神世界

1　仏神の信仰と和歌文芸

懐良親王はこころの内に、どのような精神世界を持っていたのであろうか。しかし、懐良のそういう精神面をずばり示してくれる史料はない。したがって、懐良の精神世界を知るためには、諸史料から関係記事を断片的ながらも拾い出し、それらを組み立てることによって推察するしか方法はない。

仏神の信仰

まず宗教的な側面からみてゆこう。それには仏教的なものと、神社信仰的なものとがあるが、最初に仏教的な方面から垣間みてみよう。懐良親王の仏教色がかった事蹟を探し出し、編年に並べてみると、以下のようになる。

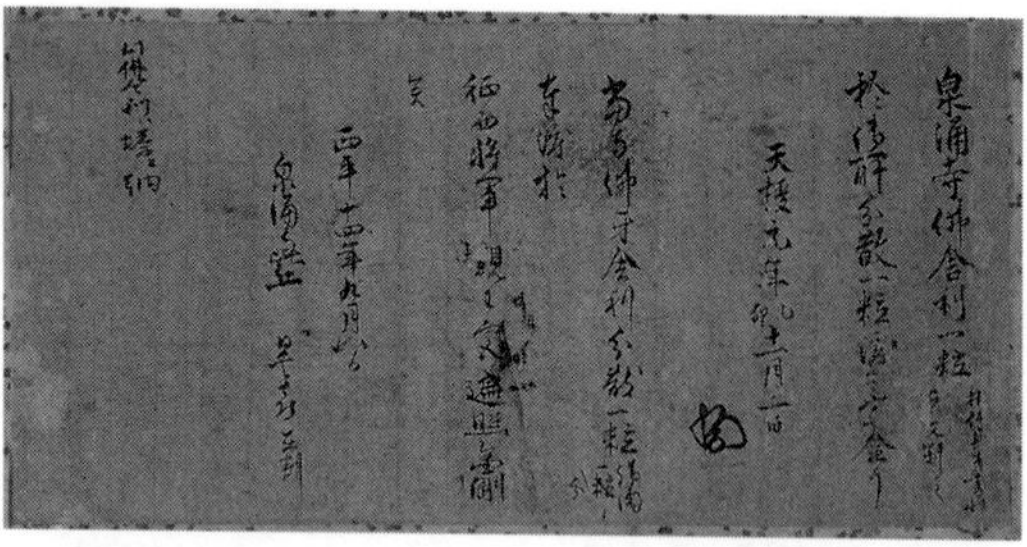

「西巌殿寺文書」天授元年11月３日懐良親王仏舎利相伝状

①征西将軍宮跋

高良山（筑後国御井郡）所蔵普門品跋

奉納高良玉垂宮（筑後国三潴郡）

正平三年四月　日　征西将軍無品懐良親王

（「西行雑録所収」、『南北三』二四六九）

②泉涌寺比丘曇喜書状（⑤に付されたもの）

当寺仏牙舎利分散御肉一分

奉渡於征西将軍（懐良親王）親王宮遍照金剛矣、

正平十四年九月八日

泉涌寺比丘　曇喜　在判

（「西巌殿寺文書」、『南北四』四一三六）

③征西将軍宮懐良親王令旨

御筆法花経一部、可被奉納社前之由、依　中務卿（懐良）親王仰、執達如件、

正平廿四年五月三日

左少将（胤房）（花押）

阿蘇大宮司（惟武）殿

（「西巌殿寺文書」、『南北四』四七七四）

④懐良親王般若心経奥書
豊前国宇佐宮大楽寺常住也、経者是大師（弘法）之筆跡、銘者則先　朝（後醍醐天皇カ）之宸翰云々、爰当寺隣里焼亡之時、為盗人紛失之、衆僧愁歎之処、不慮感得之、誠冥鑑之所致、末世之奇特也、向後弥為当院重宝、敢莫出門戸矣、
正平己酉（廿四）年林鐘（六月）中八日（十八）　中書懐良親王
（「豊前大楽寺文書」、『南北四』四七七七）

⑤懐良親王仏舎利相伝状
泉涌寺仏舎利一粒相伝長老（曇喜）書状、案文副之、
於御所分散一粒、渡遣宗金（五條良遠）了、
天授元年乙卯十一月三日　（懐良親王）（花押）
（「西巌殿寺文書」、『南北五』五二五五）

右のうち、①は正平三年（一三四八）四月、「普門品《ふもんぼん》」を高良玉垂宮に奉納したことを示すもの。「普門品」とは、法華経の普門品のことで、観音が衆生の諸難を救い、願いをかなえ、あまねく教化することを説く経典である。懐良、当時数え年二〇歳。

②は⑤とともに一紙に書かれている。②は正平一四年（一三五九）九月、京都泉涌寺比丘曇喜が仏舎利を懐良に与えたというもの。泉涌寺僧曇喜についてはよくわからないが、泉涌寺長老を務めた経

験をもつ大物僧であった様子である（赤松俊秀編『泉涌寺史　本文編』法藏館、一九八四年、一一八頁）。注意すべきは、②で曇喜が懐良親王を「遍照金剛」と称している点、および正平一四年九月がちょうど九州での筑後大保原合戦（同年八月）の直後である点である。「遍照金剛」とは、弘法大師空海の灌頂後の称号で、本来は密教世界の中心大日如来の称であるから（『角川古語大辞典五』角川書店、一九九九年、二八九頁）、曇喜は懐良親王を大日如来に擬したということになろう。しかもそれが大保原合戦直後の、征西府の勢威が急速に高まった時期に当たっている点からみると、懐良親王が濃密な密教的な雰囲気を漂わせているようすが強く感じられる。それは同時に征西府を取り巻く宗教的な環境であったといってよい。正平一四年に懐良は数え年三一歳。

残りの③④はともに正平二四年（一三六九）夏のもので、内容的には、③は懐良親王自筆の法華経一部を阿蘇社に奉納するというもの、④は豊前国宇佐宮大楽寺に対して、弘法大師真蹟、先朝（後醍醐天皇カ）宸筆の銘文を持つ般若心経（般若経の神髄を簡潔に説いた経典）の寺宝として納めるというものである。この年は、懐良の父後醍醐天皇没後三〇年目にあたっており、それに関係する宗教的行為なのかもしれない。正平二四年に懐良は数え年四一歳。

ここでふと思い起こされるのは、延元元年（一三三六）三月、後醍醐天皇の内裏で東寺仏舎利一粒を奉請した「阿蘇宮」のことである（二〇頁）。前段ではこの「阿蘇宮」を懐良とみるには年齢的に若すぎるので（数え年八歳）、久保田収の説に従って「不詳」としたが、右でみたような懐良に漂う濃密な仏教的雰囲気を勘案すると、あるいはこの「阿蘇宮」とは懐良である可能性を捨てきれない。

さらに⑤は、②で懐良が一六年前に泉涌寺比丘曇喜からうけた仏舎利を五條良遠（宗金。頼元の子）に与えるというもの。天授元年は征西将軍職を辞した文中三年の翌年にあたる。

次は神社の信仰である。この場合は、合戦という当時の時代背景を反映して、戦勝を祈願するなどの軍事的な目的で神社に参詣・参籠することが多い。懐良親王の動向をたどってみると、懐良が最も頻繁に参詣する神社は筑後国高良山に鎮座する式内社の高良社（現、福岡県久留米市）であり、このことから考えると懐良は高良神を尊崇したものとみられる。関係史料としては、①（正平十七年）六月

高良山からの眺望

（北方向を望む。正面は福岡県久留米市。東西に筑後川）

高良大社（高良玉垂宮）

（福岡県久留米市）

十一日付、開山自空書状（「肥前光浄寺文書」、『南北七』七〇八四）に、「御所（懐良親王）御成高良之時、於上宮懸御目候き」とあったり、②（正平廿年ヵ）卯月廿三日付、藤原某起請文写（「肥前光浄寺文書」、『南北七』七〇八四）に、「今月十九日御所（懐良親王）依御陣大宰府（筑前国御笠郡）御成候畢、高良山御社参」とあったりするのがその根拠であるが、懐良が高良神を篤く崇拝した理由は、高良神がいわゆる神功皇后の三韓出兵を助けたという伝承を持ち、軍神としての性格を強く帯びていたこと、そのことが九州計略を究極の目的とする懐良の思いに通じ、その精神的な支えとなったことによろう。

懐良親王が正平三年（一三四八）四月、高良玉垂宮に法華経普門品を書写奉納したことはすで述べたが（二八六頁）、懐良と高良山との精神的な関係を考えるうえで興味深いのは、以下に示すその三〇年ほど後の、天授三年（一三七七）二月九日懐良親王願文である。

　　敬白　立願事、
　　　（筑後国御井郡）高良下宮社
　一、祭礼法味可興行事、
　一、造営可成功事、
　一、以筑前国富永庄（下座郡）地頭職可寄進事、
右、九州之治乱非一度、万民之艱苦無休時、雖愁末世之難救、責帰一人之無徳、悔過而有余、謝咎而不足、予送居諸於高良山以来、懸数於玉垂宮（三潴郡）冥慮、敬信年深、祈念日久、然者奇瑞不恥□、擁護

可謂新麗乎、社壇成灰燼、宝輿令汚穢云々、聞耳傷情、天下之重事、末代之奇特也、不知運命限、此時令呈瑞相歟、凶徒尽蒙天罰、不恐神威歟、伏願依多年之信力、感中心之無私、達成功果、右願若依収因感果之理、相当王家衰微之時者、飜寸念之妄情、弥達菩提之本望矣、

天授三年二月九日　一品懐良親王

（「玉垂神社文書」、『南北五』五三六八）

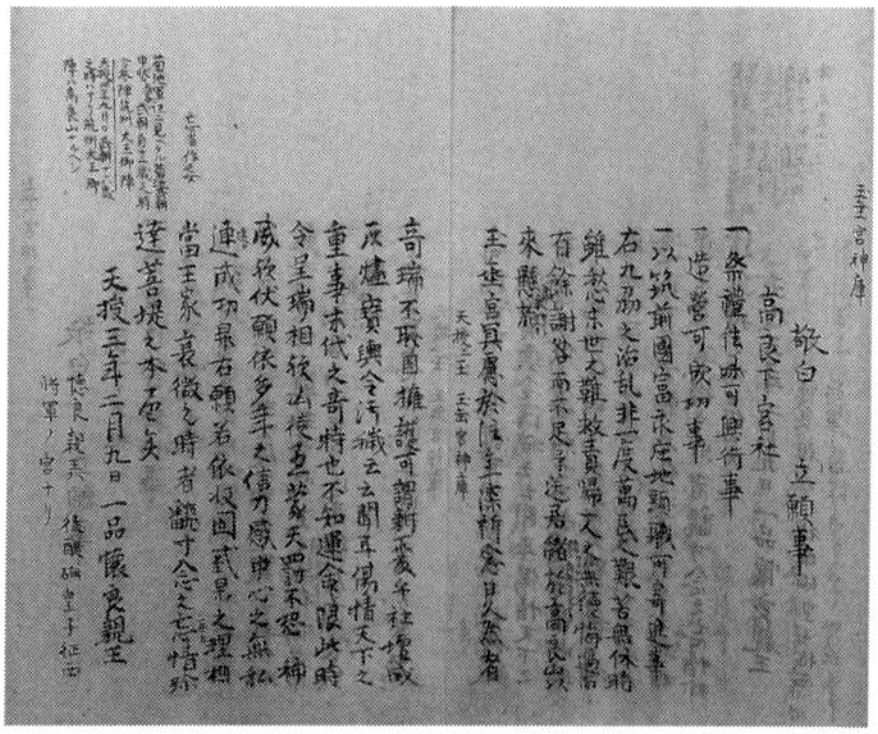

「玉垂神社文書」天授3年2月9日懐良親王願文

この文書についてはすでに村井章介によって一つの解釈が施されている。村井は、征西府の自立性を認める論者であるが、「危機にたつ王権」というくだりで以下のように述べている。

…だが王権への対抗者は幕府だけではなかった。南朝方が唯一地域拠点化に成功した九州の征西府も、畿内の南朝から自立する動きを始めていた。一三七二《ママ》年に懐良親王が明に入貢して「日本国王」に封じられたことは、そのもっとも著しいあらわれだったが、懐良は内に対しても、完全な自立権力の主体であることを隠していない。征西府が大宰府を追われて筑後の高良山に拠っていた天

授三（一三七七）年、彼は高良下宮社に捧げた願文でこういっている（『玉垂神社文書』同年二月九日願文）。

九州の治乱は一度にあらず、万民の艱苦は休《や》むときなし。末世の救い難きを愁うると雖も、責は一人の徳なきに帰す。過を悔いて余りあり、咎を謝すれども足らず。……右願、若《も》し収因感果の理に依り、王家衰微の時に相当らば、寸念の妄情を翻し、弥いよ菩提の本望を達せん。

右の「一人」は明らかに懐良自身を指し、「王家」は征西将軍家を指している。かつてその忠節が称揚された「南朝の藩屏」征西府の、これが実態であった。内側から王権の基盤を掘り崩すものとして、天皇制にとってより深刻な危機といえるかもしれない。（村井章介「易姓革命の思想と天皇制」『講座　前近代の天皇5』青木書店、一九九五年、二八頁）

確かに、特に大宰府時代の征西府は明との対外交渉を開始しようとするなど自立に向けての動きを始めているようにみえる。すでにみたような九州統治のための征西府の訴訟制度の整備もその見方を支えている。それに征西府奉行人饗庭道哲が征西府の主帥懐良親王に文書を見せるさい「叡覧」という言葉を使用したこと（二二三頁参照）も加えてよい。そうした征西府の志向性を積極的に評価すると「自立」とみることもできよう。右の願文に吐露された懐良の内省には、九州の統治者としての自覚がはっきりとみてとれる。高良神に自らの統治者としての至らなさを告白しその冥助を得ようとする態度もふつうにみられる王権者のそれである。

ただ、征西府の主帥懐良親王が一つの王権の担い手として元祖というべき南朝から自立しえたかというと、やはり否定的に傾かざるをえない。最大の理由は、征西府の全盛時代が十余年という比較的短期間であったこと、つまり一つの王権として自立する志向性は認めるにしても、それが実質化したとはいえないことである。後醍醐天皇が懐良親王の九州下向に際して委任された賞権と賞罰権が九州経営成功のために最大限尊重された結果、征西府はさながら南朝から分出した一つの擬制国家、亜流の王権のような体をなしたためではないか。先述したように、正平二一年四月、豊前国に係争地を持つ一訴訟が山城国の寺社権門から南朝法廷に提訴された事例で、南朝が勅裁（裁許）の執行を征西府に移管したことは、とりもなおさず南朝と征西府との訴訟処理を媒介としての政治制度的な一体性をあらわしている。さらに、信濃国にいた宗良親王が大宰府の懐良親王に返した二首の歌の一つに「道ある君か御世」という表現があるが、ここの「君」が長慶天皇をさすという考え方に立つと、この和歌には長慶と懐良との身分的上下関係があらわれており、とても対等の王権とはみなしがたい。ようするに、征西府は南朝からの自立をめざそうとしたものの、結局自立することはできなかったとみたい。

母方は歌道の大御所

南北朝時代の和歌文芸については、井上宗雄の大著『改訂新版　中世歌壇史の研究―南北朝期―』（明治書院、一九八七年。初版は一九六五年）があり、北朝・南朝、公家・武家を問わず体系的な研究がなされている。南朝歌壇についても目配りがきいており、懐良親王の文芸的な側面について調べるときも有益である。懐良親王の詠歌はのちにのべるように、現在のところわずか二首しか知られておらず（宗良親王の「李花集」に二首、『新葉和歌集』にこのうちの一首）、懐良の和歌を通した文芸的な側面については知る術がない。『新葉和歌集』に懐良の和歌が一首しか収録されていないことについて、井上宗雄は、「懐良が独り九州にあって和歌の力量が低いという事もあったであろうが、殆んど資料がないという事が大きかったであろう」（七三二頁）とし、懐良の和歌の才能の高低いかんについてはむしろ否定的な見方である。

しかし、懐良の母は歌道の大御所二条為道の娘藤子であること、懐良はそのような資質と文才を受け継いだ可能性も高いことからみて、その詠歌は現在にほとんど残っていないけれども、本来はもっと多くの歌を詠んでいたということも考えられる。むろん懐良親王は、征西将軍に任じられて幼少よりずっと京都文化から遠く離れた場所で戦乱とともにあったという事情もある。しかし懐良が性格的にどちらかというと、内省的で文人肌であったことは、建徳二年（一三七一）、征西府がいまだ隆盛のまっただなかにあったとき、出家願望を思わせるような和歌を詠んでいる事実によって明らかであろう。

現在に知られる母藤子の実際の詠歌によってみると、藤子の和歌の力量は相当にあるとみるべきで、その母の才能を受け継ぎ、また幼少時その母より和歌の手ほどきを受けたであろう懐良が、和歌の才能をあらわさなかったはずはあるまい。京都から遠い僻遠の地九州にあって、しかも戦いに明け暮れる日々においてその時々の思いを和歌に託したに相違ない。先に井上宗雄は「懐良が独り九州にあって和歌の力量が低いという事もあった」とのべているが、それはやや早計というべきであろう。

宗良親王との和歌贈答

懐良親王の詠歌は、現在のところわずか二首しか知られていない。その二首とは、建徳二年（応安四、一三七一）、当時信濃国大川原（現、長野県下伊那郡大鹿村）にいた宗良親王におくったものである。

そもそも宗良親王とは、懐良と同じ後醍醐天皇の皇子で、父方からみると懐良の兄にあたる（なお、懐良の母二条藤子と宗良の母二条為子とは叔母―姪の関係）。宗良は幼時、尊澄という名で天台座主として比叡山に入った経験があり、「総角の御時より、妙法院の御門跡に御入室ありて、釈氏の教（仏教のこと）を承させ給ふ。是も瑜伽三密の暇には、歌道数寄の翫ありしかば、高祖大師（最澄のこと）の旧業にも恥ぢず、慈鎮和尚の風雅にもはた越たり」（『太平記』巻1、『西源院本太平記』七頁）といわれるほどの文才をあらわしていた。宗良は、南朝最高レベルの歌人で、弘和元年（一三八一）に長慶天皇に自撰の『新葉和歌集』を奏覧して勅撰に准ぜられた（拙著『皇子たちの南北朝』中公文庫、二〇〇七年）。

懐良親王歌碑（福岡県八女市　大円寺）

その二首の懐良の詠歌は、宗良親王の和歌集「李花集」に収録されることによって今日に知られるものである。この懐良の詠歌に対する宗良の返歌二首をあわせて以下にあげる。

「李花集」の最末尾の部分である。叙述の都合上、四首の歌に①〜④の番号を付ける。

建徳二年（応安四年）九月廿日、鎮西より便宜に、　中務卿親王　懐良　九州宮

①日にそへてのかれんとのみ思ふ身に　いとゝうき世のことしけきかな

②しるやいかによを秋風の吹からに　露もとまらぬわかこゝろかな

同年（建徳二年）十二月到来し後に、便宜にかくそ申つかはし侍し、　（宗良親王）

③とにかくに道ある君か御世ならは　ことしけくとも誰かまとはむ

④草も木もなひくとそ聞この比の　よを秋かせとなけかさらなん

（和歌史研究会編『私家集大成第5　中世Ⅲ』明治書院、一九七四年、三三八頁）

右掲の、懐良と宗良との間で贈答された四首の和歌は、建徳二年という特別な時代背景のもとに考えると、多くの興味深い事柄を語ってくれる。すでにのべたように、この年には新鎮西管領今川了俊が満を持して九州に到着し、九州の有力武士たちとの間で策略をめぐらしていた。懐良側では、中国の明との通交交渉を突如開始した年でもある。懐良は明との通交関係のなかに新たな活路を見いだそうとした可能性さえ否定できない。そのような意味で、建徳二年は宮方・武家方双方にとってまさに画期的な年だったのである。このうち①については、すでに懐良の征夷大将軍任命との関係ですでにふ

れた（二五二頁）。そこでは深津睦夫の簡潔な現代語訳、「日ましに出家しようという思いばかりが募るこの身に、いっそう俗世間の煩雑な事態が降りかかってくるよ」を引いておいた。

この宗良・懐良両親王の和歌の贈答については、大正四年（一九一五）六月に刊行された藤田明『征西将軍宮』（熊本県教育会）も大いに関心を示し、建徳二年という征西府の「御武運全盛の時代」にこのような厭世的な歌を詠んでいることについて以下のように述べている。

是れ思ふに南朝の形勢、日に非にして、朝臣・武士党を分かちて互に相争鬩（鬩争《げきそう》カ。せめぎ争うこと）し、延元の昔の如き活気は全く銷尽し去り、為に懐良親王が多年御奮励を以て鎮西を定め、御東上あらせられんとせられし御計画は、遂に水泡に帰したれば、今は何の目的ありてか九国を定め、何の楽ありてか九州を維持せんとの御考が親王の御胸裡に往来しつゝありしことは、この御歌を以て察せらるゝなり。されば、当時懐良親王の御武運全盛の時とはいへ、親王の御心には秋風颯として吹き渡り、落葉乱れ散り、露もとまらぬ御思に耽《ふけ》らせ給ふ時なりしなるべし。（三八二―八三頁）

つまり、①②を兄宗良親王に贈った懐良親王の心のうちは、征西府全盛のまっただなかにいるにもかかわらず、当初の雄大な南朝国家建設の夢も消えたいま、いったい何のための九州制覇なのかという空虚感にさいなまれており、その気持ちが①②の和歌に詠まれたのだと藤田は解説している。大筋においては藤田の理解でよいと思う。

また③④を返歌として懐良親王に応えた宗良親王については、以下のように述べている。

宗良親王はさすがに兄君にましませば、深く親王（懐良）に御同情ありつゝ之を慰藉《いしゃ》（なぐさめいたわること＝筆者注）し給ひ、道ある御世に道踏み給はゞ、誰か惑ふものあらむ、鎮西は我が東国と異り、武家方は屛息して、草も木も靡く全盛の御有様と承るに、など秋風と嘆き給ふかと、深く慰められたる御歌と拝せらるゝなり。（三八三頁）

つまり、宗良親王は懐良親王からの歌を受けて、懐良に深く同情しつつも、きちんとした政道が行われている御世では、たとえ身辺が慌ただしくとも誰か惑うものがあるでしょうか、聞くところによると、このころ九州の征西府は草木も靡かすというほどの隆盛というではありませんか、何も嘆くことなどありませんよと、「深く慰め」るどころか、むしろ「弟宮を励ましている」（深津睦夫・君嶋亜紀『新葉和歌集』二三九頁）のである。

ちなみに③で気になるのは、「道ある君か御世」の解釈である。核心は「君」が誰かということになるが、ここはやはり南朝の長慶天皇とみなさざるをえまい。その理由として③の「ことしけくとも」（事繁く）が①の「ことしけきかな」を受けたものと考えると、懐良が嘆く繁き「こと」の具体的な一つとして例の征夷大将軍任命のことが想定され、その任命権者が長慶天皇であるからである。つまり宗良は、道理をわきまえた「君」＝長慶天皇のおぼしめしなので「ことしけくとも」、大丈夫ですよといっているものと考えたい。

2 父と母、父母への思い

父後醍醐天皇の懐良への期待

南北朝時代のトビラを開いた後醍醐天皇には、実に多くの子女があった。「太平記」巻1は「皇后・元妃の外、君徳に誇る官女、はなはだ多かりければ、宮々次第に御誕生ありて、十六人までおはしましける」と描き、また系図では比較的信頼のおける「本朝皇胤紹運録」(『群書類従五』所収)が皇子一七人、皇女一五人の計三二人(母二〇人)を載せている。むろん彼らがすべてその経歴を追跡するに足る史料を残しているわけではなく、比較的豊富な史料を残しているのは、護良(尊雲)、宗良(尊澄)、懐良といった数人の皇子たちに限られ、他の皇子・皇女の場合は必ずしも詳しく知ることはできない。

後醍醐天皇は、鎌倉幕府を倒壊して鎌倉時代的な秩序を解体、そのうえで建武政府という全国的視野に立つ支配体制を樹立して、天皇を中心とした中央集権政治の確立を志向したものの、志なかばで歴史の表舞台から去ることを余儀なくされた。

その京都奪還の悲願のすさまじさは、「太平記」巻21にみる「玉骨はたとひ南山の苔に埋もるとも、魂魄は常に北闕の天を望まんと思ふ」との遺言に明瞭であるが、後醍醐のやり残した仕事はそのままその後を受け嗣ぐ皇子たちの肩に負わされることとなった。その皇子たちはこの父後醍醐の宿願を果たすために、一命を惜しまず戦いのさなかに敢然と身を呈して勇躍した。その結果がどのようなものであったかはすでに述べた。

母二条藤子の懐良への心遣い

では懐良親王の母はいったい誰であろうか。懐良の母については、系図では、歌道家の二条為道の女とするもの（『本朝皇胤紹運録』、『群書類従五』八六頁）と、尊良と同じ二条為世（為道の父）の女為子とするもの（『尊卑分脈二』二九七頁）とがあるが、為子は『為理集』所収の和歌によって正和三年（一三一四）八月一二日に没したことが明らかにされているので（小川剛生編『拾遺現藻和歌集―本文と研究―』三弥井書店、一九九六年、一二四頁）、懐良の母が為子であるはずはない。

懐良の母としては、「本朝皇胤紹運録」が「皇子（懐良）阿蘇宮 母同法仁」としているように、法仁（仁和寺）の箇所にみる「母権大納言三位局、為道（二条）朝臣女」を採用してよいと思われる。

以下にその理由を述べよう。まず次の史料に注目したい。記事は『増鏡』春の別れの段の、量仁親王（のちの光厳天皇）の立坊のことなどをのべるくだりであるが、そのなかに以下のような記述がある（井上宗雄校注『増鏡』下、講談社学術文庫、一九八三年、一五六頁）。

この為定のはらから（二条為定の妹である為道女〈藤子〉のこと）、中宮（後醍醐妃藤原禧子）に宣旨にてさぶらふも、上（後醍醐）、例の時めかし給ひて、若宮出で物し給けり。その宮の御めのと、師賢（花山院）大納言承りて、いみじうかしづき奉らる。

為道女は「宣旨」という呼び名で中宮藤原禧子の女房として仕えているとき、後醍醐の寵愛を受けて「若宮」をもうけた。この「若宮」とは法仁である。法仁は懐良の同母弟にあたる。ここで知りたいのは、右の『増鏡』の記事にみる懐良・法仁の母「宣旨」の実名である。このことを調べるための方法がある。それは和歌史料の比較検討である。次の和歌に注目したい（小川剛生氏の教示あり）。

たいしらず（題知らす）　　中宮宣旨

①いつはりのことの葉まてはたのむとも　契らぬくれのまたれすも哉

（詞書なし）　　従三位藤子

②偽のことのはまではたのむとも　ちぎらぬ暮のまたれずもがな

右のうち①は、「拾遺現藻和歌集」（元亨二年〈一三二二〉三月一日成立）に収録される「中宮宣旨」なるものの詠歌（小川剛生編『拾遺現藻和歌集―本文と研究―』三弥井書店、八一頁）、また②は「新拾遺和歌集」（貞治三年〈一三六四〉一二月完成）に収録される「従三位藤子」のそれである（『新編国歌大観一』角川書店、一九八三年、六七三頁）。

①と②を比較すると、疑いなく同一の詠歌であるところからみて、作者の「中宮宣旨」と「従三位藤子」とは同一人とみて差し支えなく、つまり「中宮宣旨」とは、「中宮」藤原禧子に仕える「宣旨」と称された「従三位藤子」であるということになる。さらに先にみた「宣旨」を二条為定の妹とする

『増鏡』の知見を加えると、「藤子」の姓は二条であることになり、結論的にいうと、懐良の母は二条藤子ということになる。

また藤子の没は、のちにも述べるように、熊本県八代市の悟真寺に伝わる霊牌によって知られる。この霊牌に「登霞後醍醐天皇、遷化霊照院禅定尼」（表面）、「延元四年八月十六日崩御、正平六年三月廿九日入滅」（裏面）と書かれていることから、二条藤子の没は、正平六年（一三五一）三月二九日であることが明確となる。このことは、懐良がのちの天授四年（永和四、一三七八）三月二九日、梵網経（大乗菩薩戒の根本聖典として重視される経典）を自ら写経して母の菩提を弔っており（佐賀県東妙寺所蔵梵網経奥書）、それが藤子の没後二七年目の命日にあたることによっても裏付けられる。

ここであわせて母藤子の子懐良への思いについて述べておこう。藤田明『征西将軍宮』は、右で述べた藤子史料としての悟真寺霊牌と東妙寺梵網経奥書とをふまえて、藤子のその後の身辺状況について以下のように述べている。

思ふに中宮宣旨（懐良母二条藤子）は、後醍醐天皇南狩の後、なほ京都に留まりて御心を仏道に寄せ、天皇崩御の後は専らその御冥福を薦め、兼ては遠く鎮西に居ませる親王の宮（懐良親王）の無事安穏にていや幸多かれと遙に祈らせられ、遂に御再会の期なく空しくなり給ひしならん。（九頁）

右を裏書きするように、母二条藤子の子懐良をおもう心の内を推察することのできる史料がある。

それは「新千載和歌集」（延文四年〈一三五九〉一二月完成）に収められた右の一首である（『新編国歌大観二』六三五頁）。

やまひ《病》かぎりに侍りける春、やよひ《弥生》の廿日あまりまで庭の花おそくさき侍りけるによめる、

従三位藤子

折しもあれ心づくしにまたれずは　今年ばかりの花はみてまし

いつ詠まれた歌かは不明であるが、詞書の「やまひかぎりに侍りける春」の表記に注目しよう。当時藤子は病が篤く、命が今日明日にも尽きるかもしれぬ状況のもとで、その年の三月の二〇日すぎまで咲いている庭の花をみてその感慨を歌に詠んでいる。問題は「その年」が具体的にいつかということであるが、熊本県八代市妙見町に所在する懐良の菩提寺＝悟真寺の霊牌に「霊照院禅定尼」（懐良母）が「正平六年三月廿九日入滅」とあるので（和田英松『国史国文之研究』雄山閣、一九二六年、二七九頁）、藤子の没日は正平六年（観応二、一三五一）三月二九日とみてよい。

こうみると、右の歌は藤子が没する正平六年の春のものとみられ、しかもその死の直前に詠まれたということになる。その歌のなかの「心つくし」の「つくし」とは「筑紫」（九州の意）をかけたものとも考えられるので、「心つくし」とは九州に下っている子息懐良を想って詠んだものとみていっこうに不自然ではない。つまり藤子は最期の病床で筑紫＝九州に下っている懐良のことを案じていた、

と解釈することができるのである。
懐良の母藤子はこのような優しい心根を持った女性だったということができよう。このような母に対し、懐良はのち天授四年（永和四、一三七八）三月二九日梵網経を自ら写経したり、天授七年（永徳元、一三八一）に供養のための宝篋印塔を建てたりしている（このことについては後述）。

父母の供養

結論的にいって、数え年一〇歳で別離したまま再会することのなかった懐良親王の、父母への思いにはたいへん深いものがある。以下、懐良親王が、父母の没後の節目に行った供養に関する史料をみてみよう。具体的には次にあげるようなものがある。

①懐良親王筆法華経第八巻奥書（名古屋市・徳川美術館所蔵）

正平廿四年八月十六日、迎後醍醐天皇遠忌、書写了、夫霊鷲山（インドの霊山）者、是西天説法之道場也、石清水者、則東土垂迹之霊地也、仰此風者、払煩悩之迷雲、酌彼流者、洗無始之汚染、故写円頓之妙文、奉納当社之宝前、神明者、嗜（嘗）甘露之上味、速休三熱之苦、群類者、依法雨之無辺、永断六道之縁矣、

中務卿懐良親王

（『大日本史料六編三二』四〇一—一頁、図版あり）

右は、正平二四年（応安二、一三六九）八月一六日が父後醍醐天皇の没後三〇年目（三一回忌）にあたることから、懐良親王がその供養のために「法華経第八巻」を写し、自筆奥書を書き添えたもの。懐良数え年四一歳。釈文は、藤田明『征西将軍宮』六六五頁に載せられており、また同書口絵に写真版が収められていていたいへん有り難い。その奉納先について藤田明は「由緒ある石清水八幡宮に収めて御冥福を祈らせたまひき」（三五三頁）と記し、この法華経は「大宰府にて父帝の為に写され」（四七九頁）、山城国の石清水八幡宮に納められたとしている。

この年（正平二四、一三六九）というと、大宰府征西府の全盛期に属しているが、それが、先の宗良―懐良間で和歌の贈答が行われた建徳二年（一三七一）のわずか二年前だということがちょっと気になる。この年の父後醍醐天皇の三一回忌という節目が、懐良の心に何らかの変化を生じさせたのではないかと思えるからである。

②肥前国東妙寺梵網経奥書（佐賀県神埼郡吉野ヶ里町　東妙寺所蔵）

戊午歳（天授四年）季春（三月）下澣廿九日、遠迎霊照院禅尼之忌景謹書梵網経戒品之妙文、蓋聞得戒之所熟者、以孝心為本、仏果之勝因者、以物持為最、然則依一経之功、讃嘆之徳、転五障之縁、登本覚之位、伏冀三界所有之群類、同達疾証菩提之願望矣、

懐良親王拝九

右は、①より九年後の天授四年（永和四、一三七八）三月二九日、懐良親王が、亡母「霊照院禅尼」二条藤子の二七年目の忌日（二八回忌）にあたり、その冥福を祈って梵網経（大乗菩薩戒の根本聖典）を書写し奥書を加えたものである。現在佐賀県神埼郡吉野ヶ里町の東妙寺（宗派は真言律）に所蔵される。同経が東妙寺に納められたのは、同寺と懐良との深い関係によろう。

この東妙寺梵網経奥書についても藤田明『征西将軍宮』が、「天授四年の季春（三月のこと）二十九日には御母霊照院禅尼が二十八回の忌辰を迎へさせられ、御孝心を以て親しく梵網経戒品の妙文を写して禅尼の冥福を薦め給へり」と簡潔に記している（四七八―九頁）。①と同様に釈文は、藤田明『征西将軍宮』七二五頁に載せられており、また同書口絵に写真版が収められている。

②の成立時期と①のそれとを比較すると、奥書を加えた懐良の身辺状況には雲泥の差がある。すなわち①が征西府の全盛期なのに対して②は大宰府陥落後、しかも懐良は筑後矢部の山間に逃げ込んでいた時期と考えられる。前述したように前年の天授三年（永和三、一三七七）八月には、九州南軍の主力菊池武朝の軍が肥後臼間野辺で武家方の今川了俊の軍と戦い、敗れている（二七九頁参照）。天授四年当時、懐良は数え年五〇歳。

③懐良親王母霊照院禅定尼追善供養宝篋印塔（熊本県八代市妙見町）

（台石正面）「天授第七

辛酉歳為
霊照院禅
定尼出離
生死仏果
円満也乃
至法界有
情蒙平等
利益矣　」
（台石背面）「願主
　天　心　叟
雕巧
　禅秀比丘」

明治一一年（一八七八）四月、当時の宮内省が懐良親王陵と指定した熊本県八代市妙見町所在の円墳域内に現在、懐良親王が母の供養のために作った宝篋印塔が建っており、その塔台石に供養のための銘文が刻されている。この銘文については、江上敏勝「熊本県八代市妙見中宮跡出土の瓦塔及び塔心礎等について」（乙益重隆先生古稀記念論文集『九州上代文化論集』同刊行会、一九九〇年）において発見の経緯とともに言及されている。

> 天授七年（弘和元年・一三八一）、懐良親王は御母君の三一回忌に当たり、八代の中宮山護《ママ》神寺に参籠されて宝篋印塔を作られた。（中略）この塔は大正五年、妙見中宮社の境内一郭に居住している田口氏が泉水を掘っている時に偶然に発見したものである。大正八年八月、宮内省によって修理が施され現在、親王御墓右前に祀られている。この塔台石の正面には三五文字が刻まれ、「天授第七辛酉歳、霊照院禅定尼のために、生死を出離し仏果円満なり、乃至法界有情平等利益を蒙る」、東面に「願主天心叟　彫《ママ》巧禅秀比丘」と刻まれている。天心叟とは懐良親王の別号である。親王がこの中宮山護《ママ》神寺に宿泊され御母君の霊照院禅定尼を供養された場所である。（四三八―三九頁）

ようするに以下のことがいえよう。銘文のなかの「天授第七辛酉歳」とは、天授七年（弘和元＝永徳元、一三八一）、干支は辛酉の歳ということである。天授七年の干支は確かに辛酉であり、正確である。この年が二条藤子の没（正平六年〈一三五一〉）より三〇年目の遠忌（三一回忌）にあたることから、懐良親王（「天心叟」とは懐良のこと）がその供養のために建てたことがわかる。①の正平二四年の父後醍醐天皇三一回忌に対応するかたちで、天授七年に母のそれを執り行ったのである。懐良は②で母の二八回忌を行っており、懐良の母に対する追慕の念には格別のものがあったと思われる。また、天授七年は二月一〇日に「弘和」と改元されているので、この銘文は改元前の同年はじめに成立したものとみられる。

後醍醐天皇の数多くの皇子のなかでも、懐良親王の直接関係史料は特に多く今日に伝えられている。③の史料は、その多くの懐良親王関係史料のなかでも時期的にみて一番最後に位置するものであり、ことさらに亡母を想う懐良親王の胸のうちが推し量られて、読むものの心を打つ。

④肥後国悟真寺霊牌（熊本県八代市妙見町　悟真寺所蔵）

いま一つ懐良親王の父母への供養心の証として、同じ熊本県八代市妙見町所在、懐良親王の菩提寺悟真寺の霊牌（位牌）をあげておかねばならない。悟真寺および同寺と懐良との関係については、藤田明『征西将軍宮』四八四―五頁に解説がある。

この霊牌については、和田英松が「懐良親王御筆の経巻に就て」という文章のなかでふれている（『国史国文之研究』雄山閣、一九二六年、二七九頁。初出は一九〇七年）。一つの枠に並べられた二枚の札板には各々以下の文字がみられる。和田がいう「陰牌」とは裏面という意である。

（表）「登霞後醍醐天皇」、「遷化霊照院禅定尼」

（裏）「延元四年八月十六日崩御」、「正平六年三月廿九日入滅」

一見してわかるように、父後醍醐天皇と母霊照院禅定尼という父母の称号とそれぞれの命日が併記されている。「登霞」（登遐）とは天子の死、「遷化」とは高僧、隠者の死の意味である。これによって懐良親王の母が「霊照院」と呼ばれていたことがわかり、さらに先述のような史料操作によってその実名が二条藤子ということが芋蔓式に知られるわけである（三〇二頁参照）。

懐良母の没が正平六年（観応二、一三五一）三月二九日であることも、この霊牌の記載によってはじめて知られる事実である。その意味でもこの霊牌の史料的価値は高い。時期的にみると、懐良の母二条藤子の没は観応の擾乱の真っ最中であるということになる。むろん藤子の行年は知られない。

終章　九州南朝の終焉

「五條家文書」とは

これまで述べてきたように、日本の一四世紀の半分以上を占めるいわゆる「南北朝時代」においてひときわ大きな役割を果たしたのが、ほかならぬ九州であることはいうまでもない。九州が日本の歴史を牽引したのはひとり南北朝時代だけに限らないが、特に南北朝時代にそくしていうと、九州は後醍醐天皇の系譜をひく南朝勢力の最大の支持基盤であったことが特筆される。全国規模でみると、征西将軍宮懐良親王率いる九州南朝軍は南朝勢力の屋台骨としての役割を担った。この九州南朝勢力のありようを最も直接的にうかがわせる一級史料が「五條家文書」である。この文書をぬきにして九州の南北朝を語ることはできない。

「五條家文書」とは、福岡県八女市黒木町大淵に所在する五條家に伝来する古文書群の称である。現在、全三六五通（公示登録。実数は多少数字が異なる）の古文書が、全一六巻の巻子本に表装されている。現在の五條家は、本文で述べたように、南北朝時代の初期段階で征西将軍宮懐良親王に随従して九州に下向した、五條頼元の末裔である。

「五條家文書」巻子本

五條頼元は、京都朝廷に仕える練達の文筆系公家清原氏の出身で、後醍醐天皇の信頼を得て、幼年の皇子懐良の輔導役として九州経営に従事することとなった。五條氏は、一三九二年の南北朝合一ののちは同地に土着し、それ以降は大友氏、ついで立花氏に仕えたりして武士化した。「五條家文書」のなかに室町時代から江戸時代にわたる、大友氏や立花氏に関わる文書が多く含まれるのはこのためである。

活字史料集として、昭和五〇年（一九七五）八月に刊行された村田正志・黒川高明校訂『五條家文書』（史料纂集古文書編）があり、村田正志の詳細な解説とあわせて、研究のための環境は整っている。これだけの古文書が気の遠くなるような長い時代をかいくぐって今日に残っているのは奇跡というよりほかなく、それだけに所蔵者五條氏の見識の高さと苦労のほどがしのばれる。この良質の古文書が九州の誇る貴重な文化財の一つであることはいうまでもなく、すでに昭和一三年（一九三八）七月に、国の重要文化財に指定されている。

ちなみに、「五條家文書」に収める古文書のうち九州南北朝史（含、後南朝）関係史料というべきものは、後征西将軍宮（ふつう良成親王とされる）の無年号文書を含めておおよそ五〇点。全体の一五％を占める。それらは総体として、九州南北朝史の縮図とでもいうべき、集約されたかたちで九州南北朝史の実態を雄弁に物語るものである。

九州南北朝と「九州の論理」

では九州で南朝を支えた軍事力はどのように形成されたのであろうか。懐良親王の全盛期たる大宰府征西府の時代は、正平一六年（一三六一）から約一一年間続くが、この間においては全国的にみても南朝は主として九州の武士たちによって強力に支えられていた。

この支持勢力はいかなる理由で南朝に味方したのであろうか。このことを考えるとき、以下のような興味深い事実がある。足利直冬については本文で詳しく述べたが、彼は畿内の観応の擾乱のあおりを受けて、貞和五年九月に九州に逃れてきた。父尊氏と対立する直冬は九州で味方の軍勢をあつめる大義名分として「両殿（尊氏・直義）の御意を息め奉らんがため」というスローガンを掲げた。他方尊氏の側はそれが偽りであることを九州の武士たちに再三にわたり文書でもって伝えたがいっこうに効き目はなく、それどころか筑前守護少弐頼尚らの支援をうけた直冬は、またたく間に九州地方に強大な勢力を形成した。ところが観応二年（一三五一）二月京都幕府の政局が大きく変わり、翌三月直冬が幕府の役職である鎮西管領の座につくと、とたんにそれまで直冬を支えていた武士たちは直冬を見限り、直冬は没落を余儀なくされたという経緯がある。

こうした日本国の首都たる京都から遠く離れた九州の武士たちの独立性や自立性を求める特性を、「九州の論理」と呼んでよいと思うが、彼らにとって京都幕府の権威はあくまで相対的なもので、決して絶対的なものではなかった。いわば、その時々の状況に応じた臨期応変の態度であるが、しかし彼らにもよるべき権威は当然必要であったはずである。筆者は、それこそ南朝の系譜を引く征西将軍

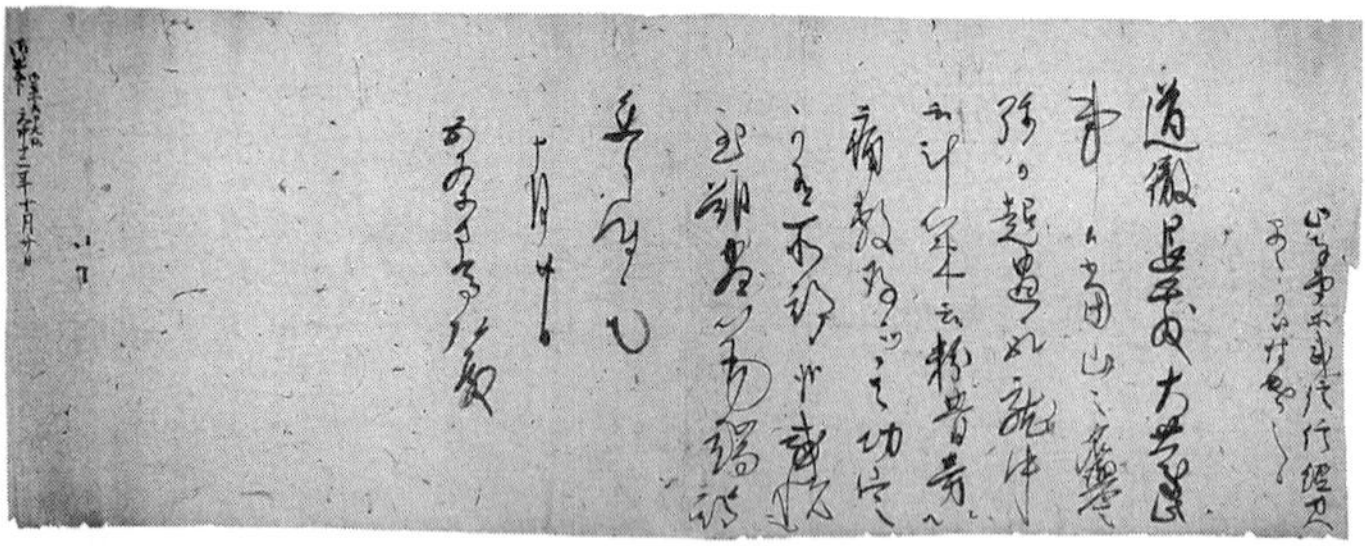

「五條家文書」（元中12年）10月20日良成親王書状（奥端に「元中12年」とみえる）

の権威ではなかったかと想像している。それは幕府の将軍である足利尊氏でもなく、執政の地位に帰り咲いた足利直義でもない、第三の権威である。その第三の権威に九州武士たちの支持が最も多く集まった時期が、懐良親王の大宰府征西府の時代ではなかったかと思うのである。もしそう考えて誤りないとすると、「九州の論理」は南朝の権威によって政治的・軍事的に実質化されたことになる。こうした点は、九州が長い歴史を通じて身に付けた特性といって過言ではないであろう。

日本列島を構成する島々のなかで、九州は独特の歴史と文化をはぐくんできた。それは中央から遠く離れた九州が地域的に完結しているという地形的な特質もさることながら、地理的にアジア大陸と最も近く、海外の文化といちはやく接触しやすいという地政学的な利点にもよるであろう。そのような長い歴史を通して育まれた九州武士たちの主体性が、京都や鎌倉におかれた朝廷や幕府などの中央権力を相対化することを可能にしたのかもしれない。

九州南北朝史の縮図というべき「五條家文書」は、南北朝合体後の元中一二年（応永二、一三九五）一〇月二〇日の良成親王書状を収録していて、これによって征西府の最末期の状況を臨場感をもって如実に知ることができる。おそらく九州における南朝文書の一番最後はこれであろう。こうした征西府の最末期の状況がいつまで続いたのであろうか。それはいわば「後南朝の九州版」である。全国史的にいうと、後南朝の歴史は文明一一年（一四七九）まで史料的に確認できるけれども、関係史料は散逸してほとんど今日に残存していない。九州で後南朝の歴史が認められること自体特筆してよい。

懐良親王の終焉の地である筑後国矢部は、元中八年（明徳二、一三九一）一二月九日五條頼治申状（「五條家文書」、『南北六』六二一二）に、「矢部・津江両山は肥後・筑後・豊後三ヶ国の堺、九州無双の要害候」とあるように、肥後・筑後・豊後の三国が隣接する九州屈指の山間地帯、しかも自然が育んだ無双の要害というべき地域であった。そうした僻遠の地であったからこそ、こうした文化遺産が失われずに今日に伝えられたといってよい。九州の中世史は奥が深い。その深い九州中世史には独特の歴史と文化が秘められている。

参考文献

一、史料

東京大学史料編纂所編『大日本史料六編』1～49、東京大学出版会、一九〇一～二〇一六年（続刊中）。

東京大学史料編纂所編『大日本古文書　阿蘇文書』1～3、東京大学出版会、一九三二～一九三四年。

鷲尾順敬校訂『西源院本　太平記』刀江書院、一九三六年。

熊本県『熊本県史料　中世編』1～5、一九六一～一九六六年（第一巻に「広福寺文書」を収録）。

景浦勉編『忽那家文書』（伊予史料集成1）伊予史料集成刊行会、一九六四年。

和歌史研究会編『私家集大成第5　中世Ⅲ』明治書院（李花集を収む）、一九七四年。

村田正志・黒川高明校訂『五條家文書』続群書類従完成会、一九七五年。

竹内理三・川添昭二・吉原弘道『大宰府・太宰府天満宮史料』11～12、補遺、太宰府天満宮、一九七九～一九八四、二〇〇六年。

瀬野精一郎編『南北朝遺文九州編』1～7、東京堂出版、一九八〇～一九九二年。

景山春樹『舎利信仰―その研究と史料』東京美術、一九八六年。

新熊本市史編纂委員会編『新熊本市史　史料編第二巻　古代・中世』熊本市、一九九三年。

中世専門部会「『新熊本市史』史料編第二巻古代・中世　補遺（中世史料）」『市史研究くまもと』10、一九九九年。

太宰府市史編集委員会『太宰府市史　中世資料編』太宰府市、二〇〇二年。

熊本大学・熊本県立美術館『阿蘇の文化遺産』（阿蘇家文書修復完成記念）二〇〇六年。

九州歴史資料館『特別展　八女の名宝』（展示会図録）二〇一六年（「五條家文書」の画像を多く収録）。

二、単行本・論文（目録を含む）

和田英松「懐良親王御筆の経巻に就て」『史学雑誌』19編11号、一九〇七年一一月（のち雄山閣『国史国文之研究』一九二六年二月に収録）。

田中元勝「征西大将軍宮譜」（『肥後文献叢書六』）隆文館、一九一〇年八月（一九七一年歴史図書社より復刊）。

藤田明『征西将軍宮』熊本県教育会、東京宝文館、一九一五年六月（一九七六年三月文献出版より復刊）。

小鹽熊次郎『征西将軍宮と五條氏』福岡県教育会、一九三六年七月。

岡茂政「万寿寺過去帳に就て―征西大将軍御薨去時日発見の唯一文書―」『歴史地理』七六編一号、一九四〇年七月。

平泉澄『菊池勤王史』菊池氏勤王顕彰会、一九四一年四月。

杉本尚雄『中世の神社と社領―阿蘇社の研究―』吉川弘文館、一九五九年九月。

川添昭二「南北朝時代における少弐氏の守護代について（上）・（下）」『九州史学』24・25、一九六三年七・一二月。

川添昭二『今川了俊』（人物叢書）吉川弘文館、一九六四年六月（一九八八年八月に新装版）。

佐藤進一〈日本の歴史9〉南北朝の動乱』中央公論社、一九六五年一〇月（二〇〇五年一月に中公文庫）。

杉本尚雄『菊池氏三代』（人物叢書）吉川弘文館、一九六六年四月。

川添昭二『日本の武将18　菊池武光』人物往来社、一九六六年六月（二〇一三年六月戎光祥出版より復刊）。

森本正憲「五条頼元について」『九州史学』37・38・39合併号、一九六七年四月（のち『九州中世社会の基礎的研究』文献出版、一九八四年五月に収録）。

川添昭二「少弐頼尚と南淋寺」『日本歴史』254、一九六九年九月。

川添昭二・瀬野精一郎編『九州の風土と歴史』山川出版社、一九七七年八月。

川添昭二「懐良親王をめぐる九州の南北朝」『歴史公論』5編9号、一九七九年九月（のち『九州の中世世界』海鳥社、一九九四年四月に収録）。

川添昭二「『鎮西探題』足利直冬」『九州中世史研究』2、文献出版、一九八〇年一二月。

工藤敬一「菊池氏と阿蘇氏─国司と国上使─」『南北朝遺文九州編』月報2、一九八一年四月。

菊池市史編纂委員会『菊池市史　上巻』第一法規出版、菊池市、一九八二年三月。

川添昭二「鎮西管領一色範氏・直氏」（『古文化論叢（下）』所収）一九八二年四月。

川添昭二「後征西将軍宮発給文書考」『古文書研究』19、一九八二年七月。

川添昭二『九州中世史の研究』吉川弘文館、一九八三年三月。

山口隼正『中世九州の政治社会構造』吉川弘文館、一九八三年五月。

瀬野精一郎「少弐頼尚の足利直冬与同時期について」『南北朝遺文九州編』月報3、一九八三年一〇月。

村井章介「征西府権力の性格」『内乱史研究会報』3、一九八四年八月（のち『アジアのなかの中世日本』校倉書房、一九八八年一一月に収録）。

森茂暁『皇子たちの南北朝』（中公新書）中央公論社、一九八八年七月（二〇〇七年一〇月に中公文庫）。

山口隼正『南北朝期九州守護の研究』文献出版、一九八九年三月。

斎藤満「征西府とその外交についての一考察」『史泉』71、一九九〇年三月。

江上敏勝「熊本県八代市妙見中宮跡出土の瓦塔及び塔心礎等について」乙益重隆先生古稀記念論文集『九州上代

文化論集』同刊行会、一九九〇年一一月。

川添昭二『九州の中世世界』海鳥社、一九九四年四月。

村井章介「易姓革命の思想と天皇制」（青木書店『講座　前近代の天皇5』所収）一九九五年一一月。

馬渡和広「征西府支配の構造」『熊本史学』72・73合併号、一九九七年三月。

柳田快明「河尻幸俊の足利直冬との『出会い』をめぐって」『地域史研究と歴史教育』熊本出版文化会館、一九九八年三月。

新熊本市史編纂委員会編『新熊本市史　通史編第二巻　中世』熊本市、一九九八年三月。

工藤敬一『中世古文書を読み解く—南北朝内乱と九州—』吉川弘文館、二〇〇〇年六月。

秦野祐介「日本国王号成立をめぐって」『日本思想史研究会会報』20、二〇〇三年一月。

柳田快明「足利直冬の九州（肥後）下向と河尻氏」（熊本歴史叢書3『乱世を駆けた武士たち〈中世〉』所収）熊日出版、二〇〇三年一二月。

太宰府市史編集委員会『太宰府市史　通史編Ⅱ』太宰府市、二〇〇四年一二月。

瀬野精一郎『足利直冬』（人物叢書）吉川弘文館、二〇〇五年五月。

崎山勝弘「征西府の肥後国支配」（続群書類従完成会『中世の史料と制度』所収）二〇〇五年六月。

阿蘇品保夫『改訂新版　菊池一族』新人物往来社、二〇〇七年四月。

三浦龍昭『征西将軍府の研究』青史出版、二〇〇九年一一月。

川添昭二・朱雀信城編「少弐氏関係文献目録」『年報太宰府学』4、太宰府市史資料室、二〇一〇年三月。

川添昭二・朱雀信城編「九州探題関係文献目録—今川了俊—」『年報太宰府学』5、太宰府市史資料室、二〇一一年三月。

川島仁志「征西将軍府と恵良惟澄」『七隈史学』14、二〇一二年三月。

川添昭二・朱雀信城編「九州探題関係文献目録」『年報太宰府学』6、太宰府市史資料室、二〇一二年三月。

亀田俊和『室町幕府管領執行システムの研究』思文閣出版、二〇一三年二月。

川添昭二・朱雀信城編「征西将軍宮関係文献目録」『年報太宰府学』7、太宰府市史資料室、二〇一三年三月。

川添昭二・朱雀信城編「菊池氏関係文献目録」『年報太宰府学』8、太宰府市史資料室、二〇一四年三月。

有川宜博「南朝方としての筥崎宮」『新修福岡市史のしおり　資料編中世2』福岡市、二〇一四年三月。

山本隆一朗「南北朝後期菊池氏の政治的動向」『九州史学』171、二〇一五年一〇月。

山口彩香「少弐資経についての研究」『七隈史学』18、二〇一六年三月。

菊池康貴「後征西将軍宮の研究」『史林』99―2、二〇一六年三月。

野木雄大「宗像大宮司家と南朝年号」『沖ノ島研究』3、二〇一七年三月。

山本隆一朗「在府期足利直冬政権の当知行安堵・闕所政策」『太宰府市公文書館紀要（年報太宰府学）』12、太宰府市公文書館、二〇一八年三月。

小澤尚平「建武年間の九州情勢と鎮西管領一色道猷の軍事活動」『七隈史学』20、二〇一八年三月。

前川清一「熊本県における南北朝期の石造物」『歴史玉名』86、玉名歴史研究会、二〇一八年一一月。

柳田快明『中世の阿蘇社と阿蘇氏―謎多き大宮司一族―』戎光祥出版、二〇一九年三月。

あとがき

筆者は、いまから一三年前のことであるが、『出版ニュース』（東京・出版ニュース社、二〇〇六年七月刊）二〇七八号の「書きたいテーマ・出したい本」というコーナーで、「九州中世の総合的研究」という題で小文を書いたことがある。いまそれを引こう。

私の研究分野は日本中世史であり、研究の内容では、これまではどちらかといえば京都や鎌倉などいわば歴史の中心的な場所に係わるテーマを扱うことが多かった。そのことは東京や京都に居住したという地理的なメリットにもよるが、やはり歴史の基本的な動きは中央からの方が見えやすいという理由によろう。

しかし近年になって、生まれ故郷にしてこれまでもっともながく居住している地元九州の中世史研究がほとんど進んでいないことに気付き、これは問題だと思うようになった。最近めざましく進展している関東や東北、いわゆる東国の中世史研究の成果と比較すると雲泥の差を認めざるを得ない。

日本史でもっとも古い都市はどこかと聞かれれば、京都や奈良と答えてしまいそうだが、九州の中心博多はそれらよりはるかに古い。そのことは後漢の光武帝が西暦57年に金印を倭の奴国王に与えたこと一つとってみても明らかである（『後漢書』東夷伝）。奴国は博多を拠点にしていた。何でも古ければよいというわけではないが、博多は日本でもっとも古くから開けた都市であり、その背後には九州という強力な社会的パワーを蓄えていたという状況が想定される。そうしたパワーは、以降の九州の歴史の要所要所で顔を出したに相違あるまい。

そこで思うのは、九州のもつ歴史的な特性を十分に生かしつつ、むろん他の地域との相互関係も広く視野に入れて、とくに中世史を中心にして総合的な視点から描き出すことはできないものかと考える。九州中世をふくよかに描くのに史料的な不足はないし、取り上げる素材や論点にしても多々ある。最近盛んとなった対馬や琉球をめぐる対外交渉史研究の成果もふんだんに取り込める。

右の文章を改めて読んでみて、いまさらながらの感もするが、九州中世史研究をめぐる状況はさほどかわってはいない。筆者にとって本書ははじめてといってよい九州の題材をテーマとした著書であるが、右で述べた一三年前の思いへのささやかな応えである。その出来具合について読者の皆さんの判断に任せるしかないが、これが起爆剤となって九州中世史研究の活性化にすこしでも役立つとすれば、筆者にとっては望外の喜びである。

いま一つ、本書が叙述の道標とした藤田明『征西将軍宮』にまつわる筆者の感慨を少し述べることをお許し頂きたい。筆者はかねがね懐良親王の新しい評伝を書いてみたいと思っていた。その主たる理由には、恩師川添昭二先生のご研究のテーマの一つが懐良親王をめぐる九州の南北朝であったこともあるが、いま一つ奇しき巡り合わせがあった。

それは、佐藤進一先生の名著『日本の歴史9　南北朝の動乱』（中央公論社、一九六五年）が版を重ねて二〇〇五年「中公文庫」に入ったとき、及ばずながら解説を書かせて頂いたさい、佐藤先生よりお礼として一筆および署名入りで頂いた七冊の書籍のなかに藤田明『征西将軍宮』が含まれていたことである。それらは先生の新潟高校の先輩で、東京大学史料編纂所で『大日本史料』の第六編を担当しておられた松本周二氏旧蔵の書籍で、佐藤先生がご遺族から頂かれたものとのことであった。さらに驚いたのは、そのなかの一冊『征西将軍宮』の表紙見返しに毛筆で「謹呈　三浦博士　著者」と献辞が書かれていたことである。佐藤先生は、「三浦博士」とは三浦周行（一九一五年当時、京都帝国大学文科大学教授）だろうと推測しておられた。とすると、当該本は著者藤田明本人から三浦周行に献呈された特別の一冊ということになる（三浦はこの本を読んで『史林』一巻二号〈一九一六年〉に書評を書いている）。かつて筆者はこの一冊がたどった道筋を旅にたとえて「奇遇なる書物の旅」と題したエッセイを書いた（講談社『本』30巻7号、二〇〇五年）。

この一冊を筆者に贈られた佐藤先生から副状で「これらの書籍が学兄の御研究に多少とも役立ちますならば、書籍の為めにも又旧蔵松本先生の御心にも叶い…」とのお言葉を頂戴したが、果たしてご期待に応えることができたか、はなはだ心もとない。

本書の成立は、冒頭に掲げた川添昭二先生および瀬野精一郎先生の多大の学恩に負っている。学生時代以来の川添先生のお導きがなかったら、また瀬野先生の『南北朝遺文九州編』がなかったら、本書はおそらく出来しなかったであろう。ほかにいちいちお名前をあげないけれども、「五條家文書」を所蔵される五條元滋氏をはじめ、多くのかたがたのご好意とご教示をかたじけなくした。

なお、本書の編集はミネルヴァ書房の涌井格氏が担当された。同氏から執筆のお誘いがなかったら、本書はおそらく形を成していなかったであろう。同氏には、前著『満済―天下の義者、公方ことに御周章―』（二〇〇四年）のときと同じく大変お世話になった。

最後になったが、ともども記してここに深く感謝する次第である。

平成三十一年（二〇一九）正月二十七日

著者しるす

懐良親王略年譜

和暦	西暦	齢	九州関係	南朝・北朝・幕府関係
元徳 一	一三二九	1	この年、懐良生まれる（推定）。	
建武 三（延元一）	一三三六	8	3・2菊池武敏、足利尊氏・直義と筑前国多々良浜に戦い敗績する（多々良浜合戦。この戦いで阿蘇惟時の子息惟直・惟成、戦死する）。8・17懐良、高野山堂衆等中に令旨を発して、勲功賞として、土佐国富崎別府下司職を知行させる（懐良令旨の初見）。	3・15「阿蘇宮」、東寺仏舎利一粒を奉請する。11・7建武式目成立する。12・21後醍醐天皇、神器を奉じて大和吉野に移る。
暦応 一（延元三）	一三三八	10	9・18後醍醐天皇、綸旨を発して、朝敵追討のため懐良親王を征西将軍として九州に遣わすことを阿蘇大宮司惟時に告ぐ。9月懐良、九州に向けて吉野を出発する。勘解由次官五条頼元以下12名、これに随従する。12・30懐良、阿蘇惟時に令旨を発して、自らの讃岐到着のこと、惟時の伊予参向、鎮西渡航の案内者の派遣を請う（征西将軍としての懐良令旨の初見）。	8・11足利尊氏征夷大将軍となり、弟直義左兵衛督となる（このころ室町幕府で二頭政治始まる）。8・27足利直義裁許状の初見。

暦応 二（延元四）	一三三九	11	4月このころ懐良一行、伊予忽那氏のもとに入る。8・15後醍醐天皇、綸旨を発して、皇位を義良に譲ったこと、朝敵追討に励むべきことを五条頼元に伝える（後醍醐天皇綸旨の最後）。	8・16後醍醐天皇、吉野で没する（52歳）。後村上天皇即位。
暦応 三（興国一）	一三四〇	12	4・29後村上、五條頼元に綸旨を発して、28日の改元定を告げ、朝敵追罰の籌策を廻らせる。6・29後村上天皇、九州事を懐良に申沙汰させる（九州輩の直奏の禁止）。10・21懐良、忽那義範に令旨を発して、忽那島における合戦忠節を褒める。	4月伊賀国黒田荘悪党、吉野と内通するという風聞あり。5・14暦応雑訴法成立。8・21南朝武者所牒。
康永 一（興国三）	一三四二	14	5・1懐良、九州に上陸せんとして「薩州津」に着岸する。6月谷山隆信の谷山城に入る。後半期「忽那一族軍忠次第」が成立する。	
康永 二（興国四）	一三四三	15	1・21後村上、惟時に綸旨を発して、懐良と談合して「九州合戦事」を進めるよう命ずる（惟時、動かず）。4・28阿蘇惟時、足利直義より肥後国八代荘内道前郷の安堵をうける。	
康永 三（興国五）	一三四四	16	閏2・21同日五條頼元、恵良惟澄にあてて「御身の大事ハ頼元（五條）か身大事よりもなおさりかたく存候」の書状を出す。7・18同日付、惟澄あて懐良令旨に「不同心于惟時、致無弐之忠節之条、頗所被	

			感思食也」とみえる。10・28同日付、惟澄あて懐良令旨に「大宮司惟時属朝敵之由、被聞食間、被驚思食之処」とみえる。
貞和 一（興国六）	一三四五	17	3・19北朝小除目。鴨社造営の功により源（河尻）幸俊、「従五位下・肥前《(後カ)》権守」に叙任さる。4・3阿蘇惟時、足利直義より肥後国凶徒誅伐事につき感状をうける。8・5阿蘇惟時は老体（同日懐良令旨に「元弘最初之軍忠以来、不顧老躰都鄙之忠節、更不思食忘者也」）とみえる。
貞和 二（正平一）	一三四六	18	7・5恵良惟澄あて菊池武光書状（菊池武光文書の初見）。
貞和 三（正平二）	一三四七	19	5・27同日島津道鑑軍勢催促状によると「四国中国海賊船三十余艘」が飫肥南郷内目井浦から肝付郡内之浦王崎にかけての一帯を「奔通」する。5・29この日夜、「薩州鹿児島院御敵等」（懐良方か）浜崎城を「忍取」る。6・3渋谷重名が最初に東福寺城に馳せ参じて味方の軍勢を待っていると、「熊野海賊以下数千人」が海陸より攻め寄せてきたため身命を捨てて防戦する。6・17同日島津道鑑書下によると「四国中国海賊等」が谷山城に拠る南朝方に与力し

貞和四（正平三）	一三四八	20	たため、合戦難渋する。11・21同日五條頼元書状に「…今度菊池家事、武光（菊池）同被下　勅約綸旨候了、吉野御沙汰固ク候ハ、誠為始終、人々之御安堵にてこそ候へ、…」の文言あり。11月このころ菊池武光、「肥後守」に叙任さるか。12・1頼元、恵良惟澄に対して懐良の渡御への御迎を請う。12・13懐良の明春早々の出御に先立ち、五條頼元肥後に先発せんとする。12・14懐良、薩摩国境を越えて肥後葦北郡に到着する。 1・2懐良、肥後宇土津に到着したことを阿蘇惟時に知らせ、馳参を要請する。1・14懐良、宇土を立ち、益城郡の御船城に入る。1・19阿蘇惟時は老体（同日懐良令旨に「依御老躰、若可為難儀候者、可令差進恵良小二郎（惟澄）殿給之由、…」）とあり。2・15懐良、この間菊池に逗留。2・27懐良、筑後国に進発あるべし（2月15日懐良令旨）。2月懐良、肥後菊池武光に擁され、菊池城に入る。惟時、この年二月上旬に「御船御所」で懐良に参会する。3・18後村上天皇、恵良惟澄を「筑後権守」に叙任する。4月懐良、法華経普門品を諸写して筑後高良玉垂宮	1・5河内四條畷の戦い。楠木正行ら戦死する。1・28吉野陥落、炎上。

貞和　五（正平四）	一三四九	21	に納める。6・12懐良、この日より同月20日の間、「吾平山」（現、山鹿市菊鹿町の相良《あいら》寺）に参籠する（6月23日五條頼元書状）。6月懐良、このころ「成人」する（同前）。7・25足利直義の奉行所、阿蘇惟時の「天下静謐御祈禱」巻数の送付に返事する。8・10除目。少弐頼尚、「筑後守」に転任。子息直資が「大宰少弐」となる。9・10足利直冬、尊氏より討手を遣わされ四国方へ没落すとの報あり。9・16同日足利直冬御教書に「自京都依有被仰之旨、所令下向也」とあり。9・20同日直冬願文に「阿蘇大明神　立申願書事、右志趣者、令心中所願成就円満者、可奉所領寄進之状如件」とあり。9・26同日懐良親王令旨に初めて菊池武光が「肥後守」としてみえる。10・11足利尊氏、阿蘇惟時に足利直冬の肥後河尻津落下を告げ、対処させる。11・9足利直冬御教書に「為奉息両殿（尊氏・直義）御意、所打立也」がみえはじめる。	4・11足利直冬、八ヶ国成敗のため長門国へ進発する（長門守護）。閏6・27足利直義裁許状の終見。閏6月足利直義、高師直と抗争し、京都騒擾する（観応の擾乱の兆し）。7・12足利直義、長門国関係で直冬に御教書を遣わす。
観応　一（正平五）	一三五〇	22	1・7少弐頼尚、貞和5年12月10日御教書を受けて、12月8日の足利直義出家のことにより分国地頭御家人の馳参を禁ずることを得永源五に伝える。2・27	

観応二（正平六）	一三五一	23	北朝、「観応」と改元す。足利直冬、「観応」を使用せず。5月この段階では少弐頼尚はいまだ足利直冬に与同せず（成恒種定軍忠状）。7・29正五位下清原（五條）良氏（頼元子息）を修理権大夫に任ずる。9・28「自京都被仰下子細候間」、少弐頼尚、足利直冬の御方に参ず（頼尚、すでに直冬に与同）。10・3同日足利直冬感状によると、「有馬彦七郎（澄明）」、肥前高来郡「矢上城」において忠節を致す。10・26足利直冬、阿蘇惟時と恵良惟澄に各々軍勢催促する。10・26恵良惟澄あての同日少弐頼尚書状に「聊か存ずる子細候ほどに、佐殿（足利直冬）と合体申し候」の文言みえる。11・16阿蘇惟時あての同日少弐頼尚書状で、頼尚、足利直冬を「公方」と称す。12・20足利直冬御教書、「令追討師直・師泰、為奉息両殿（尊氏・直義）御意、所打立也」の表記に変わる（この表記、同年12・21付で終わる。禰寝文書）。2・18阿蘇惟時、孫子丞丸（宇治惟村）に肥後国鎮守一宮阿蘇・同健軍・甲佐・郡浦已上四ヶ社領等を譲与する。3・3足利直冬、鎮西探題となる（依然	3・29懐良母霊照院二条藤子没す。11・7正平の一統始まる／北朝崇光天皇及び皇太弟直仁親

			として「貞和」年号を使用）。6・5足利直冬「貞和」年号使用の終見。6・10足利直冬「観応」年号使用の初見。8・27鎮西探題足利直冬、足利尊氏の軍勢催促の命令を肥前守護河尻幸俊に伝える。9・24足利尊氏、足利直義との和睦にかかわりなく、足利直冬を誅伐すべきことを田原貞広に命ずる（直冬、すでに幕府を離脱）。9・28筑前国月隈・金隈合戦（直冬方の今川直貞、道猷方の将一色範光と筑前金隈・月隈原〈現、福岡市博多区〉に戦いこれを破る）。10・18三池頼親軍忠状（菊池武光証判の初見）。	王を廃す（北朝廃止）。
観応 三（正平七）	一三五二	24	閏2・20このころ後村上天皇より懐良親王に対して上洛の要請あるか（阿蘇家文書、同月20日後村上天皇書状）。7・24畠山直顕、直冬方として日州の軍勢を引率し、大隅国に打ち入る。11・12筑前国椿・忠隈（飯塚市）の戦い。これを機に直冬、九州から長門へのがれ、南朝に降る。	2・26足利直義没す（46歳）。閏2・20「高氏・義詮、勅免を蒙りながら、重ねて陰謀の企あり」の後村上天皇綸旨。8・17後光厳天皇践祚（北朝再建）。
文和 二（正平八）	一三五三	25	2・2筑前国針摺原の合戦。菊池武光、少弐頼尚を援け、筑前国針摺原に一色道猷を破る。田原直貞の子息多く戦死す。3・5文和2年3月5日島津師久請文に「…今においては兵衛佐殿（直冬）、宮方	

文和 三 （正平九）	一三五四	26	（懐良親王）と同心」とあり。5・13同日付足利直冬書下（直冬の正平年号使用の初見）。10・26「大隅国佐殿（足利直冬）御方凶徒等交名注文」が成立する（なかに「税所介一族」「禰寝郡司一族」等みえる）。阿蘇惟時、在津する（正平11年6月日恵良惟澄申状）に「…去正平八年惟時為飯盛城（筑前国早良郡）退治、令在津（博多津）之時」とあり）。この年、阿蘇惟時没か。 8・1「足利直冬方交名注文」が成立する（なかに「谷山五郎」「禰寝郡司」「税所介」等みえる」。8・22菊池武澄、「凶徒退治」のため、肥前高来へ発向する（9月12日有馬澄明軍忠状）。8・23肥前国有馬澄明、凶徒退治のため肥前高来に発向した菊池武澄の軍勢として「湯江村」（肥前国高来郡）で最前馳参する（同前）。8・24有馬澄明、菊池武澄が「多比良城」（肥前国高来郡。北軍の城）に寄せるの時「御共仕」し、夜攻以下の忠節を抽んでる（同前）。9・9その結果、「御敵悉く没落しおわんぬ」（同前）。9・12有間澄明、以上の軍忠を書き出し菊池武澄に対して言上する（正平9年9月12日有間澄	4・17南朝准三后北畠親房没す（62歳）。

文和 四（正平一〇）	一三五五	27	明軍忠状。高来・湯江村・多比良城みゆ）。菊池武澄、その軍忠状に証判を据える（同前）。11・18同日付有馬澄明軍忠状によると、澄明、肥前国府に馳参し、小城城攻の合戦に参加し、陣々に宿直し、豊後国日田・玖珠郡・同国府（大分郡）、豊前国御通に御共仕、筑前国博多入御まで忠節を致す、とあり。菊池武澄の証判（「承了、判」）あり。懐良、博多に入る。	8・4足利尊氏袖判下文の終見。
延文 一（正平一一）	一三五六	28	1月このころ後村上より懐良に対して上洛してほしいとの内意か（五條家文書、同月17日後村上書状に「…宮御のほり候は、、少納言〈五條頼元〉もくれ〳〵まいり候へきよし、つたへられ候へく候…」とあり）。6・29この日をさほど下らない時期に菊池武澄没す。	
延文 二（正平一二）	一三五七	29	7・2菊池武光あて懐良親王令旨の初見（遵行命令）。8・17守護代（西郷顕景）あて豊前守護少弐頼尚遵行状（少弐頼尚遵行状の初見）。	9・17南朝の評定目録（「聴断制」）。
延文 三（正平一三）	一三五八	30	8・13肥後守護菊池武光あて征西将軍宮懐良親王令旨に、遵行を意味する「沙汰付」の文言が明確に登場し始める。9・17守護代（菊池武貫）あて菊池武	4・30足利尊氏没（54歳）。12・8足利義詮将軍となる。

			光遵行状（肥後守護菊池武光遵行状の初見）。12月「筑後宮」（懐良）、豊後国狭間に襲来する。	
延文 四（正平一四）	一三五九	31	3月「筑後宮」（懐良）・菊池武光以下、豊後国へ打ち入る。敵高崎城に罷り向かう。8・6-7筑後国大保原（現、福岡県小郡市）合戦（筑後川合戦）。南軍菊池武光、北軍少弐頼尚を破る。9・8泉涌寺比丘曇喜、「征西将軍親王宮遍照金剛」（懐良）に泉涌寺の仏舎利一粒を授ける。10・2菊池武光と少弐頼尚、九州において合戦し、少弐頼尚敗績するの報京都に伝わる。10・30五條良氏、卒す（法名信長）。	4・29阿野廉子（後醍醐妃・後村上生母）没す（59歳）。
延文 五（正平一五）	一三六〇	32	4・9少弐冬資、肥前佐志次郎三郎強に一族同心して馳参せしむ（少弐冬資文書の初見）。	
延文 六（正平一六）	一三六一	33	2・3懐良、恵良惟澄に肥後国阿蘇社社務職幷神領等のことを元の如く沙汰させる。2・22足利義詮、阿蘇筑後守（惟澄）を肥後国守護に補せんとす。2・29菊池武光加冠状（阿蘇惟澄子息惟武に偏諱を与える）。8・5少弐冬資寄進状（冬資が「大宰少弐」を称した初見）。8月懐良、大宰府に入る（大宰府征西府時代始まる）。大宰府庁下文、執行藤原朝臣（少弐頼澄）の署判あり。	

貞治一（正平一七）	一三六二	34	4・11少弐頼尚（法名本通）書下（年次がわかる少弐頼尚文書の終見）。7・1懐良、肥前光浄寺を御祈願寺とし祈禱を致さしむ（五條頼元奉懐良令旨の終見）。8・9同鎮西探題斯波氏経書状のあて名に阿蘇惟村が阿蘇大宮司としてみえる。9・21菊池武光、斯波氏経・大友氏時・少弐冬資らと筑前国長者原に戦い、これを破る（長者原合戦）。10・17足利義詮、阿蘇大宮司（惟村）を肥後国守護に補す。
貞治二（正平一八）	一三六三	35	5・3正五位下清原（五條）良遠（法名宗金、頼元子息）を兵部少輔に任ずる。
貞治三（正平一九）	一三六四	36	7・10阿蘇惟澄、孫子丞丸（宇治惟村）に肥後国鎮守一宮阿蘇・同健軍・甲佐・郡浦已上四ヶ社領等を譲与する。9・29阿蘇惟澄、没す。
貞治四（正平二〇）	一三六五	37	4・19懐良、大宰府に陣し、高良山に社参する。同21日御陣（博多ヵ）に御出。4月良成親王、これより先に九州に下向（おそらく良成の九州到着は正平10年代後半か）。5・9「若宮」（良成親王ヵ）、阿蘇社に社参か。
貞治五（正平二一）	一三六六	38	3月八幡善法寺雑掌常善、申状を南朝に提出し、綸旨を「宮将軍家」（征西府）に成し進め、豊前国大

貞治　六（正平二二）	一三六七	39	野井庄等への濫妨を排除せんことを請う。5・20（28とも）五條頼元、筑前国三奈木庄にて卒す（78歳）。5・23「当時本朝の為躰、鎮西九国悉く管領するに非ず。禁遏の限りに非ず」。7・25清原（五條）頼治（良遠の子息）を権少外記に任ずる。	9・15足利義詮袖判下文の終見。12・7足利義詮没（38歳）。
応安　一（正平二三）	一三六八	40	10月有馬澄世軍忠状（菊池武光証判の終見）。	3・11後村上天皇、摂津住吉で没す（41歳）。ついで長慶天皇践祚する。閏6・12室町幕府管領下知状出始める。
応安　二（正平二四）	一三六九	41	2月良成親王、「四国大将」として四国征討に赴く予定。5・3懐良、自筆法華経一部を阿蘇社に奉納する。6・18懐良、豊前国宇佐宮大楽寺に対し、大師真蹟・先朝宸筆銘の般若心経を寺宝として納める。8・16懐良、父後醍醐天皇の三一回忌にあたり、その追善供養のために法華経を書写して石清水八幡宮に奉納す。11・13肥後守護菊池武光あて懐良親王令旨の終見。12月良成親王令旨の初見（奉者は権中納言〈藤原尹房ヵ〉）。良成、四国対治に進発する（予定より遅れたか）。九州帰参は文中末年か。	1・2将軍足利義満、南朝楠木正儀の帰順を許可する。
応安　四	一三七一	43	7月このころ懐良、征夷大将軍に補任さる（建徳2、	

(建徳二)			建徳3の懐良令旨に「征夷大将軍」の文字みゆ)。**9・20**征西将軍懐良、「日にそへて…」、「しるやいかに…」の歌を信濃国大川原の兄宗良に贈る。**12・19**鎮西管領今川了俊、豊前門司に渡る。**12・24**少弐頼尚(梅溪本通)、没す(78歳)。**12月**信濃国の兄宗良、大宰府の懐良に「とにかくに…」、「草も木も…」の歌を贈る。**この年**、懐良親王、趙秩の言に従い、僧祖来を明に遣わして臣従を誓う。明、懐良を「日本国王」に封ずる。(明の洪武四年)	
応安 五 (文中 一)	一三七二	44	**5月**明使仲猷祖闡・無逸克勤、博多に着き、今川了俊に抑留される。**8月**了俊と弟仲秋、大宰府を攻略し、懐良を筑後高良山に走らせる(大宰府征西府の陥落)。	
応安 六 (文中二)	一三七三	45	**11・16**菊池武光、没す。	
応安 七 (文中三)	一三七四	46	**5・26**菊池武政、没す。**9月**懐良、菊池一族とともに肥後菊池へ退却。**10・14**同日懐良親王令旨(阿蘇惟武に兵粮料所として豊後国高田庄領家職を知行せしむ)は、征西将軍としての懐良令旨の終見。**12・25**同日良成親王令旨(青柳小三郎にあててその軍功	このころ「太平記」成立する。**冬**宗良、一旦吉野へ帰る。

永和 一（天授一）	一三七五	47	を褒め忠節を致さしむ）は、征西将軍としての良成令旨の初見（つまりこの年の10・14〜12・25の間に懐良親王、征西将軍職を良成親王と交替する）。5月懐良、この間、阿蘇社に参籠する。8・26今川了俊、少弐冬資（天岸存覚。39歳）を肥後水島の陣に誘殺す。島津氏久、面目を失い、怒りて南朝方に転ず。10月大内義弘、豊後に渡海し、南朝方を攻める。11・3懐良、御所において泉涌寺仏舎利一粒を五條良遠（宗金）に与える（正平14年9月8日泉涌寺比丘曇喜の書状もあわせ載せる）。
永和 二（天授二）	一三七六	48	9・12主水正清原（五條）頼治（良遠の子息）を左馬権頭に任ずる。
永和 三（天授三）	一三七七	49	2・9懐良、筑後高良下宮社に三ヵ条の願文を納める。2月ヵ肥前国蜷打合戦。阿蘇惟武、戦死か。9・1去る八月、「鎮西合戦」（肥後臼間野での戦い）あり。南方宮（植田宮）が自害し、菊池一族が討ち取られ、これによって「鎮西当方悉く一統了」。9・30「当所〈黒木〉依為御在所、…」（懐良ヵの在所は黒木）。12・13懐良、本居執行に対して所々本領等の知行を安堵せしむ（懐良親王令旨の終見）。

永和 四（天授四）	一三七八	50	1・27同日今川了俊書状に「…日本国事、於今者、将軍家（足利義満）御世候処、九州計相残候、雖然肥後事、今春多分可落居候歟、…」とみゆ（室町幕府がほぼ日本国を統一し終えたことをいうか）。3・29懐良、母霊照院二条藤子の二八回忌にあたり、その追善供養のために梵網経を書写して肥前東妙寺に納める。	
康暦 一（天授五）	一三七九	51	8・13今川了俊書状に「…抑、宮方の勢、のこらす菊池にうちより候間、今ハこれにて九州の落居あるへく候、…」とみゆ。	
永徳 一（弘和元）	一三八一	53	懐良、母霊照院禅尼二条藤子の三一回忌にあたり、その追善供養のために宝篋印塔を建つ（懐良親王関係事績の最後）。	10・13長慶天皇、「新葉和歌集」を勅撰集に擬す。12・3宗良、「新葉和歌集」を長慶に奏進する。
永徳 二（弘和二）	一三八二	54	6・1良成、阿蘇山衆徒に令旨を下して「天下太平・九州静謐」の懇祈を抽んでしむ。	4・11後小松天皇践祚（6歳）。
永徳 三（弘和三）	一三八三	55	3・27懐良親王没（55歳か）。	この年、長慶天皇譲位。後亀山天皇即位。
康応 一（元中六）	一三八九		3・18後亀山天皇、肥後阿蘇大宮司惟政に綸旨を下して、将軍宮の手に属して無二の軍忠を致さしむ。	

明徳　二（元中八）	一三九一		12・9同日五條頼治書状に「…矢部・津江両山は肥後・筑後・豊後三ヶ国の堺、九州無双の要害候、…」とあり。	12・19山名氏清、幕府に叛す（明徳の乱）。氏清、南朝より錦の御旗を申給う。
明徳　三（元中九）	一三九二			閏10・5南朝後亀山、北朝後小松に神器を譲渡する（南北朝の合体）。
応永一（元中一一）	一三九四		12・19同日良成親王令旨（五條良量あて）は、征西将軍としての良成令旨の終見。	
応永二（元中一二）	一三九五		10・20良成親王書状あり（良成文書の最後）。	

＊年号は繁雑さをさけるために、便宜的に北朝年号で示し、横に（　）内で南朝年号を併記した。

人名索引

あ 行

饗庭道哲　220, 222, 223, 226, 292
青方重　226
青柳小三郎　262
赤松妙善（則祐）　149
安芸守種此　211
莫祢成長　62
足利尊氏　4, 9, 14, 33, 38, 51, 130, 133, 146, 149, 151, 154, 158, 161, 183, 184, 226, 230, 313
足利直冬　4, 65, 125, 130-135, 140-149, 151, 152, 154, 157, 158, 160, 172, 184, 283, 313
足利直義　28, 51, 73, 75, 98, 135, 137, 138, 140, 147, 149, 226, 283, 313
足利基氏　238
足利泰氏　154
足利義詮　149, 150, 158, 161, 179, 183, 184, 228, 230, 233, 252, 253
足利義満　228, 230, 252
阿蘇惟澄　58, 60, 65, 69, 71, 72, 73, 83, 85, 86, 90, 91, 95, 97, 100, 111, 112, 115, 119, 122, 125, 137, 138, 143, 144, 164, 170, 180, 190-192, 194, 197-199, 206, 208
阿蘇惟武　81, 193, 206, 221, 226, 261
阿蘇惟時　31, 32, 35, 41, 46, 47, 52, 60, 64-66, 69-72, 74-77, 79, 81, 85-87, 89, 91, 92, 96, 100, 103, 106, 111, 113, 114, 119, 126, 136-138, 144, 145, 164, 190, 191
阿蘇惟直　71, 82, 92
阿蘇惟村　71, 81, 192, 194, 253
阿蘇宮　19
有馬澄明　167
池尻胤房　223
伊作宗久　283
石塔頼房　152
伊集院忠国　98
和泉右衛門　160
一色道猷　75, 118, 146, 152, 154-156, 158, 162, 165, 232
一色直氏　154, 156, 233
一色範光　162, 166
一品式部卿宮（懐良親王）　268
今川直定　162
今川義範　247
今川了俊　193, 235, 249, 251, 253, 273-276, 278, 280, 296
宇都宮守綱　187
宇土道覚　198
宇土道光　203
宇野東風　6
大内弘世　184, 185, 279
大内義弘　279
大嶋源次　204
大友氏継　263
大友氏時　146, 187, 200, 233
大友貞親　62
大友貞宗　41, 139
大友親世　189

か 行

亀山天皇　79
河尻七郎　170

河尻幸俊　125, 130, 133-135, 149, 157
菊池武重　109
菊池武澄　165, 166-169
菊池武貫　198
菊池武時　4, 70, 108, 109, 233
菊池武敏　109
菊池武朝　108, 109, 211, 248
菊池武尚　211
菊池武士　109, 117
菊池武房　108
菊池武政　247
菊池武光　96, 107, 109, 114, 116, 124, 152, 162, 163, 168, 169, 171, 175, 176, 181, 183, 187, 188, 193, 196-200, 203, 208, 233, 245, 253
北畠顕家　30
北畠親房　241
木屋行実　178
清原良枝　44
吉良満貞　152
空山和尚　239
楠木正行　105, 107
忽那重清　51
忽那義範　43, 53, 55-57
窪田武宗　171, 198
建文帝　234
河野通直　260, 269
高師直　26, 34, 130, 131, 138, 147, 150, 156
高師冬　138
高師泰　131, 138, 146, 147, 150
洪武帝（朱元璋）　16, 233, 234
五條良氏　46, 99, 127, 174, 175, 178, 223, 240, 244
五條良遠（宗金）　46, 174, 175, 244, 289
五條頼治　46, 244, 315
五條頼元　8, 36, 39, 44, 45, 58, 86, 87, 89, 95, 96, 100-103, 109, 115, 118, 121, 124, 127, 205, 223, 238, 240, 242, 311, 312
後醍醐天皇　4, 5, 13
小早川宗平　230
後村上天皇　51, 77, 91, 97, 105, 106, 112, 152, 158, 201, 212, 241

さ　行

西郷顕景　174
斎藤左衛門大夫　211
榊貞康　140
相良前頼　263
佐々木導誉　226
佐志次郎三郎（強）　187
鮫島彦次郎　98
三条公忠　278
四條隆資　39, 241
慈鎮　295
斯波氏経　188, 201, 233
斯波高経　26
渋川義行　233, 252, 273
渋谷重名　98
島津氏久　154, 189, 274, 276
島津貞久（道鑑）　41, 62, 63, 70, 98, 139, 156, 282
島津忠久　61
少弐貞経　139
少弐資能　139
少弐資頼　139
少弐経資　139
少弐直資　177
少弐冬資　187, 188, 190, 200, 274-276
少弐盛経　139
少弐頼澄　189, 190, 203, 210, 211, 219, 220, 263
少弐頼尚（梅渓本通）　64, 106, 109, 139-146, 151-153, 158, 160, 162, 165, 172-174, 176, 177, 179, 181, 185, 186, 190,

193, 196, 226, 252, 313
諏方部彦十郎　225

た　行

高辻道准　227
尊良親王　33
田中元勝　6, 271
谷山隆信　60, 62, 65, 98, 284
田原貞広　159, 164
田原直貞（正曇）　136, 159
千葉介常胤　230
長慶天皇　201, 258, 293, 295
鎮西宮　16, 18
恒良親王　29
洞院公賢　104, 134, 152
洞院実世　111, 115
曇喜　21, 288

な　行

中院義定　105, 107
中務卿親王（懐良親王）　250, 268
成良親王　28
名和顕興　198, 203
二条為子　295, 300
二条為定　302
二条為道　294, 300
二条藤子　294, 300, 302, 303, 310
新田義貞　26, 29, 34
日本国王良懐（懐良親王）　235
如意王　147
禰寝久清　249
義良親王　28

は　行

畠山直顕　154, 282, 284
畠山満家　3
花園宮　30
常陸親王　18
藤田明　7
藤原禧子　300, 301
藤原尹房　266, 267
藤原隆家　108
藤原政則　108
藤原道隆　108
藤原懐国　22
藤原懐藤　23
北条時定　79
北条英時　139
坊門資世　223
細川頼之　228, 230, 252

ま　行

牧宮　30
松浦定　156
松浦披　160
源頼朝　230
宗像氏俊　186
宗良親王　21, 251, 270, 293, 295, 296, 298, 305

や・ら・わ行

安富泰重　199
山名時氏　226
山名師義　253
良成親王　244, 258, 259, 261–264, 266, 274, 314
龍造寺家貞　179
和田賢秀　107

事項索引

あ　行

吾平山（相良寺）　123
青野原の戦い　34
阿蘇社　66
阿蘇大宮司　92, 93
宇土津　96
叡覧　222
大保原合戦（筑後川合戦）　124, 172, 174, 176, 180, 185, 186, 190, 195, 197, 209
恩賞方　44

か　行

書下　155
鎌倉将軍府　28
鎌倉幕府　15
観応の擾乱　126, 129, 131, 134, 160, 161, 183, 226
管領下知状　229, 230
菊池合戦　109
菊池御在所　107
菊池御所　119
祈禱巻数　75
九州の論理　313, 314
挙状　170
記録所　44
熊野水軍　56
軍忠状　146, 178
建武式目　140
建武政権　25
高田御所　101
広福寺　168
悟真寺　302, 309

さ　行

沙汰付　207, 208, 211
雑訴決断所　26, 44
直奏　38, 40
四條畷の戦い　105
四道将軍　27, 41
遵行　202, 203
遵行状　170
承久の乱　108
承天寺　222, 223
証判　167
正平の一統　158
新券　221
征夷大将軍　250, 298
成人　96, 121, 180, 181

た　行

大慈寺　134
大統暦　235
大宰少弐　139, 177
大宰府合戦　152, 165
多々良浜合戦　4, 5, 15, 74, 92, 140
谷山御所（谷山城）　60
中国探題　125
釣寂庵　222, 223
長者原合戦　199-201
勅約綸旨　115
鎮西管領　42, 154, 155, 157, 162, 188, 193, 200, 232, 235, 253, 273
鎮西探題　4, 5, 8, 33, 70, 108, 139, 147, 148, 149, 157, 160, 296
鎮西奉行　139

月隈・金隈合戦　162
椿・忠隈の戦い　152
天下三分　129
天台座主　295
刀伊の入寇　108
東福寺城　98
東妙寺　302, 306

な　行

中先代の乱　38
長門探題　130
二頭政治　42, 183
日本正君　234

は　行

針摺原合戦　163, 166, 181, 232
比企氏の乱　61
肥後河尻津　134
武家執奏　217
紛失状　221
菩提寺　303

ま　行

満願寺　73, 79
水島の陣　274, 276
御船御所　96, 99, 103, 107, 119
陸奥将軍府　28

や・わ行

吉野陥落　97
倭寇　235

《著者紹介》

森　茂暁（もり・しげあき）

1949年　長崎県生まれ。
1975年　九州大学大学院文学研究科博士課程中途退学。
　　　　九州大学文学部助手，京都産業大学助教授，山口大学教授を経て，
現　在　福岡大学人文学部教授。文学博士。専攻は日本中世の政治と文化。
著　書　『建武政権』教育社，1980年（のち講談社学術文庫）。
　　　　『南北朝期 公武関係史の研究』文献出版，1984年（のち増補改訂版）。
　　　　『皇子たちの南北朝』中央公論社，1988年（のち中公文庫）。
　　　　『鎌倉時代の朝幕関係』思文閣出版，1991年（のちオンデマンド版）。
　　　　『太平記の群像』角川書店，1991年（のち角川ソフィア文庫）。
　　　　『佐々木導誉』吉川弘文館，1994年。
　　　　『闇の歴史，後南朝』角川書店，1997年（のち角川ソフィア文庫）。
　　　　『後醍醐天皇』中央公論新社，2000年。
　　　　『満済』ミネルヴァ書房，2004年。
　　　　『南朝全史』講談社，2005年。
　　　　『南北朝の動乱』吉川弘文館，2007年。
　　　　『室町幕府崩壊』角川学芸出版，2011年（のち角川ソフィア文庫）。
　　　　『足利直義』株式会社 KADOKAWA，2015年。
　　　　『足利尊氏』株式会社 KADOKAWA，2017年。

ミネルヴァ日本評伝選

懐《かね》良《よし》親《しん》王《のう》

――日にそへてのかれんとのみ思ふ身に――

2019年8月10日　初版第1刷発行　〈検印省略〉

定価はカバーに
表示しています

著　者　森　茂暁
発行者　杉田啓三
印刷者　江戸孝典

発行所　株式会社　ミネルヴァ書房

607-8494 京都市山科区日ノ岡堤谷町1
電話代表（075）581-5191
振替口座 01020-0-8076

共同印刷工業・新生製本

ISBN978-4-623-08741-9

Printed in Japan

刊行のことば

歴史を動かすものは人間であり、興趣に富んだ人間の動きを通じて、世の移り変わりを考えるのは、歴史に接する醍醐味である。

しかし過去の歴史学を顧みるとき、人間不在という批判さえ見られたように、歴史における人間のすがたが、必ずしも十分に描かれてきたとはいえない。二十一世紀を迎えた今、歴史の中の人物像を蘇生させようとの要請はいよいよ強く、またそのための条件もしだいに熟してきている。

この「ミネルヴァ日本評伝選」は、正確な史実に基づいて書かれるのはいうまでもないが、単に経歴の羅列にとどまらず、歴史を動かしてきたすぐれた個性をいきいきとよみがえらせたいと考える。そのためには、対象とした人物とじっくりと対話し、ときにはきびしく対決していくことも必要になるだろう。

今日の歴史学が直面している困難の一つに、研究の過度の細分化、瑣末化が挙げられる。それは緻密さを求めるが故に陥った弊害といえるが、その結果として、歴史の大きな見通しが失われ、歴史学を通しての社会への働きかけの途が閉ざされ、人々の歴史への関心を弱める危険性がある。今こそ歴史が何のためにあるのかという、基本的な課題に応える必要があろう。評伝という興味ある方法を通じて、解決の手がかりを見出せないだろうかというのも、この企画の一つのねらいである。

狭義の歴史学の研究者だけでなく、多くの分野ですぐれた業績をあげている著者たちを迎えて、従来見られなかった規模の大きな人物史の叢書として、「ミネルヴァ日本評伝選」の刊行を開始したい。

平成十五年（二〇〇三）九月

ミネルヴァ書房

ミネルヴァ日本評伝選

企画推薦
梅原　猛
ドナルド・キーン
佐伯彰一
角田文衞

監修委員
上横手雅敬
芳賀　徹

編集委員
石川九楊
伊藤之雄
猪木武徳
今谷　明
今橋映子
熊倉功夫
佐伯順子
坂本多加雄
武田佐知子
竹西寛子
西口順子
兵藤裕己
御厨　貴

上代

*俾弥呼　古田武彦
*日本武尊　西宮秀紀
*仁徳天皇　若井敏明
雄略天皇　吉村武彦
継体天皇　若井敏明
*蘇我氏四代　遠山美都男
推古天皇　義江明子
聖徳太子　仁藤敦史
斉明天皇　武田佐知子
*小野妹子・毛人・毛野　大橋信弥
*額田王　梶川信行
弘文天皇　遠山美都男
天武天皇　新川登亀男
持統天皇　丸山裕美子
阿倍比羅夫　熊田亮介
*藤原四子　木本好信
*柿本人麿　古橋信孝
*元明天皇・元正天皇　渡部育子
聖武天皇　本郷真紹
光明皇后　寺崎保広
*孝謙・称徳天皇　勝浦令子
藤原不比等　荒木敏夫
橘諸兄・奈良麻呂　遠山美都男
吉備真備　今津勝紀
*藤原仲麻呂　木本好信
道鏡　吉川真司
*藤原種継　木本好信
*行基　吉田靖雄

平安

*桓武天皇　井上満郎
嵯峨天皇　西別府元日
宇多天皇　古藤真平
醍醐天皇　石上英一
村上天皇　京樂真帆子
花山天皇　上島　享
*三条天皇　倉本一宏
藤原薬子　中野渡俊治
*藤原良房・基経　瀧浪貞子
*紀貫之　神田龍身
源高明　所　功
*安倍晴明　斎藤英喜
*藤原道長　朧谷　寿
*藤原伊周・隆家　倉本一宏
藤原定子　山本淳子
*藤原彰子　朧谷　寿
清少納言　三田村雅子
和泉式部　ツベタナ・クリステワ
大江匡房　小峯和明
*阿弖流為　樋口知志
坂上田村麻呂　熊谷公男
*源満仲・頼光　元木泰雄
平将門　西山良平
藤原純友　寺内　浩
最澄　吉田一彦
円珍　岡野浩二
*空也　石井義長
奝然　上川通夫
*源信　小原　仁
慶滋保胤　吉原浩人
*後白河天皇　美川　圭
*式子内親王　奥野陽子
建礼門院　生形貴重
*藤原秀衡　入間田宣夫
平時子・時忠　元木泰雄
平維盛　根井　浄
守覚法親王　阿部泰郎
藤原隆信・信実　山本陽子

鎌倉

源頼朝　川合　康
*源義経　近藤好和
源実朝　神田龍身
*九条兼実　加納重文
九条道家　上横手雅敬
北条時政　野口　実
熊谷直実　佐伯真一
*北条政子　関　幸彦
*北条義時　岡田清一
曾我十郎・五郎　杉橋隆夫
北条時頼　山本隆志
北条時宗　近藤成一
平頼綱　細川重男
竹崎季長　堀本一繁
西行　光田和伸
鴨長明　浅見和彦
藤原定家　赤瀬信吾
*京極為兼　今谷　明
*兼好　島内裕子
重源　横内裕人
*運慶　根立研介
快慶　井上一稔
法然　今堀太逸
栄西　中尾良信
明恵　西山　厚
*親鸞　末木文美士
恵信尼・覚信尼　西口順子
覚如　今井雅晴
*道元　船岡　誠
叡尊　細川涼一
*忍性　松尾剛次
*日蓮　佐藤弘夫
一遍　蒲池勢至
夢窓疎石　原田正俊
*宗峰妙超　竹貫元勝

南北朝・室町

後醍醐天皇　上横手雅敬

*護良親王　新井孝重
*懐良親王　森　茂暁
*赤松氏五代　渡邊大門
*北畠親房　岡野友彦
楠正成　兵藤裕己
楠木正行・正儀　生駒孝臣
*新田義貞　山本隆志
*光厳天皇　深津睦夫
足利尊氏　市沢　哲
*足利直義　亀田俊和
佐々木道誉　下坂　守
細川頼之　亀田俊和
円観・文観　田中貴子
足利義詮　早島大祐
足利義満　川嶋將生
*足利義持　吉田賢司
足利義政　木下昌規
*大内義弘　平瀬直樹
伏見宮貞成親王　松薗　斉
*山名宗全　山本隆志
細川勝元・政元　古野　貢
畠山義就　呉座勇一
足利成氏　阿部能久
世阿弥　西野春雄
雪舟等楊　河合正朝
宗祇　鶴崎裕雄
*満済　森　茂暁
一休宗純　原田正俊
蓮如　岡村喜史

戦国・織豊

北条早雲　家永遵嗣
*北条氏政　黒田基樹
大内義隆　藤井　崇
斎藤氏三代　木下　聡
*毛利元就　岸田裕之
*毛利輝元　光成準治
*小早川隆景・秀秋　光成準治
*六角定頼　村井祐樹
*今川義元　小和田哲男
*武田信玄　笹本正治
*武田勝頼　笹本正治
*真田氏三代　笹本正治
*三好長慶　天野忠幸
松永久秀　天野忠幸
*宇喜多直家・秀家　渡邊大門
*上杉謙信　矢田俊文
大友宗麟　鹿毛敏夫
島津義久・義弘　福島金治
*長宗我部元親・盛親　平井上総
浅井長政　長谷川裕子
吉田兼倶　西山　克
山科言継　松薗　斉
*雪村周継　赤澤英二
正親町天皇・後陽成天皇　神田裕理
足利義輝・義昭　山田康弘
織田信長　三鬼清一郎
織田長益　八尾嘉男
*明智光秀・秀満　小和田哲男
豊臣秀吉　藤井讓治
豊臣秀次　矢部健太郎
*北政所おね　田端泰子
*淀殿　福田千鶴
蜂須賀正勝・家政　三宅正浩
前田利家　東四柳史明
山内一豊・忠義　長屋隆幸
*黒田如水　小和田哲男
*蒲生氏郷　藤田達生
石田三成　堀越祐一
*細川ガラシャ　田端泰子
*支倉常長　田中英道
千利休　熊倉功夫
*長谷川等伯　宮島新一
顕如　神田千里
教如　安藤　弥

江戸

*徳川家康　笠谷和比古
本多忠勝　柴　裕之
*徳川家光　野村　玄
徳川吉宗　横田冬彦
*後水尾天皇　久保貴子
後桜町天皇　所　京子
*光格天皇　藤田　覚
*春日局　福田千鶴
宮本武蔵　渡邊大門
*池田光政　倉地克直
保科正之　八木清治
シャクシャイン　岩崎奈緒子
*田沼意次　藤田　覚
細川重賢　安高啓明
*二宮尊徳　小林惟司
末次平蔵　岡美穂子
*高田屋嘉兵衛　生田美智子
*林羅山　鈴木健一
吉野太夫　渡辺憲司
熊沢蕃山　川口　浩
*山崎闇斎　澤井啓一
*山鹿素行　前田　勉
*北村季吟　島内景二
伊藤仁斎　澤井啓一
貝原益軒　辻本雅史
*ケンペル　B・M・ボダルト＝ベイリー
新井白石　大川　真
荻生徂徠　柴田　純
*雨森芳洲　上田正昭
石田梅岩　高野秀晴
白隠慧鶴　芳澤勝弘
前野良沢　松田　清
平賀源内　石上　敏
本居宣長　田尻祐一郎
杉田玄白　吉田　忠
木村蒹葭堂　有坂道子
*大田南畝　沓掛良彦
菅江真澄　赤坂憲雄
*鶴屋南北　諏訪春雄
良寛　阿部龍一
*山東京伝　佐藤至子
*滝沢馬琴　高田　衛
平田篤胤　山下久夫
国友一貫斎　太田浩司
シーボルト　宮坂正英
本阿弥光悦　岡　佳子
小堀遠州　中村利則
狩野探幽・山雪　山下善也
尾形光琳・乾山　河野元昭
*二代目市川團十郎　田口章子
伊藤若冲　狩野博幸
浦上玉堂　高橋博巳
*佐竹曙山　成瀬不二雄
葛飾北斎　岸　文和
酒井抱一　玉蟲敏子
孝明天皇　青山忠正
*和宮　辻ミチ子
徳川慶喜　大庭邦彦
島津斉彬　原口　泉
横井小楠　沖田行司
*古賀謹一郎　小野寺龍太
*永井尚志　高村直助
*岩瀬忠震　小野寺龍太
*栗本鋤雲　小野寺龍太
大村益次郎　竹本知行
河井継之助　小川和也

*西郷隆盛　家近良樹
*由利公正　角鹿尚計
*塚本明毅　塚本学
*月性　海原徹
*吉田松陰　海原徹
*高杉晋作　海原徹
*久坂玄瑞　一坂太郎
*ペリー　遠藤泰生
ハリス　福岡万里子
オールコック　佐野真由子
アーネスト・サトウ　奈良岡聰智

近代

*明治天皇　伊藤之雄
*大正天皇　F・R・ディキンソン
*昭憲皇太后・貞明皇后　小田部雄次
大久保利通　三谷太一郎
山県有朋　鳥海靖
木戸孝允　落合弘樹
井上馨　伊藤之雄
*松方正義　室山義正
北垣国道　小林丈広
板垣退助　小川原正道
長与専斎　笠原英彦
大隈重信　五百旗頭薫
伊藤博文　坂本一登
井上毅　大石眞
*井上勝　老川慶喜

*桂太郎　小林道彦
*渡邉洪基　瀧井一博
*乃木希典　佐々木英昭
星亨　小林道彦
林董　奈良岡聰智
*児玉源太郎　小林道彦
*高宗・閔妃　木村幹
山本権兵衛　室山義正
*金子堅太郎　松村正義
高橋是清　鈴木俊夫
小村寿太郎　簑原俊洋
*犬養毅　小林惟司
原敬　季武嘉也
*加藤高明　櫻井良樹
牧野伸顕　小宮一夫
田中義一　黒沢文貴
内田康哉　高橋勝浩
平沼騏一郎　堀田慎一郎
*鈴木貫太郎　小堀桂一郎
宇垣一成　北岡伸一
*宮崎滔天　榎本泰子
*浜口雄幸　川田稔
幣原喜重郎　西田敏宏
関一　玉井金五
水野広徳　片山慶隆
広田弘毅　井上寿一
安重根　上垣外憲一
*グルー　廣部泉
*永田鉄山　森靖夫
東條英機　牛村圭
今村均　前田雅之

蔣介石　劉岸偉
石原莞爾　山室信一
近衛文麿　庄司潤一郎
*岩崎弥太郎　武田晴人
伊藤忠兵衛　末永國紀
*五代友厚　田付茉莉子
大倉喜八郎　村上勝彦
*安田善次郎　由井常彦
渋沢栄一　武田晴人
中野武営　佐賀香織
益田孝　鈴木邦夫
山辺丈夫　宮本又郎
武藤山治　阿部武司・桑原哲也
池田成彬　松浦正孝
西原亀三　森川正則
小林一三　橋爪紳也
大倉恒吉　石川健次郎
大原孫三郎　猪木武徳
*河竹黙阿弥　今尾哲也
イザベラ・バード　加納孝代
*林忠正　木々康子
*森鷗外　小堀桂一郎
*二葉亭四迷　ヨコタ村上孝之
*夏目漱石　佐々木英昭
徳冨蘆花　半藤英明
巌谷小波　千葉信胤
樋口一葉　佐伯順子
*島崎藤村　十川信介
泉鏡花　東郷克美
上田敏　小林茂

*有島武郎　亀井俊介
北原白秋　平石典子
菊池寛　山本芳明
芥川龍之介　髙橋龍夫
*宮沢賢治　千葉一幹
高浜虚子　坪内稔典
与謝野晶子　佐伯順子
*種田山頭火　村上護
*斎藤茂吉　品田悦一
*高村光太郎　湯原かの子
石川啄木　先崎彰容
萩原朔太郎　エリス俊子・栗原飛宇馬
*原阿佐緒　秋山佐和子
*狩野芳崖・高橋由一　古田亮
川村清雄　落合則子
*小堀鞆音　小堀桂一郎
竹内栖鳳　北澤憲昭
黒田清輝　高階秀爾
中村不折　石川九楊
横山大観　高階秀爾
*橋本関雪　西原大輔
小出楢重　芳賀徹
土田麦僊　天野一夫
岸田劉生　北澤憲昭
濱田庄司　濱田琢司
*山田耕筰　後藤暢子
松旭斎天勝　川添裕
中山みき　鎌田東二
佐田介石　谷川穣
*ニコライ　中村健之介

*出口なお・王仁三郎　川村邦光
*新島襄　太田雄三
新島八重　佐伯順子
木下広次　冨岡勝
海老名弾正　西田毅
嘉納治五郎　クリストファー・スピルマン
柏木義円　片野真佐子
津田梅子　田中智子
*澤柳政太郎　新田義之
河口慧海　高山龍三
山室軍平　室田保夫
大谷光瑞　白須淨眞
*久米邦武　髙田誠二
フェノロサ　伊藤豊
井上哲次郎　井ノ口哲也
三宅雪嶺　長妻三佐雄
*岡倉天心　木下長宏
志賀重昂　中野目徹
徳富蘇峰　杉原志啓
*竹越与三郎　西田毅
内藤湖南・桑原隲蔵　礪波護
*廣池千九郎　橋本富太郎
岩村透　今橋映子
*西田幾多郎　大橋良介
*金沢庄三郎　石川遼子
柳田国男　鶴見太郎
厨川白村　張競
*村岡典嗣　水野雄司

大川周明　山内昌之
西田直二郎　林 淳
*折口信夫　斎藤英喜
シュタイン　瀧井一博
*西 周　清水多吉
*福澤諭吉　平山 洋
成島柳北　山田俊治
福地桜痴　山田俊治
*村山龍平　早房長治
島田三郎　武藤秀太郎
田口卯吉　鈴木栄樹
*陸 羯南　松田宏一郎
黒岩涙香　奥 武則
長谷川如是閑　織田健志
*吉野作造　田澤晴子
*山川 均　米原 謙
*岩波茂雄　十重田裕一
*北 一輝　岡本幸治
*穂積重遠　大村敦志
中野正剛　吉田則昭
*満川亀太郎　福家崇洋
*エドモンド・モレル　林田治男
*北里柴三郎　福田眞人
高峰譲吉　木村昌人
田辺朔郎　秋元せき
*南方熊楠　飯倉照平
*石原 純　金子 務
*辰野金吾　河上眞理・清水重敦
*七代目小川治兵衛　尼崎博正

本多静六　岡本貴久子
ブルーノ・タウト　北村昌史

現代

昭和天皇　御厨 貴
高松宮宣仁親王　後藤致人
*李方子　小田部雄次
吉田 茂　中西 寛
マッカーサー　柴山 太
鳩山一郎　楠 綾子
*石橋湛山　増田 弘
重光 葵　武田知己
市川房枝　村井良太
*池田勇人　藤井信幸
高野 実　篠田 徹
和田博雄　庄司俊作
朴正熙　木村 幹
*田中角栄　新川敏光
宮沢喜一　村上友章
竹下 登　真渕 勝
*松永安左エ門　橘川武郎
鮎川義介　井口治夫
*出光佐三　橘川武郎
*松下幸之助　米倉誠一郎
渋沢敬三　井上 潤
*本田宗一郎　伊丹敬之
*井深 大　武田 徹
*佐治敬三　小玉 武

幸田家の人々　金井景子
*正宗白鳥　大嶋 仁
*大佛次郎　福島行一
*川端康成　大久保喬樹
*薩摩治郎八　小林 茂
坂口安吾　千葉一幹
太宰 治　安藤 宏
松本清張　杉原志啓
安部公房　鳥羽耕史
*三島由紀夫　島内景二
井上ひさし　成田龍一
R・H・ブライス　菅原克也
柳 宗悦　熊倉功夫
バーナード・リーチ　鈴木禎宏
熊谷守一　古川秀昭
川端龍子　岡部昌幸
藤田嗣治　林 洋子
*井上有一　海上雅臣
*手塚治虫　竹内オサム
*古賀政男　藍川由美
*吉田 正　金子 勇
武満 徹　船山 隆
*八代目坂東三津五郎　田口章子
*力道山　岡村正史
*西田天香　宮田昌明
安倍能成　中根隆行
サンソム夫妻　平川祐弘・牧野陽子
*天野貞祐　貝塚茂樹

和辻哲郎　小坂国継
矢代幸雄　稲賀繁美
石田幹之助　岡本さえ
*平泉 澄　若井敏明
*早川孝太郎　須藤 功
安岡正篤　片山杜秀
青山二郎　田野 勲
島田謹二　小林信行
田中美知太郎　川久保剛
前嶋信次　杉田英明
*唐木順三　澤村修治
亀井勝一郎　山本直人
知里真志保　モコットゥナシ
*保田與重郎　谷崎昭男
石母田正　磯前順一
*福田恆存　川久保剛
井筒俊彦　安藤礼二
佐々木惣一　伊藤孝夫
小泉信三　都倉武之
*瀧川幸辰　伊藤孝夫
式場隆三郎　服部 正
大宅壮一　有馬 学
清水幾太郎　庄司武史
*フランク・ロイド・ライト　大久保美春
*中谷宇吉郎　杉山滋郎
今西錦司　山極寿一

*は既刊
二〇一九年八月現在